사례로 배우는
언어 전환
프로젝트 관리

: 개발자라면 누구나 꿈꾸는

Language Change
Project Management

사례로 배우는 **언어 전환 프로젝트 관리**

: 개발자라면 누구나 꿈꾸는

지은이 남경호 **1판 1쇄 발행일** 2023년 4월 20일
펴낸이 임성춘 **펴낸곳** 로드북 **편집** 홍원규 **디자인** 이호용(표지), 너의오월(본문)
주소 서울시 동작구 동작대로 11길 96-5 401호
출판 등록 제 25100-2017-000015호(2011년 3월 22일) **전화** 02)874-7883 **팩스** 02)6280-6901
정가 25,000원 **ISBN** 979-11-9826686-2-4 93000

책 내용에 대한 의견이나 문의는 출판사 이메일이나 블로그로 연락해 주십시오.
잘못 만들어진 책은 서점에서 교환해 드립니다.

이메일 chief@roadbook.co.kr **블로그** www.roadbook.co.kr

사례로 배우는
언어 전환 프로젝트 관리

: 개발자라면 누구나 꿈꾸는

Language Change
Project Management

남경호 지음

프롤로그

"개발자라면 한 번쯤은 서버 언어전환을 꿈꾸잖아요?"

개발자라면, 특히 백엔드 개발자라면 서버 언어전환을 한 번쯤 겪어보거나 계획을 합니다. 서버 언어전환의 이유는 참 다양합니다. 현재 개발되어 있는 코드가 도저히 유지보수가 어려울 정도로 복잡하게 짜여 있어서 개발 팀원 모두가 전환의 필요성을 느낄 때, 현재 적용된 개발 언어를 사용하는 개발자가 너무 적어서 채용시장에서 개발인력 보충이 어려운 상황이거나 자사 제품에 적합한 기능 또는 솔루션을 좀 더 손쉬운 방법으로 제공해 주는 언어로 전환이 필요할 때, 제품 개발에 꼭 필요한 기술을 제공해 주는 언어를 사용해야 할 때 등 참 많은 이유가 있습니다.

이 수많은 이유 중 서버 언어전환의 궁극적인 목표는 좀 더 나은 제품을 고객들에게 제공할 수 있도록 하는 데 두었으면 합니다. 그 목표가 아니라면 언어전환은 제품의 성장을 멈추게 하고 개발자만의 과도한 욕심으로 인해 진행된 작업으로 평가되어 회사 또는 팀 내에서 부정적인 문화가 퍼지게 되고 이는 곧 제품의 발전을 저해하는 상황으로 번질 수 있습니다.

만약, 여러분이 언어전환을 진행하기로 결심했다면 철저한 준비와 전환 전략을 수립해야 합니다. 막연하게 언어전환 후의 모습을 상상하며 계획 없이 언어전환을 결정하고 진행한다면 높은 확률로 무리한 일정과 예상치 못한 이슈들을 직면하게 되면서 마치 풍랑을 만난 배처럼 어려운 상황에 처하게 될 것입니다. 어쩌면 시간은 시간대로 허무하게 사용해 버리고 언어전환 도중에 중단해야 하는 최악의 상황이 펼쳐질 수도 있습니다. 열정적으로 참가했던 개발자들은 좌절감과 허탈함을 느낄 것이고 레거시 코드로 다시 돌아가서 작업을 이어가야 한다는 생각에 의욕마저 많이 꺾일 것입니다.

운영부서는 어떨까요? 운영부서는 나름대로 언어전환 기간 동안 제품의 새로운 기능이 추가되는 속도를 늦추게 됨으로 생기는 불편함을 감수하고 기다려 왔는데 언어전환 작업이 무산되면 지난 기다림이 헛수고였다는 허탈함과 함께 지난 기간 미뤄왔던 이슈들을 개발자들에게 해결해 달라는 요청을 쏟아낼 것입니다.

이런 상황에서 회사의 제품은 건강하게 성장해 나갈 수 있을까요? 아마 아닐 것이라는 생각이 듭니다. 이렇듯 언어전환의 성공 여부는 제품에 미치는 바가 아주 크기 때문에 언어전환을 결정하는 데도 신중을 기해야 하고 만약, 언어전환을 하기로 결정했다면 철저한 준비를 해야 합니다.

이 책의 목적은 언어전환의 필요성을 가지는 시점부터 언어전환이 마무리되는 시점까지 가상의 사례를 통해서 서버 언어전환을 꿈꾸는 개발자 혹은 관리자가 어떻게 언어전환을 계획하고 진행하는지 가이드를 제시해 주고 본인의 상황에 맞는 결정을 내릴 수 있는 선택지를 제공해 주려는 것입니다. 이를 통해 언어전환의 목표 설정과 성공을 위한 여정에 도움이 되길 바랍니다.

2023년 4월
남경호

차례

프롤로그 ... 4
인물 및 상황 설정 ... 13

Chapter 1_ 〔배경〕 언어전환이 필요하다

1. 레거시와 생활하기 ... 17
　〔사례〕 ... 17
2. 전환의 이유 찾기 ... 22
　〔사례〕 ... 22
　　1. 이유 예시 ... 25
　　2. 주의사항 ... 27
3. 설득하기 ... 30
　〔사례〕 ... 30
　　1. '신뢰자본'을 쌓자 ... 33
　　2. 설득할 대상에 따른 전략을 세우자 ... 34
　　3. 한 번만에 설득을 완수해야 한다고 생각하지 말자 ... 35

Chapter 2_ 〔준비〕 지피지기면 백전불태

1. 프로젝트 로드맵 작성하기 ... 39
　〔사례〕 ... 39

1. 로드맵 작성 시 이점 — 41
2. 로드맵 도구들 — 44

2. 전환 전략 수립하기 — 49
〔사례〕 — 49
1. 작업 순서 결정 — 52
2. 배포전략 수립 — 53
3. 제약조건 설정 — 54
4. 언어전환의 목적 확립 — 55
5. 작업 범위 결정 — 56
6. 작업 항목 목록화 — 56

3. 도메인 파악하기 — 58
〔사례〕 — 58
1. 도메인 목록 정의 — 64
2. 행위 정의 — 65
3. 모델 정의 — 66

4. API 정리하기 — 68
〔사례〕 — 68
1. REST API — 71
2. Graphql API — 72
3. gRPC — 74

5. 기술 선정하기 — 77
〔사례〕 — 77
1. 웹 프레임워크 — 81

차례

2. API 프레임워크	83
3. 영속 프레임워크	85
4. 그 외에 고려해야 할 항목	87
5. 프로토타입 작성하기	89

6. 패키지 구조 선정하기 — 91
〔사례〕 — 91
  1. 패키지 구조를 선정할 때의 장점 — 95
  2. 대표 패키지 구조 — 97

7. 작업 생성하기 — 108
〔사례〕 — 108
  1. 작업 생성 이유 — 110
  2. 작업 생성 전략 — 111

Chapter 3_ 〔과정〕 묻고 더블로 가!

1. 프로젝트 환경설정 — 115
〔사례〕 — 115
  1. 버전 관리 시스템 설정 — 117
  2. 브랜치 전략 — 120
  3. 브랜치 보호 룰 설정 — 127
  4. 프로젝트 설정 — 128
  5. 지속적 통합 및 배포 설정 — 130

6. 인프라 설정 ·· 131

2. 코드 기여 규칙 설정 ·· 133
   〔사례〕 ··· 133
   1. Lint를 이용한 코드 스타일 규칙 설정 ······························· 139
   2. 팀 내 코딩 스타일 규칙 문서화 ·· 140
   3. 정적 분석 도구의 활용 ··· 141
   4. 버전 관리 시스템 사용 규칙 ·· 143

3. 테스팅 전략 ·· 149
   〔사례〕 ··· 149
   1. 테스트 장점 ··· 156
   2. 테스트 유형 ··· 158
   3. 테스트 조건 ··· 163
   4. 테스트 전략 ··· 167

4. 그 외 실천항목 ··· 169
   〔사례〕 ··· 169
   1. 제약조건 실천하기 ·· 177
   2. 중간 점검 ·· 180
   3. 작업 공유 ·· 184

Chapter 4_ 〔이슈〕 위기를 기회로

1. 운영이슈 ·· 191

차례

   〔사례〕 ··· 191
   1. 기능 개선 및 추가 개발에 대한 협의 ························· 195
   2. 효율적인 운영이슈 처리 방법 ································· 198
   3. 장애 대응 ··· 204
 2. 기술이슈 ··· 209
   〔사례〕 ··· 209
   1. 기술이슈에 대한 대응 자세 ······································ 213
   2. 기술이슈를 해결하기 위한 전략 ······························· 215
 3. 작업 생산성 ··· 217
   〔사례〕 ··· 217
   1. 생산성에 영향을 미치는 요인들 ································ 219
   2. 생산성을 높이기 위한 노력 ······································ 221
 4. 이슈 공유 ·· 224
   〔사례〕 ··· 224
   1. 협업 관리도구 활용 ·· 230
   2. 문서 활용 ··· 232
   3. 정기 회의 활용 ·· 236

Chapter 5_ 〔종료〕 하얗게 불태웠어

 1. QA 준비 ··· 241
   〔사례〕 ··· 241

1. QA란 무엇인가 — 246
2. QA를 위한 준비사항 — 248
2. 테스트 케이스 — 267
〔사례〕 — 267
1. 테스트 케이스 설계 — 269
3. 배포 — 282
〔사례〕 — 282
1. 배포 전 확인 항목들 — 285

Chapter 6_ 〔회고〕 회고합시다

1. 회고를 위한 사전 계획 — 293
〔사례〕 — 293
1. 작업 관리 — 295
2. 회고 주기 — 297
3. 사건 기록 — 299
2. 좀 더 유익한 회고를 위하여 — 301
〔사례〕 — 301
1. 5F — 308
2. KPT — 311
3. AAR — 312
4. YWT — 313

차례

5. 4L 314
6. 진행자의 역할 315
7. 데이터 활용 317
8. 피드백 320

Chapter 7_ (Q&A) 후일담

1. 언어전환 프로젝트를 시작하게된 계기가 무엇인가요 325
2. 진행한 언어전환 프로젝트는 성공했다고 생각하나요 326
3. 언어전환 프로젝트의 목표는 무엇이었나요 327
4. 다른 개발자들에게 언어전환 프로젝트를 추천할 건가요 328
5. 언어전환 프로젝트 진행 중 기억나는 에피소드가 있나요 329
6. 언어전환 프로젝트와 제품 개발 프로젝트의 차이를 느꼈나요 ... 330
7. QA 과정에서 발생한 버그 이슈 중 기억에 남는 이슈가 있나요 .. 332
8. 가장 뿌듯했던 순간이 언제인가요 334
9. 회사나 다른 팀에서 보는 언어전환 프로젝트는 어떤 것인가요 .. 335
10. 왜 코틀린과 스프링인가요 336
11. 언어전환 전후 프로젝트 진행의 차이점이 있나요 337
12. 만약에 프로젝트가 실패했다면 어떤 이유 때문일까요 338
13. 이 내용을 책으로 소개하게된 계기가 무엇인가요 339

찾아보기 340

인물 및 상황 설정

책의 내용을 실무 상황에 맞춰 좀 더 쉽게 전달하기 위해서 가상의 상황 및 인물을 설정한 후 이야기를 이어가려고 합니다. 그러기 위해서 이 책에서 설정한 회사 및 인물에 대한 배경 설명을 짧게 소개합니다.

【A 스타트업】

A 스타트업의 제품은 론칭한 지 2년 정도 된 서비스입니다. 많은 스타트업에서 도입한 방법과 같이 A 스타트업도 초기 제품의 기민하고 빠른 시장 검증을 위해서 빠르게 개발하고 배포할 수 있는 개발 언어와 환경을 구성하여 개발하고 있습니다.

2년 정도 서비스하면서 어느 정도 시장성은 검증했다고 판단한 A 스타트업의 경영진은 좀 더 공격적으로 서비스를 성장시키고자 기능을 대폭 개선하고 추가하려고 합니다.

제품 챕터의 개발자는 10명 내외이며 백엔드 개발자는 챕터장을 포함하여 4명으로 구성되어 있습니다. 그 외 PO(Product Owner)와 PM(Product Manager), PD(Product Designer), 웹 프런트엔드(Web Frontend) 개발자, 안드로이드 개발자, iOS 개발자, QA 엔지니어 등이 있습니다.

경영진은 더 많은 기능을 만들어가고 운영하기 위해서는 제품팀의 개발자가 더 필요하다고 생각하고 있습니다.

【개발자 K】

10년 정도 된 백엔드 개발자로서 백엔드 챕터의 챕터장을 역임하고 있습니다. A 스타트업에 입사한 지 1년 정도 지났고 더 좋은 제품을 만들어가기 위해 동료 개발자들과 끊임없이 고민하고 있습니다.

최근 개발자 K는 A 스타트업의 공격적인 제품 발전 계획을 듣고 이전부터 생각하던 서버 언어전환의 필요성을 다시 한번 느끼게 되었고, 경영진을 포함하여 제품 개발에 참가하는 구성원을 설득하기 위한 준비를 이어가고 있습니다.

> 챕터는 기능조직을 말하고 챕터장은 기능조직(예 백엔드, 프런트엔드, 디자이너, 기획자 등)에서의 리더 역할을 담당하는 사람을 말합니다. 팀장과는 조금 결이 다르고 사례에 충실하기 위해 다른 용어로 변경하지 않고 이 용어를 그대로 사용합니다.

사례로 배우는
언어 전환
프로젝트 관리

: 개발자라면 누구나 꿈꾸는

Language Change
Project Management

[배경]
언어전환이 필요하다

1장

Language Change
Project Management

만약, 여러분이 서버 개발자라면 어떠한 이유 때문에 서버의 언어를 전환하고 싶다는 생각을 하나요? 제품이 MVP 단계에서 본격적으로 제대로 된 기능을 제공하기 위한 개발을 해야 할 필요성이 있을 때, 기존의 서버 코드가 도저히 손을 댈 수 없을 만큼 유지보수를 하기 어려울 때, 기존에 적용된 언어가 가진 한계로 인해 제품을 발전시키는 데 어려움이 있을 때, 기존에 적용된 언어를 사용할 줄 아는 개발자가 적어 채용에 어려움이 있을 때 등등 수많은 이유가 있을 것입니다.

개발팀에게는 기존 서버 코드를 대대적으로 고칠 수 있는 언어전환이라는 프로젝트가 반가울 수 있겠지만 경영진이나 운영부서에서는 제품의 발전이 당장 더뎌질 수 있기 때문에 달갑지만은 않을 것입니다. 언어전환이라는 카드는 프로젝트 규모도 크고 위험성이 큰 만큼 장려하긴 힘들지만 성공에 대한 자신감이 있고 가능성이 높아 보여 프로젝트를 진행하기로 결정했다면 앞서 말한 이유로 여러분은 프로젝트를 수행하기 위한 설득의 과정을 거쳐야 합니다.

이 장에서는 여러분이 언어전환 프로젝트를 결정하고 주변 팀 또는 동료들, 관리자들에게 필요성을 어필하고 합의를 이루어내기 위한 여러 이야기를 해 보고자 합니다.

Section 01
레거시와 생활하기

[배경] 언어전환이 필요하다

사례

개발자 K는 A 스타트업에 입사하고 많은 고민에 휩싸여 있습니다.

개발자 K: *"내가 주로 사용하지 않던 언어이다보니 모든 것이 어색하네. 아무래도 처음 개발을 배울 때처럼 관련 서적도 구매해서 보고 간단한 이슈들을 처리해가면서 차근차근 적응해 가면 좋을거 같아."*

이렇게 개발자 K는 A 스타트업에 입사한 후 레거시 코드에 익숙해 지기 위해서 현재 사용 중인 개발 언어를 잘 배울 수 있는 책을 구입해 틈나는대로 공부를 했습니다. 그리고 간단한 이슈를 처리하면서 A 스타트업의 제품을 좀 더 이해하기 위한 노력을 차근차근 이어갔습니다.

이렇게 시간이 흐르면서 개발자 K는 점점 레거시 코드에서 아쉬운 부분을 발견하기 시작합니다.

개발자 K: *"음…. 이렇게 중복이 발생하는 코드는 중복을 제거할 수 있도록 개선하면 좋을 것 같은데…."*

"수정하고자 하는 코드를 찾는 것이 쉽지 않네. 패키지 구조를 좀 개선하면 코드를 수정할 때 원하는 부분을 좀 더 쉽게 찾을 수 있지 않을까?"

"코드 간의 결합도를 줄이고 응집력을 살릴 수 있도록 개선한다면 좀 더 수정 요구사항을 빠르게 처리할 수 있을 것 같아."

반면, 기존에 사용하던 언어에서 느끼지 못한 좋은 점도 발견했습니다.

개발자 K: *"이런 부분은 이렇게 동적으로 처리할 수 있어서 가독성이 좋구나!"*

"테스트 코드의 fixture를 이렇게 만들어두면 재사용성도 좋고 활용하기도 손쉬워. 좋은 방법을 배운 것 같아!"

개발자 K는 하루하루 많은 것을 보고 느끼며 A 스타트업의 제품에 적응해가고 있습니다. 하루는 동료 개발자들에게 현재 서버 코드의 구조를 좀 더 나은 방향으로 개선하기 위해 대대적인 리팩터링 작업을 해보자고 아래와 같이 제안하기도 했습니다.

문서

서버 코드 개선 제안 건

배경

지난 기간 동안 새로운 기능을 개발하거나 유지보수하면서 아래와 같이 개선했으면 좋겠다는 항목들을 발견하게 되었습니다. 그래서 해당 내용을 백엔드 개발자들에게 공유하고 논의를 통해 서버 코드를 다같이 개선해 나가는 활동으로 이어갔으면 합니다.

개선 사항

- 도메인에 대한 정의

  현재 우리는 코드상으로도 문서로도 명확하게 도메인이 정의되어 있지 않습니다. 그러다 보니 제품이 제공하는 기능이 UI에 맞추어져 있습니다. 이러한 현상이 반드시 나쁘다고 할 순 없지만 명확한 도메인을 정의하고 그 도메인이 제공해 주는 기능과 책임에 대해 정의하고 제품을 개발하는 것보다는 좋다고 이야기하긴 어려워 보입니다.

그래서 저는 서버에서 제공해 주는 기능들을 정리하여 도메인을 재정의하고 도메인별로 명확하게 제공하는 기능을 분리시키기 위한 활동을 했으면 합니다.

- **코드 패키지 정리**

    도메인에 대한 명확한 정의가 없다 보니 현재 코드의 패키지는 개발자 개개인의 취향 또는 지식수준에 따라 나뉘어 있습니다. 즉, 챕터 내 공통된 규칙이 부재하다 보니 패키지별로 존재하는 코드의 일관성이 부족합니다.

    그래서 챕터 내 패키지 정의 규칙을 정하고 패키지를 재정의하여 모두가 패키지 내 일관성 있는 코드를 작성할 수 있게 했으면 합니다.

- **코드 리팩터링**

    명확한 도메인이 부족하고 책임에 대한 공통규칙이 부재하다보니 비즈니스 코드들이 화면을 위해서 작성되는 경우가 종종 발생했고 그러다 보니 중복된 비즈니스 코드들이 산재하는 경우를 다수 발견할 수 있었습니다.

    그래서 챕터 내 패키지를 정리하면서 코드들의 책임을 명확히 분리하고 중복되는 코드는 하나로 합치는 등 전반적인 코드 리팩터링을 수행하면 어떨까 합니다.

계획

구체적인 기간과 계획이 없다면 해당 작업은 언제 끝날지 모를 것입니다. 그래서 제품의 기능을 개발하는 것과 동시에 버퍼 시간(리팩터링을 위해 개발자에게 주어지는 여유 시간)을 이용하여 해당 작업을 수행했으면 합니다. 그러기 위해서는 세세한 작업 목록을 정리하고 구체적인 기간 계획을 함께 세워야 합니다.

만약, 여러분이 새로운 회사로 이직을 하게 되었다고 가정하겠습니다. 나에게 너무나도 익숙한 개발환경과 개발 언어를 사용하고 있는 조직이라면 더할 나위 없이 좋지만 그렇지 않는 경우가 대다수이지 않을까 예상됩니다.

회사마다 다르게 불리는 '온보딩' '부트캠프' 등 적응기간을 끝마치고 실제로 프로젝트에 투입되거나 운영이슈를 처리하기 시작하면 여러분은 레거시 코드를 마주하게 될 것입니다. 처음에는 빨리 적응을 해서 업무 퍼포먼스를 내어야 한다는 부담감에 느끼지 못할 수도 있지만(혹은 신경쓰지 못할 수도 있지만) 시간이 점점 지나갈수록 기존 코드에 대한 아쉬움 부분들이 하나둘씩 보이기 시작합니다. 어쩌면 익숙하지 않아서 일수도 있을 겁니다. 세상에는 수많은 개발자가 있고 다양하고도 각자가 선호하는 방식으로 코드를 작성하니까요.

여기서 제가 드리고 싶은 첫 번째 언어전환을 위한 준비는 바로 '레거시와 생활하기'입니다.

앞의 사례에서처럼 자신이 개발해야 하고 수정해야 하는 코드를 이해하기 위한 노력이 선행되어야 합니다. 기존 코드의 작성 패턴도 파악해보고 요구사항을 해결하다보면 제품 코드에 대한 이해도를 높이려는 노력도 이어갈 수 있을 것입니다. 또한 기존 코드의 문제점들을 하나씩 해결해 나가면서 동료들의 개발 생산성의 향상에도 기여를 할 수 있을 것입니다. 이러한 작업이 쌓이다보면 팀원들뿐만 아니라 회사 내 동료들의 신뢰도를 점점 쌓아가게 될 것입니다. 여기서 '신뢰도'는 앞으로 여러분이 수행하게 될 언어전환에 대한 결정과 과정에 크게 작용하게 될 것입니다. 제품을 개발하는 것에서는 기술적인 요소만으로 결정되면 좋지만 회사생활은 사람 간의 관계도 중요하게 작용하므로 기술적인 요소뿐만 아니라 감정적인 요소도 함께 고려해야 합니다.

만약, 입사하고 얼마 지나지 않고 여러분이 동료 개발자나 CTO님에게 언어전환에 대한 의견을 낸다면 어떤 피드백이 돌아올까요? 아마 제대로 파악하기도 전에 언어전환부터 하자고 말하는 것 자체에 부정적인 인식이 생기거나 타당한 이유를 듣지 못했기 때문에, 혹은 설득이 되지 않았기 때문에 언어전환에 대한 요청은 무산될 가능성이 클 것입니다. 무산되지 않더라도 타당한 이유를 설명하기 위한 준비와 설득하는 과정이 '신뢰'를 형성한 이후보다 훨씬 더 길어질 것입니다.

사실 언어전환뿐만 아니라 다른 프로젝트를 진행할 때에도 동료나 경영진을 잘 설득하기 위해서는 섣부른 요청보다는 시간을 가지고 충분한 이유를 들어, 심사숙고하여 진행해 보는 것이 설득에 성공할 확률을 높일 수 있는 좋은 방법입니다. 최소한 6개월 이상은 기존 코드에 적응하고 개선하기 위한 노력을 이어가보세요. 어쩌면 언어전환을 꼭 하지 않아도 현재 만들고 있는 제품의 질을 높일 수 있는 방법이 있을 수도 있습니다. 레거시 코드에 집중하면서 더 좋은 개선을 위한 노력을 이어가다보면 제품에 대한 이해도도 상당히 높아질 것이고 나름대로 최선의 해결 방법을 하나씩 정리해 나갈 수 있을 것입니다. 어쩌면 굳이 어렵고 성공을 담보할 수 없는 언어전환을 무턱대고 진행하기보다는 기존 코드를 현실적으로 개선해 나가는 것이 더 나은 선택일 수도 있습니다.

그럼에도 여러분이 "언어전환이 꼭 필요하고 시간을 투자해야 한다"라고 판단했다면 이제는 그 이유를 찾아서 정리할 때입니다.

Section 02
전환의 이유 찾기

[배경] 언어전환이 필요하다

사례

언어전환이 필요하다고 결정한 개발자 K는 언어전환의 필요성을 개발 동료 및 팀장님, CTO님에게 공유하고 설득하기 위한 준비를 하기로 합니다. 그동안 기존 코드에서 작업을 하면서 코드 리뷰나 개발자 워크숍을 통해 더 좋은 개선방향 등에 대한 이야기도 많이 해왔고, 현재 서버가 가지고 있는 한계점들을 지속적으로 이야기해왔기 때문에 그동안 다루어왔던 논의들을 정리만 하면 되었습니다.

개발자 K가 언어전환의 필요성을 정리한 문서는 아래와 같습니다.

문서

서버 언어전환이 필요한 이유

해당 문서는 서버 언어전환이 필요한 이유를 설명하고 서버 언어전환 여부를 결정하는 데 참고하기 위한 문서입니다. 사유는 아래와 같습니다.

팀 내에서 현재 사용하고 있는 언어와 프레임워크에 대한 높은 이해도를 가진 인력의 부재

언어는 도구에 불과합니다. 다만 동일한 제품을 만드는 데 더 나은 품질과 더 빠른 속도로 개발할 수 있다면 그 도구를 선택하는 것이 팀을 위해서, 나아가 제품을 위해서 더 나은 선택이라 생각됩니다. 언어를 전환하는 것이 비록 적은 시간이 소요되는 것은 아니지만 팀원 모두가 더 전문성을 가진 도구를 사용하게 됨으로써 장기적으로 높은 생산성을 가지고 개발을 지속해 간다면 언어전환 시 사용했던 시간을 충분히 상쇄시킬 수 있을 것이라 판단됩니다.

보다 높은 유지보수성

많은 개발자분이 알고 있겠지만 동적 프로그래밍 언어는 타입을 명시적으로 적어 주지 않아 코드를 간결하게 작성할 수 있고 특정 언어들은 컴파일 과정을 거치지 않아 컴파일 과정을 거치는 언어들에 비해 작성한 코드에 대한 피드백을 빠르게 받을 수 있습니다. 이러한 장점 때문에 초기 프로토타입의 제품들을 만들 때에는 빠르고 효율적으로 기능을 만들어 낼 수 있었을 것이고 현재 우리 제품이 빠르게 성장하여 제품의 가치를 인정받을 수 있었던 이유였다고 생각합니다.

하지만 기능이 점점 많아지고 기존 기능을 수정해야 할 필요가 증가함에 따라 이 동적 타입은 오히려 유지보수의 불편함을 가져오고 있습니다. 비록 타입 힌트를 제공해주지만 단지 코드 작성 시 힌트를 받을 수 있는 요소로만 작용할 뿐 런타임에 해당 타입으로 동작함을 보장하지 않습니다. 그러다 보니 운영과정에서 이슈가 발생했을 때 디버깅과 버그 수정까지의 소요시간이 다수 소요되는 경우를 많이 겪었습니다.

반면 전환하려고 하는 언어는 타입 추론을 통해 동적 언어와 유사한 코드 스타일을 제공해주므로 단순한 코드를 유지하면서 타입 추론을 하기 힘들다는 단점을 보완할 수 있습니다. 그리고 정적 프로그래밍 언어이기 때문에 런타임에 타입으로 인한 예상치 못한 이슈에 직면할 가능성을 많이 줄일 수 있고 컴파일 시점에서 타입에 대한 오류를 알려주기 때문에 잘못된 코드 작성에 대한 피드백을 빠르게 받을 수 있다는 장점이 있습니다.

보다 높은 비즈니스 집중도

경량 프레임워크는 가볍고 개발자가 원하는 대로 커스터마이징하기 좋은 장점을 가지고 있습니다. 하지만 개발자의 능력에 따라 제품 품질의 편차가 크고 보편적인 개발 방법이 아닌 경우 새로운 개발팀원이 합류했을 때 회사의 프레임워크에 적응하는 시간을 많이 써야한다는 단점도 있습니다.

하지만 이번 전환 시 사용할 프레임워크는 풍부한 개발 생태계를 가지고 있습니다. 우리가 해결해야 할 비즈니스 문제들에 필요한 환경과 기술들을 풍부한 생태계에서 가져와서 잘 조합해서 사용하기만 하면 됩니다. 즉, 개발자가 비즈니스 로직에만 집중하면 되기 때문에 보다 높은 생산성을 꾀할 수 있습니다. 또한 사용하는 기술들은 다른 회사에서도 동일하게 사용하는 보편적인 것들이기 때문에 다른 팀원이 합류하게 되더라도 익숙한 코드와 라이브러리로 인해 보다 짧은 시간에 업무에 적응하여 실무투입이 빠르게 이루어 질 수 있다는 장점을 누릴 수 있습니다.

넓은 인력풀

기술적인 부분에만 집중하면 좋지만 제품을 만들 때 혼자만으로 모든 기능을 만들 수 없습니다. 그렇기에 인력풀을 생각해야 하는데, 기존 언어는 비록 주목받는 언어이기는 하지만 현재 서버 개발자 인력풀이 넓지는 않습니다. 하지만 이번에 전환하고자 하는 언어는 우리나라에서는 넓은 인력풀을 가지고 있고 다양한 교육기관에서 교육 시 사용하는 언어로 채택하여 사용하고 있기 때문에 인재 채용 시 우리가 원하는 인재를 채용할 기회가 더 높아진다고 생각합니다.

먼저 앞에서 소개한 사례는 가상의 사례로 특정한 언어나 프레임워크의 좋고 나쁨을 이야기하고자 하는 것이 아닌 사례를 통해 개발자나 다른 동료들을 설득할 때 어떤 내용들을 다루면 좋을지 소개하기 위해 작성한 내용이라는 점을 밝히고 시작하겠습니다.

여러분이 레거시와 생활하면서 '신뢰'를 어느 정도 쌓은 상태이고 수많은 개선의 노력에도 불구하고 언어전환이 필요하다고 판단했다면 위의 사례처럼 가장 먼저 언어전환이 필요한 이유를 정리해야 합니다.

언어전환이 필요한 이유에는 어떤 것이 있을까요? 앞의 사례에서 이유를 보여주기는 했지만 특정 사례가 아닌 여러 회사에서도 직면할 수 있는 언어전환이 필요한 이유를 들어보겠습니다.

1. 이유 예시

1.1. 현재 사용 중인 기술에 대한 전문성이 부족한 경우

대부분의 회사에서는 현재 개발되어 있는 언어에 맞춰서 개발자를 채용하기 때문에 해당 언어에 대한 전문성을 가진 인력이 부재한 경우는 많지 않습니다. 전문성을 가진 인력이 부재한 경우라면 아마 개발자들이 전체적으로 교체되었거나 사용 중인 기술에 대한 많은 경험을 가진 전문가를 모시기 힘든 상황이 지속되었을 경우를 들 수 있을 것입니다.

언어나 프레임워크들은 개발을 위한 하나의 도구입니다. 절대 도구가 다르다고 해서 개발을 할 수 없지는 않을 것입니다. 다만 익숙한 도구를 다룰 수 있는 숙련자들은 익숙하지 않은 도구를 다룰 때보다 훨씬 더 나은 생산성을 보여줄 것입니다. 제품을 개발함에 있어 생산성은 무시할 수 없는 요소입니다. 전문성을 가진 도구로 전환하여 장기적으로 높은 생산성을 유지할 수 있다면 도구를 변경하는 데 따르는 비용을 감수할 수 있을 것이라 생각됩니다.

1.2. 제품에 필요한 기능 요구사항을 만족시킬 수 있는 효율적인 방법을 제공해 주는 경우

언어나 프레임워크도 결국 제품을 만들 때 좀 더 효율적이고 생산성있게 개발할 수 있도록 해 주기 위해 탄생했다고 볼 수 있습니다. 이제는 많은 언어에서 지원하지만 초기 자바(Java)가 탄생했을 때 JVM이라는 자바 가상 머신을 통해서 같은 코드라면 어느 환경에서든 동일하게 동작할 수 있도록 해주었습니다. 그래서 다양한 환경(윈도우즈, 리눅스, 맥OS 등)에서 코드를 실행해야 하는 경우 자바의 선택은 환경마다 코드를 다르게 작성해야 하는 언어보다 나은 선택이지 않을까 생각됩니다. 웹 브라우저 환경에서 다양한 요구사항을 수용하기 위해 Babel[1]을 사용하거나 가상 DOM을 이용하여 상태에 따른 HTML을 좀 더 원활하게 하기 위해서 Vanilla JS를 사용하지 않고 React[2]나 Vuejs[3]를 사용하는 것도 같은 맥락에서 설명할 수 있을 것입니다.

언어전환도 이러한 이유로 시작할 수 있을 것입니다. 현재 개발되어 있는 서버의 언어나 프레임워크가 제품의 요구사항에 필요한 기술을 제공하지 않거나 효율적으로 사용할 수 없는 경우 제품의 개발 속도나 질을 높이기 위해서 언어전환을 시도할 수 있을 것입니다.

1.3. 제품을 개발할 개발자 채용에 어려움이 있는 경우

개발자 채용의 용이함은 의외로 제품 개발에 큰 이슈가 될 수 있습니다. 웹 환경에서 제품을 서비스하는 회사에서 파스칼 언어를 사용하고 있고 해당 언어

---

[1] https://babeljs.io/
[2] https://reactjs.org/
[3] https://vuejs.org/

로 개발할 수 있는 개발자를 한국에서 채용하려고 하면 어떻게 될까요? 아마도 채용에 많은 어려움을 겪을 것입니다(제품마다, 나라마다 다를 순 있습니다). 어쩌면 전혀 관련 경력이 없는 개발자를 채용해서 따로 파스칼 언어를 가르쳐야 할 수도 있습니다. 시시각각 변화하는 시장에 대응하기 위해서 회사는 제품의 기능을 좀 더 시장에 맞게 대응하기 위해서 수많은 요구사항을 내게 됩니다. 초기에는 소수의 개발자로 요구사항들을 해결해 갈 수 있겠지만 제품이 커지면 커질수록 개발자들은 점점 더 필요하게 될 것이고 이때 현재 구인 시장에서 흔하게 접하기 힘든 언어를 사용하는 개발자를 채용하려고 한다면 정말 쉽지 않은 상황이 될 것입니다.

만약, 현재 개발되어 있는 언어가 인력 시장에서 개발자를 채용하기 어려운 언어라면 어쩌면 앞으로 제품이 더 성장해서 개발자가 정작 필요할 때 못 구해서 발만 동동 구르기보다 지금이라도 인력 시장에서 채용을 좀 더 원활하게 할 수 있는 언어로의 전환을 고민하는 것이 더 나은 선택일 수 있습니다.

이러한 이유들을 잘 정리해서 여러분은 동료개발자 및 팀원, 임원들에게 언어전환의 필요성을 어필할 수 있을 것입니다.

한편, 언어전환을 결심하고 이유를 준비할 때 사전에 준비하거나 주의해야 할 부분도 있습니다. 어떤 것이 있는지 한번 살펴볼까요?

2. 주의사항

2.1. 기존 코드의 문제점을 부각시키지 말자

언어전환의 이유를 기존 코드의 문제점으로부터 찾으려고 하는 것은 좋지 않을 수 있습니다. 물론 내가 작성한 코드도 돌아보면 개선하고 싶은 점들이 수

두룩한데 내가 아닌 다른 개발자가 작성한 코드는 어떨지 상상이 됩니다. 하지만 앞으로 해결하고자 하는 것에 초점을 맞추지 않고 과거의 부족한 부분에 초점을 맞추다 보면 과거 코드에 많은 기여를 한 개발자 입장에서는 서운한 감정을 느끼기 쉽습니다. 그리고 개발자가 아니라 다른 동료들이 보기에도 단순히 기존 코드가 싫어서 언어전환을 계획하는 것처럼 보일 수 있습니다. 이는 여러분의 의도가 좀 더 나은 제품을 위한 것임에도 그 목표와 의도가 흐려져서 보일 수 있기 때문에 주의해야 하는 부분입니다. 그러니 너무 기존 코드의 문제점을 부각시켜서 언어전환의 이유를 어필하려고 하지 않으면 좋을 것 같습니다.

2.2. 전환의 이유는 한 번에 적으려 하지 말고 꾸준히 정리해 두자

언어전환의 필요성을 느끼는 경우는 아주 다양합니다. 앞에서 말한 언어전환이 필요한 이유에서 대부분 찾을 수 있지만 구체적인 사례를 들면 더욱 설득력이 있을 것입니다. 구체적인 사례를 갑자기 찾으려고 하면 당시에는 간절했으나 현재는 생각이 나지 않거나 그 이유가 모호해질 수 있습니다. 그리고 문제를 해결하기 위한 여러분의 노력이 드러나지 않을 수도 있고요. 그래서 상황마다 사례를 잘 정리해 두어서 동료들에게 언어전환의 이유를 제시해야 할 때 그 내용을 보여준다면 훨씬 더 설득력이 생길 겁니다.

2.3. 되도록이면 일정을 대략적으로라도 파악하자

어쩌면 다음 장에서 설명할 '설득하기'에서 팀장, CTO와 같이 의사결정자들에게 가장 중요한 부분이 바로 언어전환에 필요한 '공수산정(Duration Decision)'일 것입니다. 의사결정자들은 여러분이 제시한 이유들로 인해 언어전환이 필요하다는 것에는 공감합니다. 하지만 대략적인 일정을 물었을 때 두루뭉술하게 일정을 이야기하는 것은 금물입니다. 너무 긴 일정을 이야기한다면 의사결정자들 입장에서는 반대를 할 수 밖에 없을 것입니다. 언어전환의 승인을 받아내기 위해 무리하게 짧은 일정을 말한다면 의사결정자들도 가능 여부를 의심합니다. 혹여나 승인을 받아내었더라도 개발자들의 원성을 살 것이 분명합니다.

그렇다면 어떻게 일정을 산출해 낼까요? 현재는 전환의 필요성을 느끼고 설득을 위한 과정이기 때문에 구체적으로 그 일정을 산출해 내기는 어려울 것입니다. 하지만 앞서 말한 전환의 이유를 정리하면서 제품이 가진 기능들의 목록을 정리해 두었다면 대략적인 일정을 산출해 내는 데 큰 도움이 될 수 있습니다. 백엔드라면 제품에서 사용하는 API들의 목록을 모두 적어보세요. 그런 다음 각 API별로 대략적인 난이도를 부여해서 일정을 도출해내면 전체적인 일정이 대략 나올 것입니다. 여기서 기능뿐만 아니라 인프라 요소도 함께 고려해야 예상한 일정이 너무 짧아지는 실수를 피할 수 있습니다.

자, 이제 언어전환이 필요한 이유들을 다 정리해 보았으니 동료들을 설득하러 가볼까요?

Section 03
설득하기

[배경] 언어전환이 필요하다

사례

개발자 K는 언어전환을 결정한 후 설득을 위한 이유 정리도 모두 마쳤습니다. 이제 동료들에게 언어전환의 필요성을 설득하기 위해서 미팅을 요청했습니다.

먼저 개발팀원들부터 미팅을 했습니다. 팀원들에게 위에서 작성한 전환 이유를 천천히 설명하면서 개발자들이기 때문에 기술적인 요소들도 함께 이야기 했습니다.

개발자 K: *"여러분 지난 기간 동안 제품을 개발해 오면서 우리가 만들고 있는 서버의 아쉬운 부분과 개선했으면 하는 부분을 지속적으로 이야기 해왔습니다. 제가 이 미팅을 요청한 이유는 앞에서 말씀드린 이슈들을 좀 더 근본적으로 해결하고 앞으로 우리 제품을 좀 더 잘 만들어가기 위해서 언어전환을 진행하려고 하기 때문입니다. 전환에 필요한 이유는 제가 공유한 문서를 참고하면 감사하겠습니다. 다만, 아직 언어전환을 완전히 결정한 것은 아니고 여러분과 논의 후 추가로 다른 팀원들, 경영진분들과도 추가로 논의를 한 후 결정을 할 예정입니다."*

동료 개발자 1: *"언어전환이라니! 언어전환을 통해 우리가 해결하고자 하는 문제를 많은 부분 해결할 수 있겠군요!"*

개발자 K: "네. 최근에 겪었던 의존성 패키지 관리 문제라든지, 이해도가 높지 않아서 해결하지 못했던 모니터링 도구 교체라든지 등의 문제를 함께 해결할 수 있을 것 같습니다. 다만, 아직 자세한 기술적인 이야기를 나누기에는 이르다고 판단되어서 언어전환이 결정된다면 다같이 어떤 기술을 도입하고 진행할지 논의해 보아요."

동료 개발자 2: "언어전환을 하는 것은 찬성합니다. 하지만 우리가 잘 할 수 있을까요?"

개발자 K: "물론 쉽지 않은 작업이라는 것은 예상하고 있습니다. 다만 제가 대략적인 일정 산정과 개발 범위를 파악하기 위해 기능을 살펴본 결과 약 3~4개월 정도면 언어전환을 마칠 수 있을 것으로 예상됩니다."

동료 개발자3: "현재 레거시 시스템에 여러 이슈가 있는 것은 알고 있습니다. 하지만 이러한 문제들이 3~4개월의 기간을 투자해서 언어전환을 해야 할 만큼 시간을 투자해야 하는지 잘 모르겠습니다."

개발자 K: "네 맞습니다. 레거시 시스템의 이슈들만으로 언어전환을 해야 할 필요성을 이야기하기에는 저도 부족하다고 생각합니다. 언어전환을 하는 이유에 대한 문서를 보면 레거시 시스템의 이슈와 같은 이유뿐만 아니라 프레임워크, 채용 등 다른 여러 요소도 함께 포함을 하고 있습니다. 당장 3~4개월의 시간동안 제품의 신규 기능 개발에 영향을 미치겠지만 저는 더 길게 보았을 때 이번에 시행할 언어전환이 제품의 성장에 더 도움이 되리라 생각했습니다."

이후에도 많은 이야기가 오가게 되었고 개발팀원들은 언어전환에 대해 모두가 찬성하는 것으로 결론이 났습니다. 팀원들의 합의가 끝났으니 이제 팀장님, CTO님과 미팅을 할 차례가 되었습니다.

개발자 K: "이전에도 조금씩 말씀드렸지만 백엔드의 서버 언어전환이 필요해 보입니다. 서버 언어전환이 왜 필요한지는 공유한 문서를 참고해 주시기 바랍니다."

팀장: "네. 이전에도 계속 말씀해주셨고 언어전환의 필요성에 대해서는 인지하고 있습니다. 다만, 말씀해주신 기간 동안 백엔드 개발자들이 언어전환을 하게 된다면 프런트엔드, 앱 개발자분들 그리고 PM과 PD분들이 손을 놓고 기다려야하는 부분이 우려가 됩니다."

CTO: "향후 서비스 개발에 장기적으로 도움이 된다면 고려해 볼 수 있을 것 같습니다. 다만 시기적으로 언제가 적절한지, 팀장님이 말씀해주신 것처럼 다른 팀원들의 합의도 필요해 보입니다."

개발자 K: "네. 다른 팀원분과도 얘기해 보고 기간에 대한 합의를 보면 좋을 것 같습니다. 제 생각으로 언어전환 시기는 빠르면 빠를수록 좋다고 생각하지만 가장 이상적인 시기가 언제인지는 좀 더 논의가 필요해 보입니다."

CTO: "네. 한번의 논의만으로 결정을 내리기에는 어려워 보입니다. 좀 더 심사숙고하고 충분한 논의를 가지고 결정을 내리는 것이 좋아보입니다. 공유해 주신 언어전환의 필요성에 대한 문서를 좀 더 자세히 검토해 보겠습니다."

팀장님과 CTO님과의 논의는 한 번으로는 결정나지 않았습니다. 이후로 몇 차례 더 언어전환의 필요성과 영향범위에 대한 파악 및 대응 방법에 대해 좀 더 자세히 논의했습니다.

여러분이 언어전환을 결심하고 준비하는 과정에서 넘어야 할 첫 번째 산은 바로 동료들과 임원진을 설득하는 일입니다. 설득하는 과정은 의외로 쉽고 빠르게 결정날 수도 있지만 좀 더 세부적인 논의를 필요로 하거나 의견이 좁혀지지 않아 그 과정이 오랫동안 이어질 수도 있습니다.

이 책은 설득에 관한 주제를 다루지 않고 있으므로 설득하는 전략을 다양하게 다루지는 않을 것이지만 그럼에도 여러분이 언어전환의 필요성을 정리한 것을 기반으로 설득하려고 할 때 쓸만한 전략을 몇가지 이야기해 보겠습니다.

1. '신뢰자본'을 쌓자

앞서 여러번 '신뢰'에 대한 언급은 했습니다. 여러분이 동료나 임원진들을 설득할 때 큰힘이 되는 것이 바로 '신뢰자본'입니다. 팀 내에서 업무적으로나 기술적으로 믿을만한 사람이라고 사람들이 인식하기 시작한다면 여러분의 제안과 의견은 마냥 터무니 없는 것으로 치부되지 않고 귀기울여 줄 것입니다. 만약, '신뢰자본'이 부족하다면 동의하지 않는 내용의 경우 제안이나 의견에 귀를 기울이지 않거나 무조건 반대할 수도 있고 비록 동의는 하지만 좀 더 숙고할 필요가 있다며 결정을 뒤로 미루는 경우가 생길 수도 있습니다.

그렇다면 이 '신뢰자본'은 어떻게 쌓아갈 수 있을까요?

1.1. 업무에 대한 책임감을 보여준다

어찌보면 낭연한 이야기겠지만 주어진 업무에 대해 책임감 있는 모습으로 업무를 완수해 가다보면 주변 동료들은 여러분을 믿고 신뢰할 수 있는 동료로 인식하기 시작합니다.

1.2. 솔직한 모습을 보여준다

아무리 전문가라고 해도 모르거나 실수하는 상황이 생길 수 있습니다. 잘 모르는 것이 있다면 부끄러울지라도 솔직하게 모르겠다고 말하고 배우려는 자세를 가지고, 실수를 했다면 진심으로 사과한 후 다음에는 동일한 실수를 반복하지 않도록 노력하는 자세를 보인다면 동료들은 여러분을 믿을 수 있는 동료라고 여길 것입니다.

1.3. 전문성을 보여준다

개발자라면 자신이 개발하고 있는 기술이나 도메인에 대해 잘 알고 능숙하게 이슈를 대처할 수 있어야 합니다. 만약, 자기가 개발한 기능임에도 매번 잘 모른다고 답변을 하거나 기술에 대한 숙련도가 떨어져서 종종 문제를 일으킨다면 동료들의 신뢰는 줄어들 것입니다.

2. 설득할 대상에 따른 전략을 세우자

언어전환의 필요성을 설득할 때 여러분은 하나의 대상에게만 설득을 하진 않을 것입니다. 함께 개발해야 하는 개발자 동료들에게도 설득을 해야 할 것이고, PM, PD와 같이 개발자가 아닌 동료들, 그리고 팀장님과 CTO님, 나아가서는 대표님까지도 설득의 대상이 될 수 있습니다. 만약, 개발자가 아닌 동료나 임원진에게 개발적인 요소를 부각하며 언어전환의 필요성을 이야기하면 과연 그들에게 설득력이 있을까요? 아마 내용을 모두 이해를 할 수 없어서 좀 더 자세한 설명을 요구하거나 언어전환에 대한 공감을 얻지 못해 설득에 실패할 수도 있습니다. 오히려 언어전환의 투자 대비 기대효과와 리스크를 최소화할 수 있는 대응 방법들을 제시해 주는 게 설득력을 높일 수 있습니다.

3. 한 번만에 설득을 완수해야 한다고 생각하지 말자

사례에서도 볼 수 있다시피 한 번의 논의로 언어전환과 같은 큰 결정을 할 수 없습니다. 그래서 자주 언어전환의 필요성을 어필하고 제대로 된 설득의 시간을 가질 때에도 그 자리에서 바로 결정을 종용하지 말고 상대방에게 충분히 숙고할 시간을 주고 언어전환의 결정을 긍정적으로 내릴 수 있도록 필요한 정보를 계속해서 제공해 주는 것이 좋습니다. 결정은 빠르면 빠를수록 좋지만 고민할 시간을 주되 마냥 기다리는 것은 힘들 수 있으니 기한을 정해두고 답변을 주도록 요청하는 것도 좋은 방법입니다.

결국, 여러 번의 설득 끝에 언어전환에 대한 결정이 내려졌습니다. 참으로 기쁜 일이지만 앞으로 해야 할 것을 생각하면 부담감이 몰려오기도 합니다. 이제부터 언어전환에 대한 준비과정을 살펴보겠습니다. 어쩌면 언어전환의 필요성을 어필하기 전에 준비과정을 미리 하는 것도 나쁘지 않은 전략일 수 있습니다. 언어전환의 필요성을 적어나갈 때 좀 더 정확한 정보를 기반으로 준비할 수 있을 것이니까요. 자, 이제 본격적으로 준비과정을 살펴보겠습니다.

사례로 배우는
언어 전환
프로젝트 관리

Language Change
Project Management

: 개발자라면 누구나 꿈꾸는

[준비]
지피지기면 백전불태

2장

Language Change
Project Management

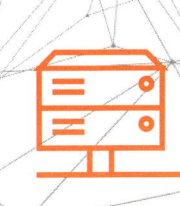

"지피지기면 백전불태(知彼知己 百戰不殆)"라 했습니다. 아무리 자신감이 넘치고 성공 가능성이 높다고 해도 준비가 부족하다면 예상치 못한 이슈로 인해 프로젝트에 실패할 수 있습니다. 반대로 어렵다고 생각한 프로젝트를 마주했을 때 목표를 잘 수립하고 세부 계획을 철저하게 준비한다면 예상치 못한 이슈를 마주하더라도 슬기롭게 해결하고 프로젝트를 성공적으로 마무리할 수 있을 것입니다.

이 장에서는 여러분이 열심히 설득하여 얻어낸 언어전환 프로젝트를 잘 성공할 수 있도록 프로젝트의 로드맵을 작성하는 것에서부터 작업을 생성하기까지 프로젝트 준비를 위한 여러 작업을 소개하고 실천 항목을 소개하겠습니다.

Section 01
프로젝트 로드맵 작성하기

〔준비〕 지피지기면 백전불태

사례

여러 논의 끝에 앞으로 제품의 발전을 위해서 A 스타트업의 경영진은 서버의 언어전환을 수행하기로 결정했습니다. 개발자 K는 기쁜 마음에 동료 개발자들과 당장 회식이라도 하고 싶은 마음이 굴뚝같지만 앞으로 준비해야 할 것이 많습니다.

언어전환을 하기로 결정은 했지만 경영진에서 다음과 같은 당부도 있었습니다.

일정 약속

약속한 일정은 지켜달라는 것이었습니다. 개발자 K도 경영진이 허락해 준 3개월이라는 시간이 결코 짧지 않은 시간인 것을 잘 알기에 철저하게 계획하고 언어전환 작업을 잘 마무리 할 수 있도록 하겠다고 답변했습니다. 다만 여기에서 언급한 3개월은 순수하게 작업하는 기간에 대해 공수를 산정한 것이기에 전환 작업 외의 업무에 개발자들이 투입되어야 한다면 언어전환에 대한 일정이 변할 수 있다는 것도 함께 말했습니다.

이슈 대응

다음은 긴급한 운영이슈 대응은 해줘야 한다는 것이었습니다. 이 부분은 개발자 K도 당연하다고 생각하고 있었고 기꺼이 해야 한다고 답변을 했습니다. 하지만 운영이슈 또한 공수가 많이 소요되는 작업의 경우에는 일정에 영향을 미칠 수 있으니 논의 후 결정을 했으면 좋겠다고 했습니다.

이런 협의를 거친 후 개발자 K는 언어전환을 할 준비를 본격적으로 하기 시작했습니다. 아직 진행 중인 프로젝트가 있으므로 현재 진행 중인 프로젝트를 잘 마무리하는 것이 무엇보다 중요했습니다. 프로젝트를 마무리하면서 언어전환을 시작하기 전에 아래와 같이 로드맵을 먼저 작성했습니다.

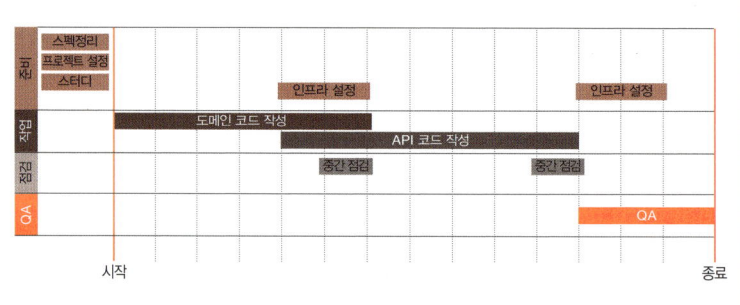

그림 2-1 언어전환 초기 로드맵

언어전환에 대한 결정이 났더라도 언어전환 작업을 당장 내일부터 시작하지는 않을 것입니다. 그렇기에 전환을 시작하기 전까지 어떠한 과정으로 전환 작업을 할지 미리 계획을 철저하게 세우는 것이 무엇보다 중요합니다.

그러한 준비과정 중 첫 번째가 바로 '프로젝트 로드맵'을 작성하는 것입니다. 프로젝트 로드맵이란 미래를 예측하는 하나의 기법으로, 목표 또는 바라는 결과를 달성하기 위해 제품 또는 프로젝트에 대한 중/장기적인 계획을 도표와 같이 다양한 방식으로 표현한 것을 말합니다. 프로젝트를 성공적으로 수행하기 위해서 필요한 모든 절차를 담아내어 의사결정에 도움을 줄 수 있습니다. 다만 프로젝트 로드맵의 작성은 프로젝트 시작 전 성공전략을 수립할 때 진행되기 때문에 구체적인 내용보다는 추상적이지만 명확한 목적을 드러낼 수 있으면 좋습니다.

그러면 로드맵은 왜 필요할까요? 아래 로드맵을 작성함으로써 얻을 수 있는 장점을 나열했습니다.

1. 로드맵 작성 시 이점

1.1. 실행 계획을 빠른 시기에 볼 수 있다

여러분이 진행하고자 하는 언어전환 작업에 대한 질문 또는 우려사항 등의 의견을 사전에 받을 수 있기 때문에 본격적으로 프로젝트가 시작되기 전에 잘못된 방향으로 가지 않는 지 등을 점검할 수 있는 기회를 제공해 줍니다.

만약, 한창 개발을 진행하면서 그때마다 가야할 방향을 결정하게 되면 어떻게 될까요? 마치 여행의 목적지를 정하지 않고 교차로를 만날 때마다 우리가 가고 싶은 방향을 결정하는 것처럼 명확한 목표의식 없이 프로젝트를 진행하게 될 것입니다.

실행 계획은 여러분이 도달하고자 하는 최종 목표를 적어놓은 것이라 볼 수 있습니다. 이 목표를 달성하기 위해 세부적인 해결 방법은 프로젝트를 진행하면서 얼마든지 유동적으로 변할 수 있습니다. 하지만 목표점이 뚜렷하기 때문에 변화를 겪으면서도 가고자 하는 길의 방향성을 잃지 않을 수 있습니다.

1.2. 타임라인을 통해 일정 관리의 기준을 마련해 준다

언어전환뿐만 아니라 프로젝트 진행에 있어 일정 관리는 중요한 요소 중 하나입니다. 프로젝트의 규모가 커지면 커질수록 일정 관리는 더욱더 어려워지는 데, 그래서 최근 대두되고 있는 애자일 개발 방법[1]에서는 작고 빠른 주기의 제품 개발을 통해 리스크를 줄이려는 노력을 하기도 합니다.

상황에 따라 다르겠지만 언어전환이라는 작업은 결코 단순하거나 작은 작업이 아니므로 프로젝트의 규모가 클 수 밖에 없습니다. 그렇기에 일정 관리가 무엇보다 중요할 수 밖에 없습니다.

로드맵 작성 시 실행 계획에 따른 타임라인을 적어둔다면 작업자들은 현실적인 작업일정을 알아본 뒤 조정이 필요하다면 정정 의견을 통해서 일정 조율을 사전에 할 수 있을 것입니다. 그리고 언어전환을 진행하는 도중에라도 계획된 타임라인에 맞게 잘 진행되고 있는지 언제든지 확인할 수 있기 때문에 프로젝트 막바지에 작업량이 밀려서 부랴부랴 일정을 맞추려고 밤을 새며 작업하는 등의 사태를 미연에 방지할 수도 있습니다.

1.3. 프로젝트 진행 및 전략에 대한 조정을 할 수 있다

앞에서 말했다시피 언어전환 프로젝트는 결코 작은 단위의 프로젝트가 아닙니다. 그렇기에 프로젝트를 어떻게 진행해 나갈 것인지에 대한 전략을 잘 수립해야 합니다. 로드맵은 여러분이 가진 전략을 시각적으로 표현해 주므로 함께 할 동료들과 진행 및 전략에 대한 논의를 할 수 있는 기회를 제공해 줍니다.

프로젝트에 참가하는 모든 구성원이 로드맵 작성에 참가하고 프로젝트 진행 전략을 함께 고민하는 것이 이상적이긴 하지만 현실적으로 어려울 수 있습니다. 그래서 로드맵을 작성해서 동료들에게 먼저 보여주고 피드백을 받아서 조정해 나가는 방법을 채택하는 것도 좋은 방법입니다.

---

1 https://en.wikipedia.org/wiki/Agile_software_development

1.4. 우선순위 판단에 도움을 준다

여러분이 언어전환을 할 기회가 생겼다면 흔하지 않은 경험을 해볼 수 있는 행운아(?)일 수도 있습니다. 왜냐하면 회사 입장에서 시장의 상황에 맞춰 제품을 변화시키는 것을 잠시 포기하고 언어전환을 선택하는 것이 쉬운 결정은 아니기 때문입니다. 아마 지금 현황이 좋지 않은 상황에서 빠르게 시장성을 증명해야 하는 스타트업의 경우 더욱더 어려운 결정일 것입니다. 그렇기에 언어전환 작업에 있어 일정은 중요한 요소입니다.

일정을 산정할 때 만일을 대비해서 일정을 넉넉하게 잡고 싶은 마음은 굴뚝같겠지만 너무 긴 일정은 언어전환의 결정에 걸림돌이 될 것이기에 여유 시간을 확보하는 게 쉽지 않을 것입니다.

일정이 넉넉하지 않다면 여러분이 할 수 있는 다른 선택지는 바로 작업량을 조절하는 것입니다. 언어전환 기간에 필수적으로 수행해야 하는 것과 수행하지 않아도 되는 것을 분리하고 이 작업들의 우선순위를 부여해서 정해진 일정 내에 완수할 수 있는 작업들을 선정하는 전략을 가져가야 합니다. 로드맵은 이러한 작업에 대한 우선순위를 판단할 때 도움을 줍니다.

1.5. 의사결정자의 의사결정에 도움을 준다

사례에서는 의사결정 후에 로드맵을 작성하는 것을 이야기하고 있지만 여러분이 실제로 언어전환에 대한 필요성을 느끼고 의사결정자에게 언어전환의 필요성을 말하기 전에 로드맵을 미리 작성해서 보여주며 설득을 이어나갈 수 있을 것입니다.

앞에서 설득을 할 때 구체적인 계획과 가능성을 보여준다면 설득력을 높일 수 있다는 이야기를 했습니다. 구체적인 계획과 타임라인을 보여줄 수 있는 로드맵은 여러분이 경영진에게 언어전환의 필요성을 어필하는 데 큰 도움이 될 수 있을 것입니다.

이렇듯 프로젝트를 시작하기 전에 로드맵을 작성하면 좋은데, 어떻게 로드맵을 작성하는 게 좋을까요? 사실 이미 팀 내에서 사용하는 협업 도구 중에 로드맵 기능을 제공한다면 그 도구를 사용하는 게 가장 좋은 선택일 것입니다. 하지만 로드맵을 그릴 수 있는 도구가 없다면 다음 도구를 고려해보면 좋습니다.

2. 로드맵 도구들

2.1. Roadmap in Jira Software – Atlassian[2]

Jira Software(이하 Jira)는 Atlassian에서 개발한 이슈 및 프로젝트 관리를 위한 협업도구입니다. Jira에서 제공하는 수많은 기능 중 Roadmap 기능이 있는데 이 기능을 통해 여러분은 로드맵을 작성할 수 있습니다.

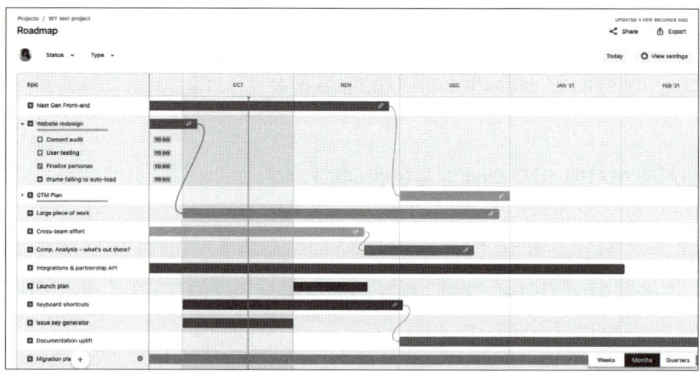

그림 2-2 Jira Roadmap

국내의 많은 기업이 협업 관리도구로 Jira를 채택해서 사용하고 있는 만큼 여러분의 회사에서 Jira를 사용하고 있다면 로드맵을 위해서 다른 도구를 모색

---

2 https://www.atlassian.com/software/jira/guides/roadmaps/basic-roadmaps

할 필요 없이 Jira에서 로드맵을 작성하면 좋습니다.

2.2. Timeline in Notion – Notion Labs[3]

Notion Labs에서 개발하는 Notion은 프로젝트 관리 및 문서를 관리하기 위한 도구입니다. 깔끔하고 세련된 UI와 문서 관리뿐만 아니라 프로젝트 관리를 위한 다양한 기능도 제공해 주기 때문에 국내의 많은 스타트업에서 협업 관리도구로 채택하여 사용 중입니다. Notion의 기능 중 Timeline View를 이용하여 로드맵을 작성할 수 있는데, 문서 관리에 특화되어 있는 만큼 각 항목에 대한 문서 연결 기능이 강력하다는 특징이 있습니다.

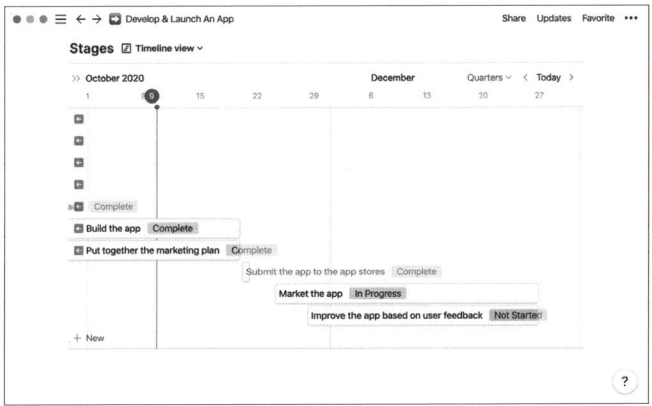

그림 2-3 Notion Timeline

2.3. Timeline in Asana – Asana[4]

Asana는 Asana에서 개발한 업무 관리 플랫폼으로 팀의 업무 관리를 위한 이슈 추적 및 협업 기능을 제공해 줍니다.

---

3 https://www.notion.so/help/guides/timeline-view-unlocks-high-output-planning-for-your-team
4 https://asana.com/ko/product/timeline

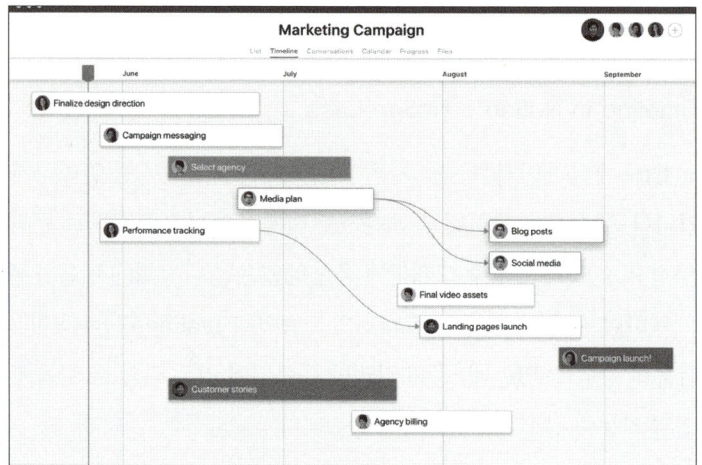

그림 2-4 Asana Timeline

Asana도 다른 협업 관리 도구와 같이 수많은 협업 관리 기능을 제공하고 있지만 특히 간트 차트에 대한 기능을 강조하고 있으므로 timeline을 이용한 로드맵을 작성할 때 큰 도움이 됩니다.

2.4. Gantt Diagram in PlantUML[5]

PlantUML은 텍스트 코드로 다이어그램을 그릴 수 있게 하는 오픈소스 도구입니다. 코드로 다이어그램을 만들기 때문에 문법을 익혀야 한다는 점과 다이어그램의 디자인이 다른 제품에 비해 세련되지 않아 보일 수 있다는 점, 다이어그램을 생성하기 위해서 프로그램을 설치해야 한다는 단점이 있지만 PlantUML에 익숙한 개발자라면 손쉽게 다이어그램을 그릴 수 있고 무엇보다 오픈소스이기 때문에 무료로 사용할 수 있다는 점에서 매력적인 도구라 생각됩니다. PlantUML의 수많은 문법 중 Gantt Diagram을 그릴 수 있는 문법을 제공하기 때문에 이를 이용하여 손쉽게 로드맵을 작성할 수 있습니다.

---

5 https://plantuml.com/en/gantt-diagram

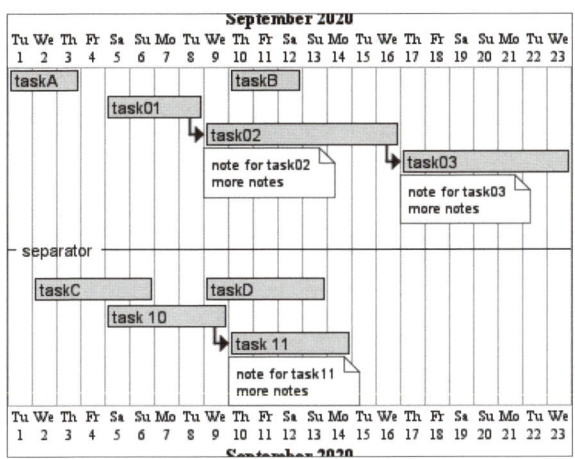

그림 2-5 PlantUML Gantt Diagram

2.5. Google Sheets – Google[6]

Google Sheets는 온라인으로 스프레드시트를 작성하고 공유하며 공동으로 작업할 수 있도록 도와주는 도구입니다.

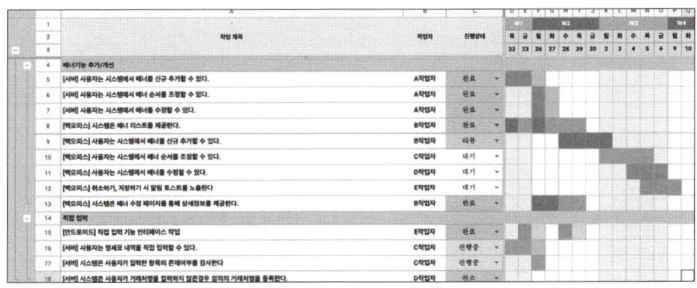

그림 2-6 Google Sheet Gantt Chart

스프레드시트를 이용한 Gantt Chart를 그리는 것은 이미 널리 이용되고 있을 만큼 유명합니다. Gantt Chart를 위한 도구는 아니기 때문에 세련된 디자인

---

6 https://www.google.com/sheets/about/

을 기대하기 어렵고 다른 도구들에 비해 사용성이 좋다고 할 순 없지만 사내에서 Google Sheets를 사용하고 있다면 채택할 수 있는 선택지 중 하나일 것입니다. 로드맵을 작성했다면 좀 더 세부적으로 파고들어서 전환을 위한 전략을 수립하면 좋습니다.

이제 전환 전략에 대해 알아볼까요?

Section 02
전환 전략 수립하기

〔준비〕 지피지기면 백전불태

사례

로드맵을 작성하면서 개발자 K는 어떤 순서로 로드맵을 그리고, 어떤 것을 우선순위로 채택하여 취할 건 취하고 과감하게 버릴 것은 버리는 전략을 가져갈지 고민했습니다.

언어전환을 위해서는 이미 만들어져 있는 제품의 기능들을 파악하는 작업이 필요합니다. 사실 개발자 K는 언어전환을 결심하기 전부터 언어전환을 위한 준비를 해왔습니다. 언어전환을 위한 준비는 바로 현재 개발되어 있는 제품의 도메인 정리와 서버 코드의 패키지 구조를 재정리하는 것이었는데, 이러한 작업은 꼭 언어전환이 목적이 아니더라도 1장 1절의 '레거시와 생활하기(17쪽)' 부분에서 이야기한 것과 같이 기존 코드를 이해하고 좀 더 나은 제품을 위해 발전시켜가는 일련의 과정이라고 생각했기에 팀원들과 함께 그 작업을 수행해 왔습니다.

먼저 도메인 정리는 현재 개발되어 있는 제품의 주요한 도메인을 나열한 후 각 도메인 간의 관계를 정리했습니다. 그런 다음 각 도메인이 가지고 있는 주요 행동을 적어보면서 실제로 사용자가 어떤 행동을 통해 도메인들이 어떻게 상호작용을 하는지 파악하고자 했습니다.

그런 다음 정리된 도메인을 바탕으로 코드의 응집력을 높이고 의존성을 정리하여 좀 더 나은 유지보수를 할 수 있도록 패키지 구조를 대대적으로 개편했습니다.

이러한 사전작업이 있었기에 전환에 대한 계획 시 제품의 도메인을 파악하는 사전작업은 기존 작업의 내용을 정리하는 수준에서 마무리할 수 있었습니다.

그런 후 앞으로 사용하게 될 기술을 나열하고 선택지가 있는 라이브러리는 관련 문서를 찾아보거나 미리 프로토타입을 만들어보면서 어떤 장단점이 있는지 파악한 후 팀원들과 함께 자사 제품에 좀 더 잘 어울리는 기술인지를 선택하는 과정을 거쳤습니다.

사용해야 할 API도 모두 정리했습니다. 제품이 빠르게 개발되고 변화하면서 잘못 사용되거나 이제는 더 이상 사용하지 않는 API도 다수 존재하리라 예상되었습니다. 그래서 사용되는 모든 API를 문서화한 후 프런트엔드 개발자들의 도움을 받아 사용 실태 조사를 거치도록 했습니다.

작업관리에 대한 고민도 함께 했습니다. 아무래도 규모가 크고 긴 기간 동안 진행되는 프로젝트이다 보니 작업자 간의 작업 현황을 관리하고 진행 상태를 체크해서 순조롭게 진행되는지, 방해요소가 없는지 등을 자주 체크할 수 있으면 좋겠다고 생각했습니다. A 스타트업에서는 Jira를 사내 협업도구로 사용하고 있기 때문에 모든 작업은 Jira의 Task로 등록되어 관리되도록 하고자 했고, 되도록이면 프로젝트 시작 전에 필요한 작업을 모두 Task로 등록해 두고 세부적인 작업은 Sub-Task로 작업자들이 유동적으로 등록해서 진행했습니다.

작업에 대한 배포도 고민했습니다. A 스타트업의 백엔드 서버는 Graphql API를 사용하고 있습니다. 그렇다보니 '/graphql'이라는 단일 path를 이용하여 API를 제공하고 있어서 LoadBalancer를 이용한 특정 API만 다른 서버에서 제공하는 경로 기반 라우팅(Path-Based Routing) 기법[7]을 사용할 수 없었습니다. 그래서 점진적인 전환보다 위험성은 더 크지만 어쩔 수 없이 모든 작업이 완료된 후 서버를 한 번에 교체하는 방법을 채택하였습니다.

그리고 언어전환의 성공률을 높이기 위해서 제약 조건도 명시했습니다. 그것은 바로 데이터베이스(Database)를 변경하지 않고 반드시 필요한 경우가 아니라면 API도 변경하지 않는다는 것이었습니다. 언어전환을 하다보면 여러 가지로 개선하고 싶은 게 생기기 마련인데, 이러한 제약조건을 둠으로써 팀원들이 언어전환에 좀 더 집중할 수 있도록 유도했습니다.

테스트 코드도 반드시 작성하도록 했습니다. 다행히 레거시 코드에도 테스트 코드가 작성되어 있었기 때문에 기존 코드를 참고하면서 테스트 케이스를 만들어갈 수 있을 것이라 생각했습니다. 그리고 테스트 코드는 개발자들이 제품의 기능을 안정적으로 만들어 갈 수 있다는 믿음을 가지게 해주며 주기적이고 빠른 피드백을 받을 수 있는 장점이 있으므로 테스트 코드를 작성하는 것은 필수라고 생각했습니다.

언어전환 작업에도 전략이 필요합니다. 무턱대고 전환 작업을 계획 없이 진행하다가는 수많은 난관에 부딪쳐서 프로젝트 진행에 어려움을 겪을 가능성이 높습니다. 하지만 여러분이 전환 작업에 대한 전략을 잘 수립해서 난관에 부딪쳤을 때 대응할 준비를 잘 할 수 있다면 어려움도 잘 극복해 나갈 수 있을 것입니다. 그렇다면 어떠한 준비를 통해 언어전환 작업에 대한 전략을 수립할 수 있을까요?

---

[7] https://aws.amazon.com/premiumsupport/knowledge-center/elb-achieve-path-based-routing-alb/

여기서 사전에 고민해 보고 전략을 수립하면 좋을만한 항목들을 소개하겠습니다.

1. 작업 순서 결정

언어전환 작업을 하면서 누구는 API 인터페이스 작업을 하고, 누구는 쉬운 작업만 하며, 또 다른 누구는 다른 사람과 동일한 작업을 중복으로 하는 등 별도의 계획 없이 프로젝트를 진행한다면 분명 비효율적인 상황이 발생합니다. 그렇기에 전환 작업을 진행하기 전에 전체적인 작업의 큰 그림을 그려보고 점점 더 세부적인 작업들을 적어가면서 필요한 작업을 정리해가면 좋습니다.

A 스타트업의 언어전환 작업을 예로 들면, 언어전환 작업은 크게 '사전준비 단계' '진행 단계' '마무리 단계'로 나눌 수 있습니다. 그리고 '진행 단계'에서 또 다시 '도메인 전환 작업' 'API 전환 작업'으로 나누어서 작업을 진행했습니다.

이처럼 작업을 큼지막하게 나누었다면 'A 도메인 전환하기' 'B 도메인 전환하기'와 같이 또 다시 세부적인 작업 계획을 세우면서 순서를 정해보는 것입니다. 큰 작업의 중간중간에는 작업의 진행 상황이 로드맵에 정리한 일정과 큰 차이가 없는 지 등을 체크할 수 있습니다.

이렇게 작업순서를 정하면서 팀원들에게 담당할 업무를 할당하면 불필요하게 중복되는 작업을 방지할 수 있고 너무 한쪽으로만 작업이 쏠려서 팀원 간에 불만이 생기는 일을 방지할 수 있습니다.

2. 배포전략 수립

언어전환 후 서버를 교체하는 작업은 위험부담이 상당히 크다고 볼 수 있습니다. 이미 잘 운영하고 있는 서비스의 경우 최대한 사용자의 경험을 해치지 않고 서버 교체를 하고 싶을 것입니다. 그렇기에 운영부서에서는 최대한 서버의 교체로 인한 서비스 중단시간이 발생하지 않도록 하길 원합니다. 그리고 최대한 자주 변경된 기능이 운영환경에서 잘 동작하는지도 확인하고 싶어 합니다.

만약, 여러분이 REST API를 사용하는 API 서버를 구현했다면 특정 API의 URL Path만 다른 서버에서 제공하는 '경로 기반 라우팅(Path-Based Routing)' 기법을 도입해 볼 수 있습니다. 경로 기반 라우팅 기법이란 URL 경로를 기반해서 특정 대상그룹으로 요청을 전달하는 방법을 말합니다. AWS의 Application Load Balancer나 Azure의 Application Gateway[8]와 같이 L7 장비를 통해서 구현이 가능합니다. Path에 따라 특정 요청은 새롭게 만들어진 서버로 요청을 전달할 수 있기 때문에 URL Path마다 순차적으로 개발하면서 기존 API의 특정 URL에 대한 요청을 새로운 서버가 처리해주도록 할 수 있습니다.

여러분이 가진 서버가 만약, MSA(Micro Service Architecture)이거나 MSA를 계획하고 있다면 프런트엔드와 각 마이크로 서비스 사이에 API 게이트웨이가 존재할 수 있을 것입니다. 이러한 경우에도 경로 기반 라우팅 기법처럼 점진적으로 서버를 교체해 나갈 수 있습니다. 각 API마다 게이트웨이를 거쳐서 마이크로 서비스로 요청이 전달되기 때문에 프런트엔드에 제공하는 API 정보를 변경하지 않으면서 손쉽게 서버를 교체할 수 있습니다.

기존 서버와 언어전환을 한 후 새롭게 배포되는 새로운 서버가 한동안 병렬로

---

8 https://docs.microsoft.com/en-us/azure/application-gateway/url-route-overview

운영되어야 한다는 불편함이 있지만 점진적인 방법으로 서버를 배포한다면 이슈에 대한 즉각적인 피드백과 혹시나 있을 버그로 인한 장애가 발생하더라도 새롭게 만들어진 서버를 전체적으로 공유한 것이 아니라 일부분만 배포했기 때문에 좀 더 손쉽고 빠르게 이슈를 대응할 수 있습니다.

만약, 점진적으로 배포를 할 수 없다면 아쉽지만 어쩔 수 없이 한 번에 서버를 교체할 수밖에 없습니다. 다만 여기서도 프런트엔드 코드의 변경 없이 서버를 교체하려면 DNS 서버의 NS 레코드를 교체하는 방법을 사용할 수 있습니다. 이렇게 하는 경우 새로운 서버로 교체한 후 예상치 못한 이슈가 발생했다면 기존 서버를 그대로 두었기 때문에 손쉽게 롤백이 가능하다는 장점이 있습니다. 단, API의 인터페이스가 변경되지 않아야 한다는 조건을 만족해야 합니다.

이렇듯 여러분이 배포전략을 어떻게 가져가느냐에 따라 구현방향이나 순서가 상당히 달라지므로 배포전략을 잘 수립해야 합니다.

3. 제약조건 설정

앞서 수없이 언급했지만 서버의 언어전환 작업은 결코 쉬운 작업이 아닙니다. 그렇기에 언어전환을 하는 목적을 잘 기억해서 개선하려는 목표에 집중하고 그 외에 우선순위가 낮거나 개선하기 위한 작업이 너무 커서 예상 공수가 판단되지 않는 항목은 과감하게 포기하고 더 중요한 것을 가져가는 것이 좋습니다.

제약조건에는 데이터베이스의 변경을 제한하거나 API 인터페이스의 변경을 제한하는 등 다양한 조건을 설정할 수 있습니다. 이와 같이 언어전환 작업 시 제약조건을 정해두고 팀원들이 작업을 진행하면서 설정한 제약조건을 위반하려고 하지 않는지 잘 조율해야 합니다. 그래서 모두가 이를 지키고자 노력한다면 비록 100% 만족스럽게 전환 작업을 완수할 순 없겠지만 성공적으로 전환 작업을 마칠 확률을 높일 수 있습니다.

4. 언어전환의 목적 확립

여러분이 서버의 언어전환을 하는 데는 다양한 목적이 있을 것입니다. 모놀리식(Monolithic) 서버에서 MSA로 전환하기 위한 과정에서 언어전환을 함께 진행할 수도 있고, 혹은 반대로 모놀리식으로 다시 돌아가기 위한 작업을 하기도 합니다. 또는 특정 언어가 가진 장점이 회사의 요구(needs)와 잘 맞아떨어져서 바꾸기도 할 것이고 개발 구성원이 가진 기술적인 전문성으로 인해 변경하기도 합니다. 기술적인 요소도 있겠지만 기술 외의 요소도 분명 존재합니다.

이렇듯 언어전환의 목적이 분명히 존재한다면 팀원들과 전환의 목적을 확실하게 확립한 후 언어전환을 진행하면 좋습니다. 만약, 언어전환의 목적이 확실하지 않다면 언어전환을 다시 한번 생각해 봐야 합니다. 그런 후 진행 과정 중 지속적으로 전환의 목적에 벗어나려는 움직임을 잘 조절하고 목표 지점을 향해 잘 나아갈 수 있도록 길잡이가 되어야 합니다.

언어전환을 하다 보면 다양한 이슈를 접하게 됩니다. 그리고 이것저것을 바꾸려는 욕심이 생기기 시작합니다. 앞에서 말한 제약조건도 목적을 달성하기 위한 수단으로 사용되지만 언어전환의 목적을 확실하게 하는 것도 다른 방면에서 목적을 위한 수단으로 사용될 수 있습니다.

5. 작업 범위 결정

몇 개월씩 걸리는 작업을 중간점검 없이 한 번에 완수하려고 하는 것은 위험한 생각일 수 있습니다. 작업 초반부에는 작업자들이 의욕에 넘쳐서 작업의 진행 속도가 빠르겠지만 점점 시간이 지날수록 진행 속도는 더뎌지고 복잡한 이슈가 계속해서 발생하게 되면서 진행률이 점점 느려지는 모습을 볼 가능성이 언제든 존재합니다. 약속한 배포일정이 다가오는데 작업에 대한 완성도조차 파악되지 않았고 기능에 대한 점검 및 테스트는커녕 지금도 기능을 개발하느라 개발자들이 야근을 하고 있다면 분명 그 프로젝트는 위험한 상태일 것입니다. 이러한 상황이 되지 않으려면 명시적으로 나눌 수 있는 작업의 범위를 사전에 정하고 각 작업마다 그 일정을 별도로 산정해서 중간중간에 완성여부 및 기능 테스트 등을 진행하면 좋습니다.

범위를 어떻게 정할지는 회사에 따라 개발되어 있는 서버의 구조에 따라 다를 것입니다. 어떤 곳은 도메인 계층과 응용 계층을 나누어서 작업 범위를 정하기도 할 것이고 MSA가 되어 있는 서버의 경우는 각 마이크로 서비스마다 작업의 범위가 될 수도 있습니다. 어떤 구조든 그 범위를 되도록 작은 범위로 설정하고 자주 확인하고 이슈에 대응하는 전략을 가져가면 좋습니다.

6. 작업 항목 목록화

되도록이면 모든 작업자가 모여서 필요한 모든 작업을 목록화하고 Jira[9],

---

9 https://www.atlassian.com/software/jira

Azure Devops[10], Github[11], GitLab[12] 등과 같은 협업 관리도구의 작업(Task)으로 등록해 둡니다. 작업을 목록화하고 협업 관리도구에 정리해 두면 장점이 많습니다.

첫째, 대부분의 협업 관리도구는 작업에 대한 진행 정도를 시각적으로 표현해 주는 기능을 제공합니다. 이를 통해 여러분은 작업의 진행 정도를 언제든지 확인할 수 있으며 로드맵에 적혀진 일정대로 잘 진행되고 있는지도 점검할 수 있습니다.

둘째, 작업들을 목록화하면서 구체적인 일정을 좀 더 명확하게 알 수 있습니다. 이로써 처음에 설정한 마감 기한을 비교해서 작업들의 우선순위 조정을 통해 일정 관리에 도움을 줄 수 있습니다.

셋째, 각 작업들에 대해 담당자를 배정하는 것과 같이 업무분배를 어떻게 할 지 정할 수 있습니다. 작업목록을 직접 확인할 수 있으니 어렴풋이 도메인별로 담당자를 할당하게 되면서 특정인에게 과도한 업무가 집중되는 것을 조절할 수 있습니다.

이외에도 팀원들과 언어전환 시 미리 설정해두면 좋을만한 전략은 아주 많습니다. 언어전환을 시작하기 전에 이러한 전략들을 미리 고민하고 팀원들과 논의해서 결정한 후 언전전환을 진행한다면 언어전환의 성공 확률이 높아지므로 사전에 꼭 진행하면 좋습니다.

이제 작업 전략을 수립했으니 본격적으로 작업 준비를 시작해 볼까요? 먼저 제품의 주요 도메인을 파악해보겠습니다.

---

10 https://www.dynatrace.com/monitoring/technologies/azure-monitoring/azure-devops/
11 https://github.com/
12 https://about.gitlab.com/

Section 03
도메인 파악하기

[준비] 지피지기면 백전불태

사례

개발자 K는 A 스타트업에 입사하고 제품의 주요 기능과 역할을 파악하여 코드에 익숙해지기 위한 노력을 이어갔습니다. 다만 아쉽게도 주요 기능과 역할이 정리되어 있는 명세는 문서화되어 있지 않았고 이를 파악하기 위해서는 직접 코드를 보면서 주요 기능과 각 도메인의 역할을 파악해야 했습니다. 그래서 개발자 K는 아래와 같이 동료들에게 의견을 제시하고 도메인 문서를 작성하기로 했습니다.

문서

우리의 도메인은 무엇을 하고 있나요?

배경

부트캠프 회고 시간에, 우리가 제품을 만들 때 제품에 대한 도메인 문서가 없어서 기능을 파악하는 데 어려움이 있었다는 이야기 했습니다. 그래서 제품에 대한 전반적인 기능 파악 및 도메인을 정리해서 각 도메인이 서로 어떤 관계에 있고 어떠한 생명주기가 있는지 그리고 어떤 행위를 수행하는지 등을 정리해서 우리 서비스가 제공하는 기능을 좀 더 명확히 하고 앞으로 기능을 개발할 때 좀 더 쉽게 개발 범위를 파악하고 '부작용(Side Effet)'을 최소화하는 등의 장점을 누리고자 합니다.

도메인이란?

위키피디아(Wikipedia)에 따르면 도메인이란 컴퓨터 프로그래밍으로 문제를 해결하기 위해 소프트웨어 프로그램을 위한 요구사항, 용어 기능을 정의하는 학문 영역을 말합니다.

요즘에는 도메인이라는 개념이 좀 더 넓게 사용되고 있는 것 같습니다. 그래서 저는 좀 더 넓게 해석해서 도메인이란 '우리가 해결하고자하는 것에 대한 해결 방법들'이라고 말하고 싶습니다. 그 해결 방법들을 모델화한 것이 도메인 모델이라 생각되고요.

의견

- **도메인 문서는 코드 외에 다양한 이해관계자의 의견을 반영해야 합니다**

  물론, 현재 만들어져 있는 코드로 도메인이 가지고 있는 속성과 생명 주기 그리고 행위들을 파악할 수 있겠지만 도메인에 대해 가장 잘 이해하고 있는 사람은 어찌 보면 이해관계자분일 것입니다. 그리고 제품을 어떻게 만들어갈지 고민하고 정책을 마련해 주는 기획자분들도 잘 알 것이라고 생각합니다. 그래서 도메인 문서를 작성할 때 개발자분들이 코드만 보고 작성할 것이 아니라 현재 제공되고 있는 기능에 대해 이해관계자분들과 기획자분들 또는 팀 내 제품을 만들 때 참가했던 분들의 여러 의견을 종합해서 작성하면 좋을 것 같습니다.

- **상태보다 행위에 집중했으면 좋겠습니다**

  예전부터 지금까지 소프트웨어 개발에 있어서 중요한 것 중 하나가 '상태의 관리'입니다. 이러한 상태를 영속화해 주는 도구로써 가장 많이 사용하는 도구가 바로 데이터베이스입니다. 그래서 많은 사람이 제품을 만들 때 데이터베이스를 중심적으로 생각하고 데이터베이스가 표현하는 상태 중심적으로 제품을 개발해 왔습니다.

  하지만 저는 도메인이 가진 상태보다 행위에 집중하면 어떨까 합니다. 우리가 해결하고자 하는 것은 사용자가 가진 문제(필요)를 풀어

주고자 하는 기능을 만드는 것입니다. 이러한 기능은 제품이 가진 특정 상태가 아니라 제품이 가진 특정 행동을 통해 표현된다고 생각합니다. 즉, 상태는 행위로 인해 발생한 현상의 결과인 것이죠.

여기서 "그럼 상태는 필요없는가?"라는 질문을 할 수도 있을 것 같습니다. 물론, 상태도 중요합니다. 행위에 대한 결과를 표현하려면 상태는 꼭 필요할테니까요. 하지만 우리가 주로 집중해야 할 대상이 행위이고 그에 대한 결과로 표현되는 것이 상태라는 것을 인지하고 이에 좀 더 집중하자는 것입니다.

마무리

도메인 모델을 잘 정의하고 서로 잘 공유하면서 제품을 개발해 나간다면 좀 더 나은 제품을 만들어가는 데 도움이 되리라고 생각합니다. 다들 제품 개발로 바쁘겠지만 주어진 일정에서 조금씩 시간을 투자하여 도메인 문서화에 이바지해 주면 좋겠습니다.

'백엔드' 챕터에서는 위에서 제안된 내용대로 도메인 문서를 작성하기로 결정했습니다. 현재에도 제품의 성장을 위한 기능 개발을 이어가고 있었기에 각 스프린트마다 버퍼시간(예기치 않은 운영이슈나 QA이슈 대응, 그리고 리팩터링을 위한 시간)을 활용해서 문서화를 진행했습니다.

문서는 크게 '도메인 정의' '행위 정의' '속성 정의'로 나뉘어 작성했습니다.

- 도메인 정의: 제품에서 주요한 로직을 포함하는 도메인 정의
- 행위 정의: 각 도메인이 가진 행위를 정의
- 속성 정의: 메인 모델이 가진 속성을 정의

그래서 아래와 같이 도메인 문서가 작성되었습니다.

문서

도메인 정의

사용자

- 관리자
- 매니저
- 영업 담당자
- 외주업체

거래처

- 거래처
- 거래처 취급 품목
- 제휴 거래처

매장

- 매장
- 매장 주문내역
- 매장과 거래처의 거래내역

… 생략

행위 정의

매장의 사용자 스토리(User Story)

[명령]

- **매장 생성**
  ○ 매니저는 매장명을 입력하여 매장을 생성한다.
  ○ 매니저는 매장명과 외부 영업사 정보를 입력하면 외부 영업사 링크를 가진 매장을 생성한다.

- **주문내역 내보내기**
  ○ 매니저는 주문내역을 받을 정보를 입력하여 '주문내역 내보내기'를 수행하면 해당 매장의 주문내역을 이메일로 전송받는다.
  ○ 이메일 형식이 잘못 기입되어 있는 경우에는 주문내역 내보내기를 수행할 수 없다.

…생략

[조회]

- **단일 매장 조회**
  ○ 관리자는 매장의 식별자를 이용하여 단일 매장 정보를 조회한다.
  ○ 관리자가 잘못된 식별자를 입력하면 매장 정보를 조회할 수 없다.
  ○ 매니저는 자신의 단일 매장 정보를 조회한다.
  ○ 매장을 가지지 않은 매니저는 단일 매장 정보를 조회할 수 없다.

- **매장 주문내역 목록 조회**
  ○ 관리자는 매장의 식별자를 이용하여 원하는 매장의 주문내역 목록을 조회한다.
  ○ 매니저는 자신의 매장 주문내역 목록을 조회한다.

…생략

[속성정의]

- 매장(Store) – Root

속성	설명	관계
ID	매장의 식별자	–
매장명	매장의 이름	–
매니저 목록	매장에 소속된 매니저 목록	1:N
주문내역	매장에서 주문한 주문내역	1:N

표 2-1 매장 – Root

- 매장 주문내역(StorePurchases)

속성	설명	관계
ID	주문내역 식별자	–
주문코드	주문 시 생성된 코드	–
품목	주문에 입력된 품목 정보	N:M
가격	주문 시 가격	–

표 2-2 매장 주문내역

…생략

소프트웨어 공학에서 도메인(Domain)[13]이란 여러분이 만들어놓은 소프트웨어에서 고객의 문제를 해결하기 위해 수행되는 논리의 지식 및 활동 영역을 말합니다. 예를 들어 우리가 많이 사용하고 있는 온라인 커머스 제품의 경우 주문, 결재, 물류 등과 같은 것이 도메인이 될 수 있습니다.

'도메인'이라는 단어는 에릭 에반스(Eric Evans)가 쓴 〈도메인 주도 설계

---

13 https://en.wikipedia.org/wiki/Domain_(software_engineering)

(Domain-Driven Design)〉[14]라는 책과 함께 마틴 파울러(Martin Fowler)가 자신의 블로그에서 'DomainDrivenDesign'에 대한 글[15]을 작성하면서 유명해지기 시작했습니다.

최근 개발자 사이에서는 기존에 적용해오던 데이터베이스 중심적인 개발이 아니라 도메인 중심적인 개발을 하기 위한 움직임이 활발하기도 합니다. 데이터베이스 중심적인 생각은 자칫 우리가 개발한 서버가 데이터베이스의 상태 관리를 위해서만 존재하는 상태 머신을 만들려는 우를 범할 수 있습니다. 하지만 도메인 중심적인 개발은 앞에서 말한 도메인 그 자체와 그 도메인이 가진 로직에 집중합니다. 그렇기에 데이터베이스는 도메인에 필요한 수단이지 주인공이 되지 않습니다. 이와 같이 도메인 중심으로 개발을 한다면 사용자가 실제로 원하는 것이 무엇이고 어떻게 해결해 줄지를 고민할 수 있기 때문에 좀 더 고객 지향적인 제품을 만들어 갈 수 있습니다.

언어전환 프로젝트를 준비하는 단계인 '도메인 파악하기'는 이러한 관점에서 기존에 만들어진 제품을 알아가는 과정을 말합니다. 현재 만들어져 있는 제품의 도메인에는 무엇이 있고 그 도메인 사이의 관계, 그리고 도메인이 가지고 있는 행위(로직)와 속성을 파악해서 정리하는 것입니다.

1. 도메인 목록 정의

여러분의 레거시 시스템에서 얽히고 설켜있는 여러 도메인 중에 주요한 도메인을 파악하는 단계입니다. '도메인 파악하기'에서 주요한 도메인을 파악하는 과정은 아주 중요하면서 어려운 작업입니다.

---

14 https://www.amazon.com/gp/product/0321125215
15 https://martinfowler.com/bliki/DomainDrivenDesign.html

자동차를 예로 들어 보겠습니다. 사용자는 자동차를 통해서 바퀴가 굴러가도록 하지, 사용자가 직접 자동차의 바퀴가 굴러가도록 조작하지 않습니다. 즉, 자동차 도메인에서 자동차가 도메인이 될 것이고 바퀴, 기어, 라이트 등은 자동차 도메인을 위한 '값 객체(Value Object)'가 될 수 있습니다.

위에서 말한 예와 같이 현재 서비스하고 있는 제품의 도메인들이 레거시 시스템에서 사용되고 있는 수많은 값과 로직을 통해 어떻게 표현되고 있고, 각 코드 간에 어떻게 상호작용하는지를 파악해서 관계를 확립하고, 행위들과 속성들을 정리하는 것은 쉬운 작업이 아닐 것입니다. 하지만 여러분이 언어전환을 통해서 좀 더 응집도 있고 도메인이 가진 로직을 좀 더 명확하게 표현할 수 있도록 변경하여 좀 더 유연하고 유지보수성이 높은 제품으로 탈바꿈하려면 꼭 필요한 작업이기도 합니다.

도메인을 파악하기 위해서는 우선 이해관계자들과 제품을 기획한 동료 그리고 제품을 개발한 개발자들에게서 먼저 도메인 정보를 수집하는 것부터 시작할 수 있습니다. 제품 개발 시 작성된 기획서와 같은 문서가 있다면 그 문서의 도움을 받을 수도 있습니다. 수집한 정보를 기반으로 현재 코드로 작성되어 있는 도메인 모델을 파악합니다. 주로 Entity 객체로 표현되어 있을 것이기 때문에 해당 객체 위주로 파악하면 좀 더 수월합니다.

2. 행위 정의

앞에서 도메인을 파악하는 작업이 끝났다면 이제는 각 도메인이 가진 주요 로직들을 파악하여 정리하는 단계입니다. 로직들을 파악할 때에는 CQS(Command Query Separation) 패턴[16]을 적용해보면 좋습니다. CQS 패턴

---

[16] https://en.wikipedia.org/wiki/Command-query_separation

은 명령과 조회를 분리하여 시스템의 복잡성을 보다 단순화하기 위한 패턴이라고 볼 수 있습니다. 명령(Command)은 시스템의 상태를 변경하지만 값을 반환하지 않고, 조회(Query)는 값을 반환하지만 시스템의 상태를 변경하지 않는다는 규칙이 있습니다.

로직을 정리할 때 이러한 패턴에 맞게 정리하면 보다 명확하게 도메인이 가진 로직을 파악할 수 있고 또한 기존에 작성되어 있는 코드의 복잡성을 낮출 수 있는 포인트도 발견할 수 있을 것입니다.

행위는 어떻게 적으면 좋을까요? 다양한 방법이 존재하겠지만 저는 애자일 방법론에서 말하는 사용자 스토리(User Story)[17]와 같은 방법으로 적어보는 것을 권해드리고 싶습니다. 사용자 스토리는 시스템의 기능에 대한 설명이라고 할 수 있습니다. 그렇기 때문에 도메인이 가진 로직을 표현하기에 아주 적합합니다. 행위는 행동하는 주체와 하고 싶은 일 그리고 그 목적을 적어서 표현할 수 있는데, 예를 들면 아래와 같이 작성할 수 있습니다.

"관리자는 매장의 식별자를 이용하여 단일 매장의 정보를 조회한다."

3. 모델 정의

정의한 도메인의 행위를 적었았다면 이제 도메인 모델의 특징과 속성을 적어 볼 단계입니다. 도메인 모델은 Entity와 Value Object로 나눌 수 있고 Entity가 모여서 Aggregate를 형성하기도 합니다. 특히 Entity와 Value Object를 구분지어서 복잡하게 얽힌 객체 간의 관계를 정리하고 각 모델 간의 관계를 정리하는 게 중요한데, Entity와 Value Object의 구분은 아래처럼 할 수 있습니다.

---

[17] https://en.wikipedia.org/wiki/User_story

3.1. Entity

Entity는 '식별성'과 '연속성'을 가진 객체를 말합니다. '식별성'을 가진 객체란 식별자를 가진 객체를 말하는데, 예를 들면 주민등록번호, 계좌번호, 택배의 송장번호 등이 대표적인 식별자로 볼 수 있습니다.

Entity는 자신의 생명주기 동안에 형태와 내용이 변경될 수 있습니다. 사람의 경우를 예로 들면, 이름이나 출생지, 나이 등은 생애주기 동안에 언제든지 바뀔 수 있습니다. 하지만 주민등록번호는 한번 생성되면 변경되지 않습니다(물론, 바꿀 수는 있지만 우리나라의 여러 행정 시스템에서 주민등록번호를 개인 식별자로 사용하고 있기 때문에 주민번호를 변경하는 경우 많은 불편함을 감수해야 합니다). 여기에서 이름이나 출생지, 나이 등은 변경되어도 동일한 사람임을 추적할 수 있는 성질이 '연속성'입니다.

3.2. Value Object

Value Object는 개념적인 식별성 없이 도메인의 서술적 특성만을 나타내는 객체를 말합니다. 예를 들어, 여러분이 안경을 쓰고 있다면 착용한 안경의 디자인과 도수를 중요하게 생각할 것이기 때문에 동일한 디자인과 도수를 가진 안경이 있다면 어떤 안경을 쓰든지 개의치 않을 것입니다. 이렇듯 Value Object는 식별자가 중요한 것이 아니라 그 객체가 가진 값이 중요한 객체를 말합니다.

위와 같이 모델의 관계를 정리했다면 각 모델이 가진 속성과 관계를 쉽게 읽을 수 있는 도구를 활용해서 표현해 봅니다. 문서 내 Table을 활용하는 방법도 있을 것이고 UML을 이용하여 표현할 수도 있을 것입니다.

자, 이제 도메인에 대한 내용을 정리했으니 해당 도메인들을 프런트엔드에서 사용할 수 있게 하는 API에 대해서도 정리를 해볼까요?

Section 04
API 정리하기

〔준비〕 지피지기면 백전불태

사례

언어전환을 시작하기 전 개발자 K는 현재 제품의 서비스를 위해 만들어져 있는 API 전체를 파악하고 사용여부를 조사하기로 했습니다.

A 스타트업에서는 Graphql을 사용하고 있기 때문에 `Graphql Schema`를 통해 현재 개발되어 있는 API 목록을 추출할 수 있었습니다.

schema.graphqls

```
01  type Query {
02      """
03      매니저 목록을 조회합니다.
04      """
05      managers(filter: ManagersFilter!): [ManagerField!]!
06      """
07      단일 매니저를 조회합니다.
08      """
09      manager(id: UUID!): ManagerField!
10      """
11      매장 목록을 조회합니다.
12      """
13      stores(filter: StoresFilter!): [StoreField!]!
14      """
15      단일 매장을 조회합니다.
16      """
17      store(id: UUID!): StoreField!
```

```
18      ... 생략
19    }
20
21    type Mutation {
22      """
23      매장을 생성합니다.
24      """
25      createStore(input: CreateStoreInput!): CreateStore!
26      """
27      주문내역 내보내기
28      """
29      exportPurchases(email: EmailInput!): ExportPurchases!
30      ... 생략
31    }
```

스키마 파일에서 추출한 API 목록을 이용하여 프런트엔드 개발자분들의 도움을 받아 사용여부 실태를 조사했습니다.

문서

API 사용여부 조사

배경

현재 개발되어 있는 서버에서 제공하는 Query와 Mutation들의 사용 실태를 조사하여 현재 사용 중인 API를 정리하고 사용하지 않는 API를 목록화하기 위한 작업입니다.

불필요한 API를 목록화한다면 언어전환 작업 시 불필요한 API를 작업 하지 않아도 되기 때문에 작업일정을 최적화할 수 있습니다.

아래에 적혀있는 API를 보고 각 플랫폼별로 사용여부를 체크해 주기 바랍니다.

API 사용여부

- Query

API	안드로이드	IOS	WEB	ADMIN	기타
managers	O	O	X	X	X
manager	O	O	O	X	O
stores	X	X	O	O	X
store	X	X	O	O	O
… 생략					

표 2-3 Query

- Mutation

API	안드로이드	IOS	WEB	ADMIN	기타
createStore	O	O	X	X	X
exportPurchases	O	O	O	X	X
clearManager	X	X	X	X	X
updateTerms	X	X	X	X	O
… 생략					

표 2-4 Mutation

- 미사용 API
  - clearManager

언어전환 작업을 시작하기 전 여러분은 개발 범위를 파악하고 구체적인 일정을 산출하기 위해 API 목록을 정리합니다. 부지런히 API 명세를 정리해 왔다면 많은 시간을 아낄 수 있겠습니다만 혹시 누락되었을지 모르는 API가 존재할 수도 있기 때문에 언어전환 작업을 시작하기 전에 전반적으로 API 목록을 정리하는 것이 좋습니다.

그럼 API 명세는 어떻게 정리하면 좋을까요? 서버는 가장 흔하게 사용하는 REST API부터 Graphql API, gRPC 등 다양한 방법으로 API를 제공해 줄 수 있습니다. 각각의 API 문서화를 위한 방법을 좀 더 알아보겠습니다.

1. REST API

1.1. Swagger UI[18]

API 리소스를 시각적으로 문서화해 주고 상호작용도 할 수 있는 도구입니다.

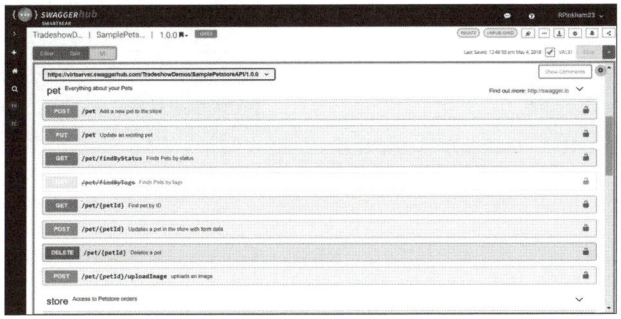

그림 2-7 Swagger UI

제품 개발 시 서버와 클라이언트 간에 API 명세를 공유하는 수단으로 많이 사용되고 있으며 특히 직접 API 호출을 통해 어떻게 동작하는지 등을 확인할 수 있다는 특징이 있습니다. 비록 서버에서 Swagger UI를 제공해 주기 위한 설정을 해줘야 하지만 언제나 최신 API 명세를 보여주기 때문에 문서와 실제 API 스펙과의 차이가 발생하는 이슈 등이 없어 편리합니다.

---

18 https://swagger.io/tools/swagger-ui/

1.2. Slate[19]

Markdown 기반의 API 문서화 도구입니다. Markdown 문법을 사용하기 때문에 간단한 문법만으로 깔끔하고 직관적인 API 문서를 만들 수 있습니다. 반응형 디자인이라 모바일에서도 쉽게 읽을 수 있습니다. API가 변경되면 문서 업데이트를 따로 해줘야 한다는 아쉬움이 있지만 간단한 문법만으로 자유도 높은 문서를 만들 수 있다는 장점이 있습니다.

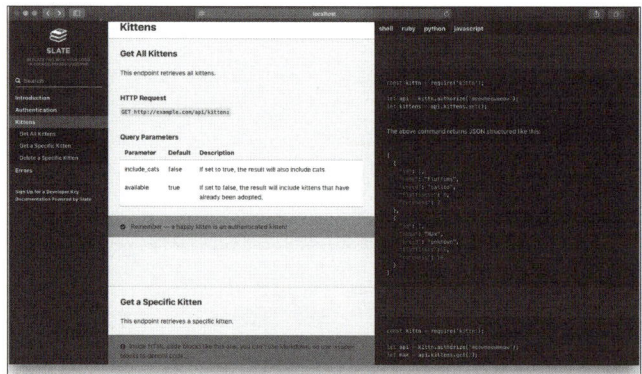

그림 2-8 Slate

2. Graphql API

2.1. Graphdoc[20]

Graphql 스키마(Schema)를 정적 페이지로 생성해 주는 도구로, 명령어 하나로 문서를 만들 수 있다는 게 장점입니다. 다만 자유로운 템플릿을 만들어낼 수 없어 미리 템플릿화된 스키마 정보만 조회할 수 있다는 단점이 있습니다.

---

19 https://github.com/slatedocs/slate
20 https://github.com/2fd/graphdoc

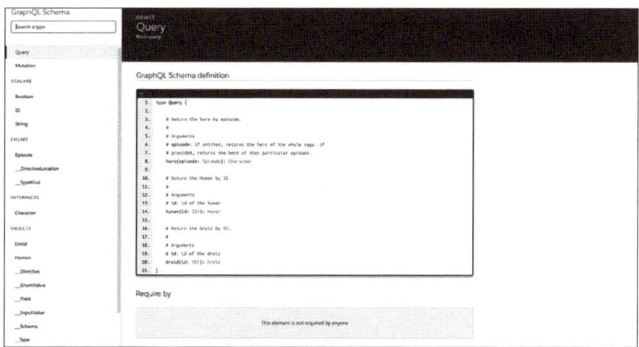

그림 2-9 Graphdoc

2.2. Graphql Voyager[21]

Graphql API를 대화형 그래프로 표현해 주는 도구입니다.

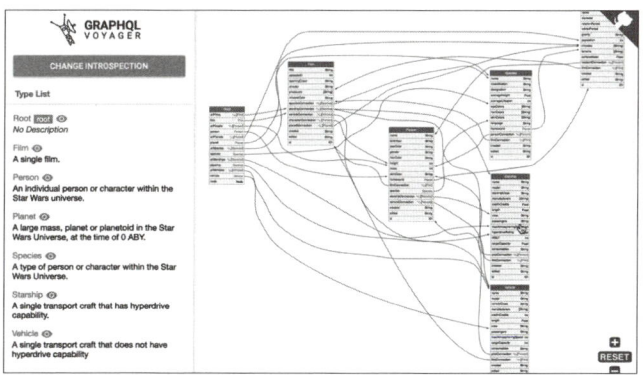

그림 2-10 Graphql Voyager

각 스키마별로 관계를 표현해 주며 목록 내 Graphql API를 손쉽게 탐색할 수 있습니다. 현재 만들어져 있는 Graphql 스키마별로 관계를 쉽게 볼 수 있기 때문에 클라이언트에서 쿼리를 설계할 때 유용하게 사용할 수 있습니다.

---

21 https://github.com/IvanGoncharov/graphql-voyager

3. gRPC

3.1. Swagger UI[22]

gRPC도 Swagger UI를 이용하여 API 문서화를 할 수 있습니다. 이를 위해서는 gRPC-Gateway가 필요하며 *.proto 파일을 컴파일하여 문서화를 수행합니다.

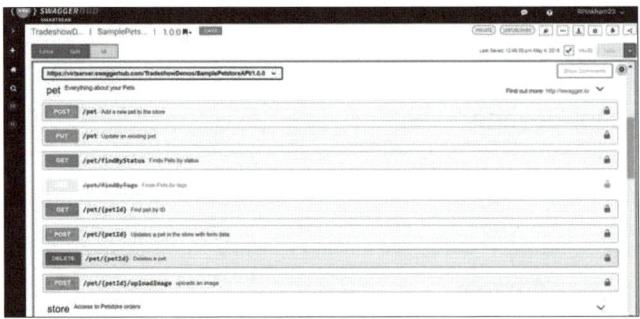

그림 2-11 Swagger UI

3.2. gRPC docs[23]

Swagger UI와 유사하게 gRPC API에 대한 문서를 제공해줍니다. gRPC로 API를 호출 할 수 있는 샘플 코드를 제공해주며 Go 언어(golang), 타입스크립트(typescript), 자바스크립트(javascript), 자바(java), C# 등 다양한 언어 예시를 제공해줍니다.

---

[22] https://swagger.io/tools/swagger-ui/
[23] https://blog.gendocu.com/posts/documenting-grpc/

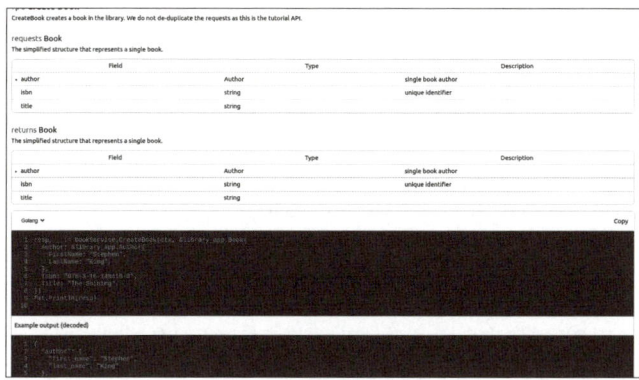

그림 2-12 gRPC docs

앞에서 언급한 API 문서화 도구 외에도 컨플루언스(Confluence)[24]나 Notion[25], Excel[26]과 같은 범용적인 문서도구를 이용해서도 API를 문서화할 수 있습니다. 하지만 이러한 방법은 서버의 코드가 변경될 때마다 직접 동기화를 시켜주어야 하는 번거로움이 있기 때문에 자칫 개발자들이 문서화하는 것을 놓치게 된다면 문서와 서버코드의 버전이 일치하지 않아 오히려 문서가 API를 파악하는 데 혼란을 초래하기도 합니다. 그렇기에 팀 내에서 자동화된 API 문서화 도구 하나 정도는 도입해서 사용하는 것을 권합니다.

API 문서가 잘 정리되었다면 해당 API들을 프런트엔드에서 사용하고 있는지 혹은 더 이상 사용하고 있지 않는지의 여부를 파악해야 합니다. 이러한 과정을 통해서 여러분은 사용하지 않는 API를 언어전환 작업에서 제외함으로써 불필요한 작업을 하지 않아도 되기 때문에 작업 시간을 확보할 수 있다는 이점을 누릴 수 있습니다.

---

24 https://www.atlassian.com/software/confluence
25 https://www.notion.so/ko-kr/product
26 https://www.microsoft.com/en-us/microsoft-365/excel

API는 주로 프런트엔드에서 사용하기 때문에 프런트엔드 개발자분들에게 도움을 요청해서 문서를 완성해 나가야 합니다. 또한 프런트엔드뿐만 아니라 운영부서 또는 데이터팀에서 만들어진 API를 별도로 사용할 수도 있습니다. 그리고 만약, Open API를 제공하고 있다면 이 API들의 사용여부는 파악하기가 쉽지 않으므로 그냥 사용한다고 판단해도 될 것입니다.

API 사용여부를 조사할 때는 REST API의 Path나 Graphql의 Query, Mutation 단위로만 파악하는 것보다 특정 필드의 사용여부까지도 확인하면 좀 더 많은 시간을 아낄 수 있습니다. 특히 Graphql API의 경우 필드에 대한 resolve function[27]을 별도로 제공할 수 있으므로 필드 사용여부 파악은 더욱 중요할 수 있습니다.

레거시 시스템이 제공해 주는 도메인과 API의 파악이 완료되었다면 이제 어떤 기술로 서버를 전환해 가야 할지 선택해야 할 시간입니다.

---

27 https://graphql.org/learn/execution/#root-fields-resolvers

Section 05
기술 선정하기

〔준비〕 지피지기면 백전불태

사례

개발자 K는 이제 언어전환에 사용할 기술 선정을 고민하기 시작했습니다. 사실 전체적으로 어떤 언어와 프레임워크를 사용할지만 정했지 구체적으로 어떤 라이브러리를 사용할지는 결정하지 않은 상태였습니다. 그래서 세세한 기능에 대한 라이브러리는 구현할 때 선정하기로 하고 API와 영속화 그리고 테스트에 대한 프레임워크를 미리 선정하기로 했습니다.

먼저 Graphql 프레임워크를 선정하는 것부터 시작했습니다. A 스타트업에서 운영 중인 서버는 Graphql API를 사용하고 있습니다. 그래서 언어전환 시 가장 우선적으로 고민했던 것이 Graphql 프레임워크의 선택이었습니다. 개발자 K는 아래와 같은 고려 항목을 가지고 기술 검토를 진행했습니다.

- 기존의 API 변경을 유발하지 않는가?
- 리졸버, 필드 등을 손쉽게 정의할 수 있는가?
- 의존성 주입이 손쉬운가?
- Graphql Schema를 손쉽게 내보낼 수 있는가?
- 테스트 코드 작성이 용이한가?
- 권한을 이용한 사용자 접근제어가 용이한가?

- 트랜잭션 적용이 용이한가?
- 데이터 배치 로더 적용이 쉬운가?
- 레퍼런스가 많은가?
- 필드 리졸버를 적용할 수 있는가?
- 페이지네이션을 손쉽게 구현하거나 적용할 수 있는가?

검토 결과 Graphql Kotlin[28]과 DGS Framework[29], 두 개의 라이브러리 사이에서 고민을 하게 되었고 최종적으로 DGS Framework를 사용하는 것으로 결정했습니다.

DGS Framework를 선택하게 된 이유는 적용 사례가 많아 레퍼런스를 많이 찾을 수 있다는 점과 테스트 코드 작성의 용이성, 그리고 스키마를 우선적으로 작성한 후 코드를 작성하는 Schema-First 방법을 적용할 수 있는 점 등이 있기 때문이었습니다.

다음은 영속화를 위한 프레임워크의 선정입니다. A 스타트업에서 운영 중인 서버는 검색을 위한 Elasticsearch[30]와 메인 데이터베이스로 RDBMS를 사용하고 있습니다. 개발자들이 영속화를 위한 개발을 할 때 데이터베이스의 종류와 관계없이 일관된 프로그래밍 경험을 제공하기 위해서 Spring-Data[31]를 사용하기로 했습니다.

개발자 K는 Elasticsearch에 대해서는 Spring-Data-Elasticsearch를 사용하기로 바로 결정했지만 RDBMS는 Reactive 프로그래밍을 지원하는

---

28 https://opensource.expediagroup.com/graphql-kotlin/docs
29 https://netflix.github.io/dgs/
30 https://en.wikipedia.org/wiki/Elasticsearch
31 https://spring.io/projects/spring-data

Spring-Data-R2DBC를 사용할지, 아니면 많은 개발자 사이에서 익숙한 Spring-Data-JPA를 사용할지를 고민했습니다.

먼저 Spring-Data-R2DBC는 Reactive 프로그래밍을 지원해줍니다. 우선 Graphql API를 위한 라이브러리가 대부분 Reactive 프로그래밍을 기반으로 하거나 지원하기 때문에 궁합이 잘 맞는다고 판단했습니다. 그리고 R2DBC는 캐싱, 지연로딩 등의 ORM이 제공해 주는 여러 기능을 제공하지 않으면서 ORM에 비해 개념적으로 쉽게 프로그래밍할 수 있도록 해 주기 때문에 영속화를 위한 코드를 명시적이고 단순하게 작성할 수 있습니다.

반면 Spring-Data-JPA는 ORM인 JPA를 이용하여 영속화를 지원합니다. JPA는 Spring 진영에서 오랫동안 사용해 온 ORM이기 때문에 개발자들이 친숙하고 레퍼런스가 많아서 구현 사례를 찾기가 용이합니다. 그리고 러닝커브가 조금 있기는 하지만 캐싱과 지연로딩 등 JPA가 제공해 주는 여러 추상화된 기능을 통해서 직접 구현해야 하는 번거로움과 복잡함을 줄일 수 있습니다.

결국 언어전환의 이유 중 하나였지만 구현의 어려움을 좀 더 줄일 수 있고 개발자들에게 친숙한 Spring-Data-JPA를 영속화 도구로 선택했습니다.

다음으로 테스트를 위한 프레임워크 선정입니다. Spring 진영에서는 테스트를 위한 도구로 JUnit을 많이 사용합니다. 개발자 K는 JUnit이 보편적이기는 하지만 제공해 주는 문법과 지원하는 기능에 대한 부족함을 느끼고 있어서 다른 테스트 프레임워크를 선정하기로 했습니다.

Spock[32]은 Groovy 문법을 이용한 테스트 도구입니다. JUnit 러너를 제공해 주기 때문에 IDE 및 빌드 도구에서 손쉽게 통합해서 사용할 수 있습니

---

32 https://spockframework.org/

다. Groovy는 동적 언어이기 때문에 테스트 코드를 작성할 때 깔끔하고 간결한 코드를 작성할 수 있으므로 테스트 코드의 가독성을 상당히 높일 수 있습니다. 다만 A 스타트업에서는 전환하고자 하는 언어가 Kotlin이기 때문에 Spock을 사용할 수 없는 문제가 있어서 후보군에서 제외되었습니다.

Kotest[33]는 Kotlin 문법을 이용한 멀티 플랫폼 테스트 도구입니다. Spock과 마찬가지로 JUnit 러너를 제공해 주기 때문에 IDE 및 빌드 도구에 손쉽게 통합할 수 있고 Spring Extension을 통해서 스프링 빈의 주입도 손쉽게 이용할 수 있습니다. Kotest는 다양한 테스팅 스타일과 간결한 assertion 문법으로 테스트 코드를 보다 쉽고 가독성 높게 작성할 수 있습니다.

개발자 K는 Kotest를 테스트 프레임워크로 선정하고 기본적인 사용방법과 사용패턴을 정리하여 팀원들에게 공유하기로 했습니다.

언어전환을 하려면 어떤 언어로 전환할 것인지 결정해야 하지만 구체적으로 어떤 프레임워크를 도입할 것인지도 결정해야 합니다. 되도록이면 사용할 프레임워크의 결정은 개발 팀원들이 익숙하거나 해당 언어에서 보편적으로 사용하는 것으로 하면 좋습니다. 새로운 기술에 대한 도입은 분명 도전적이고 신규 기술 사용에 대한 욕구를 해소시켜줄 수는 있어도 앞서 말한 바와 같이 언어전환 시 위험요소를 좀 더 줄이기 위해서는 새로운 기술보다 보편적인 기술을 선택하는 것을 우선해야 합니다.

그럼 여러분이 프레임워크들을 선택할 때 고려할 만한 것들을 나열하면서 기술 선정 시 고민할 만한 내용을 소개하겠습니다.

---

[33] https://kotest.io/

1. 웹 프레임워크

웹 프레임워크(Web Framework)는 웹 서비스 개발을 위해 설계된 소프트웨어 프레임워크를 말합니다. 웹 개발 시 필요한 활동에 대해 전반적으로 자동화된 도구를 지원해 주며 많은 프레임워크가 데이터베이스 엑세스 및 템플릿 프레임워크, 데이터 직렬화 등을 지원합니다.

자바의 스프링(Spring)[34], 코틀린의 Ktor[35], 파이썬의 Django[36], 자바스크립트의 Express.js[37], 루비의 Ruby on Rails[38], PHP의 Laravel[39], C#의 ASP.NET[40], Go의 Gin[41] 등 수많은 언어로 개발된 다양한 웹 프레임워크가 있습니다. 하나의 언어에서도 여러 웹 프레임워크를 제공하기도 하는데, 여기서 여러분은 어떤 웹 프레임워크를 선택할지 고민해야 합니다. 각 웹 프레임워크마다 강조하고 있는 기능이 다르고 Built-In 라이브러리가 얼마나 되는지, 사용자의 개발 방향을 이끄는지 혹은 자유도가 높은지 등에 따라 웹 프레임워크를 선택하게 될 것입니다.

아래에서 웹 프레임워크의 큰 특징 두 가지를 비교해 보았습니다.

---

[34] https://spring.io/
[35] https://ktor.io/
[36] https://www.djangoproject.com/
[37] https://expressjs.com/
[38] https://rubyonrails.org/
[39] https://laravel.com/
[40] https://dotnet.microsoft.com/en-us/apps/aspnet
[41] https://gin-gonic.com/

> **여기서 잠깐** 웹 프레임워크의 특징에 대한 이름 고민
>
> 사실 두 가지 특징에 대한 이름을 어떻게 지어야 할지 고민을 많이 했습니다. Lightweight와 Heavyweight로 나누기에는 요즘 나름 인기있는 대부분의 프레임워크들이 Lightweight를 강조하고 있고 다양한 기능과 생태계를 가지고 있는 프레임워크도 Heavyweight라고 표현하기가 힘들었기에 비교를 위한 단어로 선정하기에 어려움이 있었습니다. 그러던 중 'Choosing a Light-weight Web Framework'[42]라는 제목의 글에서 Minimal Framework와 Full-Featured Framework라는 단어를 발견하게 되었고 이 단어가 표현하는 의미가 제가 말하고자 하는 바와 유사하다고 생각하여 사용하게 되었습니다.

1.1. Minimal Framework

Built-In 라이브러리가 적고 자유도가 높으며 미리 정의된 설정 규칙이 상대적으로 적기 때문에 러닝커브가 높지 않습니다. 그래서 빠르게 웹 애플리케이션을 만들어보고 적용하기에 용이합니다.

파이썬으로 예를 들면 Django와 Flask 중에 Flask가 이에 해당합니다.

1.2. Full-Featured Framework

Built-In 라이브러리가 상대적으로 많고 관련 규칙도 많습니다. 그래서 러닝커브가 다소 높지만 간단한 설정만으로 원하는 애플리케이션을 쉽게 구성할 수 있어 비즈니스 코드에 집중할 수 있는 장점이 있습니다.

파이썬으로 예를 들면 Django와 Flask 중 Django가 이에 해당합니다.

분명 이 두 가지 프레임워크에는 각각의 장단점이 있습니다. 해당 팀원들의 취향과 현재 상황을 고려해서 본인의 팀에 맞는 선택을 하기 바랍니다.

---

[42] https://medium.com/@sirtimbly/choosing-a-light-weight-web-framework-ea9cbc40add

2. API 프레임워크

대부분의 웹 프레임워크에서는 기본적으로 REST API를 쉽게 구현할 수 있는 기능을 제공해 줍니다. 하지만 여러분이 REST API가 아니라 Graphql이나 gRPC 등을 사용해야 한다면 관련 라이브러리를 검토해야 합니다. 여기서는 Graphql 프레임워크를 선택할 때 고려할 만한 예제를 가져왔습니다.

Garphql은 쿼리용 API 언어로 REST API와 달리 스키마(Schema) 파일을 이용하여 API에 대한 계약을 정의합니다. 계약을 정의할 때 스키마 파일을 먼저 정의하고 코드를 작성하느냐, 코드를 먼저 작성하고 해당 코드를 이용해서 스키마 파일을 생성해 주느냐에 따라 Schmea-First, Code-First로 나눕니다.

2.1. Schema-First

Graphql API에 대한 계약을 정의할 때 SDL(Schema Definition Language)[43]을 사용하는 스키마 파일을 먼저 작성한 후 코드가 해당 스키마에 정의된 계약을 따르도록 작성하는 방법을 말합니다.

Scheme-First로 Graphql API를 정의하면 아래와 같은 이점이 생깁니다.

- Schema를 우선적으로 생각하기 때문에 코드와 상관없이 순수하게 API 계약에 대한 고민을 우선적으로 할 수 있습니다. 즉, API가 좀 더 추상적이면서 언어나 라이브러리에서 제공해 주는 기능에 대한 의존성을 더 줄일 수 있다는 장점을 가질 수 있습니다.

- API를 사용하는 모든 개발자와 함께 스키마를 정의하고 공유할 수 있습니다. API의 계약은 백엔드 개발자들만 정의하여 프런트엔드 개발

---

[43] https://www.howtographql.com/basics/2-core-concepts/

자에게 전달해 주는 것은 아닙니다. 스키마는 SDL을 사용하여 정의되므로 모든 개발자가 함께 작성할 수 있습니다.
- 개발시간을 단축할 수 있습니다. API의 계약을 사전에 정의하고 이에 맞춰 각자 병렬적으로 개발을 이어갈 수 있기 때문에 개발 시간을 단축시키고 API 연동에 대한 비용을 줄일 수 있습니다. Fake Graphql API[44]와 같은 도구를 사용하면 스키마 파일만으로 손쉽게 Mock Server를 생성할 수 있고 이를 이용하여 사전에 API 테스팅을 이어갈 수 있습니다.

2.2. Code-First

Graphql API에 대한 계약을 나타내는 스키마 파일이 프로그래밍 코드에 의해 정의되는 방식을 말합니다. 즉, 코드로 리졸버를 작성하면 도구를 통해 코드를 해석해서 스키마 파일을 생성합니다.

Code-First로 Graphql API를 정의하면 아래와 같은 이점이 생깁니다.

- 스키마 파일과 코드의 불일치로 인한 문제 발생 여지가 적습니다. 코드에 의해 스키마 파일이 자동으로 생성되기 때문에 스키마 파일을 미리 작성하고 이에 맞춰서 코드를 작성하는 방법과 달리 스키마 파일과 코드가 불일치하는 경우가 발생하기 어렵습니다.

- 수많은 도구의 사용을 유발하지 않습니다. Schema-First는 스키마 파일의 모듈화, 코드와 스키마 파일의 네비게이션을 위한 IDE 확장 도구 등 개발 편의를 위한 도구 사용을 유발합니다. Code-First는 자동화된 스키마 생성 방식을 통해 스키마 파일을 관리해서 Schema-First 방식에 비해 불필요한 도구 사용을 유발하지 않습니다.

---

[44] https://mocki.io/graphql

여러분의 API가 Graphql로 되어 있다면 프레임워크를 선정할 때 이 두 가지 방법 중 선호하는 방법을 지원하는 프레임워크를 선택할 수 있습니다.

3. 영속 프레임워크

영속 프레임워크(Persistence Framework)는 여러분이 다루는 데이터를 데이터베이스라는 저장소에 저장 혹은 저장되어 있는 데이터를 데이터베이스에서 가져오는 것을 도와주는 미들웨어를 말합니다.

영속 프레임워크는 접근방식에 따라 크게 Native Query로 데이터를 관리하는 방법과 Query Builder로 데이터를 관리하는 방법, 그리고 ORM을 이용하여 데이터를 관리하는 방법으로 나눌 수 있습니다.

3.1. Native Query

이 방법은 말 그대로 데이터베이스가 제공해 주는 쿼리 언어를 그대로 사용하여 데이터를 다루어서 코드를 작성할 수 있도록 해줍니다. 추상화 수준이 낮으므로 개발자가 직접 데이터를 조회하거나 저장하기 위한 쿼리 언어를 작성해야 하는데, 이는 곧 데이터베이스에 대한 높은 지식수준을 요구하기도 합니다.

명시적으로 쿼리 언어를 직접 작성하기 때문에 추상화로 인한 불분명한 동작 및 제약조건으로 인해 최적화가 힘들다는 단점을 보완할 수 있습니다. 하지만 SQL Injection[45]과 같은 보안 취약점에 대한 대응이 미흡할 수 있고 쿼리 언어를 일반 문자열로 작성하기 때문에 낮은 유지보수성을 보여줍니다. 또한 데이터베이스에 대한 지식 수준에 따라 쿼리 언어의 성능에 영향을 미치므로 개발

---

45 https://en.wikipedia.org/wiki/SQL_injection

자마다 기능에 대한 성능 편차가 있을 수 있다는 이슈도 있습니다.

자바로 예를 들면 JDBC[46]가 이에 해당합니다.

3.2. Query Builder

이 방법은 쿼리 언어의 패턴을 공식화해서 함수나 프로퍼티 등으로 입력방법을 제공하여 Native Query보다 좀 더 추상화된 방법으로 애플리케이션에 통합해서 사용할 수 있도록 해줍니다. 일반적인 문자열로 쿼리를 직접 입력하는 방법이 아닌 각 언어의 문법에 맞는 함수나 프로퍼티로 쿼리를 작성할 수 있도록 해 주기 때문에 유지보수적인 측면에서 Native Query보다 더 용이하다는 장점이 있으며 ORM만큼의 높은 추상화 수준을 제공하지 않기 때문에 데이터베이스에 대한 의존도가 높지만 Native Query만큼 명시적이고 자유도 높은 쿼리를 작성할 수 있다는 점도 강점입니다.

자바로 예를 들면 Query DSL[47], Jooq[48]가 이에 해당합니다.

3.3. ORM[49]

ORM(Object-Relational Mapping)을 이용하여 데이터를 관리하는 방법은 주로 관계형 데이터베이스의 데이터를 객체지향 프로그래밍 언어에서 말하는 객체로 손쉽게 변환할 수 있도록 해줍니다. 높은 수준의 추상화된 기능을 제공해 주기 때문에 개발자는 데이터베이스에 대한 지식수준이 높지 않아도 ORM만으로 제품에서 사용되는 객체를 손쉽게 데이터베이스에 저장 또는 조회할 수 있습니다.

---

[46] https://en.wikipedia.org/wiki/Java_Database_Connectivity
[47] http://querydsl.com/
[48] https://www.jooq.org/
[49] https://en.wikipedia.org/wiki/Object%E2%80%93relational_mapping

하지만 사실 ORM의 이상적인 목표는 앞에서 말한 바와 같이 데이터베이스의 세부사항을 숨기는 것이지만 시스템이 복잡해지고 ORM에 대한 지식이 부족한 상태에서 사용하다보면 발생하는 N+1 문제[50]와 같은 이슈들은 개발자에게 데이터베이스에 대한 지식과 함께 ORM에 대한 지식, 둘 다 필요로 하기 때문에 Leaky abstraction[51] 문제를 야기하기도 합니다.

자바로 예를 들면 Hibernate[52]가 이에 해당합니다.

4. 그 외에 고려해야 할 항목

4.1. 테스트 프레임워크

여러분이 좀 더 안정적이고 견고한 제품을 만들고자 한다면 테스트 코드를 작성하고 있을 가능성이 높을 것이라 생각합니다. 테스트 프레임워크(Test Framework)는 자동화된 테스트를 가능하게 해주며 여러분이 작성하는 테스트 코드를 좀 더 가독성 높게 해주거나 테스트 성능을 향상시키는 등의 도움을 줄 수 있습니다.

파이썬의 pytest[53], 자바스크립트의 Jest[54], 자바의 JUnit[55], 그루비(Groovy)의

---

50 https://stackoverflow.com/questions/97197/what-is-the-n1-selects-problem-in-orm-object-relational-mapping
51 https://en.wikipedia.org/wiki/Leaky_abstraction
52 https://hibernate.org/orm/
53 https://docs.pytest.org
54 https://jestjs.io/
55 https://junit.org/

Spock[56], 코틀린의 Kotest[57], C#의 NUnit[58] 등이 있습니다.

언어마다 제공하는 테스트 프레임워크는 하나 이상 있을 수 있습니다. 테스트 프레임워크가 추구하는 바는 거의 동일하기에 문법 설탕(Syntactic Sugar)[59]이나 가독성 등을 고려하여 여러분의 취향에 맞는 프레임워크를 선택하면 됩니다.

4.2. 데이터베이스 마이그레이션 도구

여러분의 데이터베이스가 배포 환경마다 다르고 개발자가 직접 데이터베이스 환경을 맞추기 위해 스크립트나 쿼리를 실행하도록 한다면 어떨까요? 적은 기능을 배포할 때에는 괜찮을지 몰라도 많은 기능을 배포할 때에는 데이터베이스의 변경이 수없이 많다면 사람이 작업하는 한 분명 실수가 발생할 가능성이 생깁니다. "내 로컬에서는 잘 동작하는데요"라는 이야기를 심심치 않게 듣고 싶지 않다면 데이터베이스의 상태를 코드로 관리할 수 있는 데이터베이스 마이그레이션 도구(Database Migration Tool)를 도입하는 것을 검토해 볼 수 있습니다.

마이그레이션 도구는 개발 언어에 종속적이지 않는 경우가 많기 때문에 언어 전환 시 반드시 마이그레이션 도구도 전환해야 할 필요는 없지만 각 언어에서 사용하는 프레임워크에서 내장되어 있거나 손쉽게 통합할 수 있도록 지원하는 마이그레이션 도구가 있습니다. 그래서 다른 프레임워크와 원활한 통합을 위해 마이그레이션 도구를 변경하는 결정을 내릴 수 있습니다. 만약, 마이그레이션 도구를 이전에도 사용하고 있는데 언어전환 시 마이그레이션 도구를

---

[56] https://spockframework.org/
[57] https://kotest.io/
[58] https://nunit.org/
[59] 요약 문법과 의미를 바꾸지 않으면서도 새로운 기능을 기존에 있는 기능으로 표현함으로써 언어에 추가하는 것을 의미합니다(출처: https://hjaem.info/articles/kr_2008_1).

함께 변경하고자 한다면 버저닝 문제나 의도치않게 마이그레이션이 실행되어 데이터를 잃어버리는 경우를 잘 대비해야 합니다.

마이그레이션 도구로는 Flyway[60], Alembic[61], Umzug[62], Phinx[63] 등이 있습니다.

5. 프로토타입 작성하기

기술 선정 시 여러분 혹은 팀원들이 사용해 본 기술이라면 현재 팀 상황이나 제품의 성격에 맞는 기술 선택에 문제가 없을 것입니다. 하지만 고려 중인 기술에 대한 이해도가 높지 않은 경우에는 간단한 프로토타입을 작성해 보고 실제로 사용할 사례를 테스트해 보는 것이 공식문서에서 제공해 주는 것보다 훨씬 더 이해가 쉽고 빠를 수 있습니다.

프로토타입을 작성한다면 다음과 같은 장점을 가져갈 수 있습니다.

5.1. 개발 기간을 줄일 수 있다

프로토타입을 작성하고 검증하는 시간을 들이면 오히려 개발 기간이 더 많이 소요될 것이라고 생각할 수도 있습니다. 하지만 프로토타입 코드를 작성하여 제품에 실제로 적용하기 전에 발생할 수 있는 문제점과 동작방식을 미리 이해해서 제품 코드에 적용함으로써 가지는 이득은 오히려 전체적인 개발 기간으로 보았을 때 시간을 단축하는 효과를 누릴 수 있습니다.

---

60 https://flywaydb.org/
61 https://pypi.org/project/alembic/
62 https://github.com/sequelize/umzug
63 https://phinx.org/

5.2. 오류를 조기에 발견할 수 있다

공식문서나 레퍼런스에는 여러분이 만들려고 하는 제품에서 발생할 수 있는 문제점을 말해주지 않습니다. 실제로 코드를 작성해서 적용해 봐야지만 발견할 수 있는 문제가 오히려 더 많을 것입니다. 프로토타입 코드는 실제 제품 코드에 비해 코드 품질을 많이 고민하지 않으면서 작성하기에 빠르게 적용하고 검증할 수 있습니다. 이때 적용하고자 하는 기술이 가진 문제나 주의할 점을 사전에 파악할 수 있으므로 좀 더 나은 기술 선택의 기회와 오류 발생 가능성을 줄일 수 있습니다.

5.3. 기술에 대한 이해도를 높일 수 있다

프로토타입을 만들어 본다는 것은 해당 기술에 대한 이해도가 부족해서일 것입니다. 실제로 해당 기술을 적용한 애플리케이션을 만들어보면 문제점을 파악하는 데 도움이 될 뿐만 아니라 해당 기술이 가진 장점을 더 많이 발견하거나 이해도를 높일 수 있습니다. 그리고 이를 통해 실제 제품 코드에 적용하면 더 나은 방법으로 코드를 작성할 수 있는 기회를 제공해 줍니다.

여러 검토를 거쳐 어떤 기술을 사용할지 정하면 동시에 여러분은 프로젝트의 구조를 잡아가기 위한 준비도 함께 할 수 있습니다. 이제 여러분의 프로젝트 구조를 어떻게 잡아가면 좋을지 살펴보겠습니다.

Section 06
패키지 구조 선정하기

〔준비〕 지피지기면 백전불태

사례

개발자 K는 언어전환을 하면서 프로젝트의 패키지 구조를 전체적으로 개선하고 싶었습니다.

기존에는 기능 단위로 패키지가 나뉘어 있다 보니 코드 간의 응집도가 낮아 수정사항이 발생했을 때 변경하고자 하는 코드 위치를 유추하기가 어려웠고, 지역성이 낮아 코드를 고치기 위해 디버깅을 하다 보면 클래스를 찾아 이리저리 패키지를 옮겨 다녀야 하는 불편함이 있었습니다.

어떤 경우에는 동일한 기능을 수행함에도 불구하고 여기저기 중복된 코드가 산재해 있기도 하는 등 유지보수성이 낮다는 느낌을 많이 받았습니다. 그래서 각 모듈 간의 경계를 명확하게 하여 책임을 분명하게 하고 의존성 방향을 통제해서 위에서 발생하는 문제점을 개선하고자 아래와 같이 패키지 구조 개선 계획을 세우게 되었습니다. 패키지 구조는 'Clean Architecture'[64]에서 소개하는 구조를 많이 참고했습니다.

전체 패키지 구조

우선 전체적인 패키지 구조는 계층형 아키텍처(Layered Architecture)[65]를

---

[64] https://blog.cleancoder.com/uncle-bob/2012/08/13/the-clean-architecture.html
[65] https://www.oreilly.com/library/view/software-architecture-patterns/9781491971437/ch01.html

따르게 했습니다. 일반적으로 표현(Presentation), 응용(Application), 도메인(Domain), 기반(Infrastructure) 4개의 계층으로 나누어집니다.

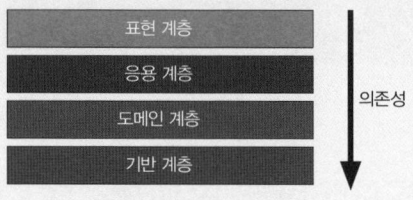

그림 2-13 계층형 아키텍처

하지만 현재 개발자 K가 속한 백엔드 팀에서는 해당 패키지 구조에 대한 이해도가 높지 않은 상태이므로 좀 더 단순화해서 표현 계층, 응용 계층을 합쳐서 응용 계층, 도메인 계층과 기반 계층을 합쳐서 도메인 계층으로, 총 두 개의 계층으로 단순화하고자 했습니다.

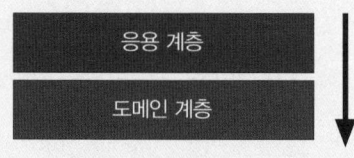

그림 2-14 전체 패키지 구조도

도메인 계층

도메인 계층은 컴포넌트 기반 패키지 구조가 되도록 했습니다.

Order 도메인을 사용하는 코드는 반드시 OrdersComponent를 통해서만 기능을 수행하도록 제한했습니다. 이는 Repository나 Model을 우회해서 바라보지 않도록 하기 위해서입니다.

도메인 계층은 응용 계층의 어느 코드도 의존해서는 안 됩니다. 이는 도메인 계층의 복잡성을 최소화하고 순환 참조와 같은 문제 발생을 방지하기 위해서입니다.

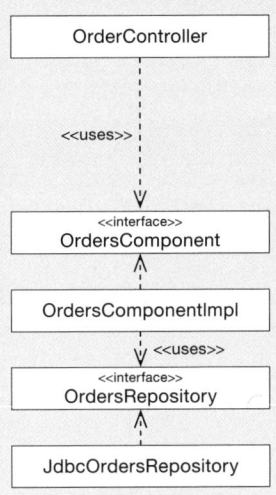

그림 2-15 도메인 계층 구조도

도메인 계층의 하나의 패키지에는 엔티티(Entity) 모델과 영속화를 위한 리포지토리(Repository) 그리고 도메인이 가진 비즈니스 로직을 담은 컴포넌트(Component, 혹은 Service)로 구성되어 있습니다.

응용 계층

응용 계층도 전체 패키지 구조와 마찬가지로 계층형 아키텍처를 가지도록 했습니다.

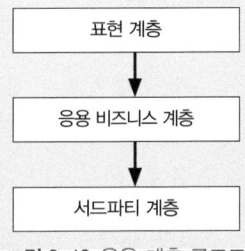

그림 2-16 응용 계층 구조도

각 역할별로 계층을 나누며 API 인터페이스를 위한 표현 계층, 도메인 로직들과 외부 서비스들을 조합하는 역할들을 담은 Facade 등을 위한 응용 비즈니스 계층, 외부 서비스들을 위한 서드파티 계층으로 구성되어 있습니다.

그래서 전체 구조를 다시 한번 자세히 그려보면 구조는 아래와 같습니다.

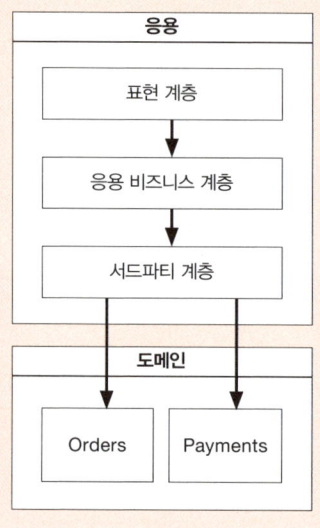

그림 2-17 전체 구조도

애플리케이션을 만들 때 한 번쯤은 패키지 구조를 어떻게 구성하면 좋을지 고민해 본 경험이 있을 것입니다. 사실 패키지는 제품을 만들어가면서 리팩터링을 과정을 통해 자연스럽게 그 구조를 잡아가는 것이 가장 이상적일 것입니다. 하지만 수많은 개발 관련 책이나 블로그에서 말하는, 보편적으로 적용하면 좋을 큰 틀에서의 패키지 구조가 있기는 합니다. 그래서 프로젝트를 시작하거나 개선할 때 큰 틀에서의 패키지 구조는 정해두고 세부적인 사항은 개발하면서 조금씩 나누어가는 전략을 채택하는 경우가 많습니다.

만약, 레거시 코드가 별도의 패키지 없이 모든 클래스가 root 경로에 위치하고 있거나 특별한 규칙 없이 패키지가 나뉘어 있다면 여러분은 패키지 구조를 정하고 각자 역할을 가진 컴포넌트들을 재배치하는 것만으로도 애플리케이션의 유지보수성을 많이 증가시킬 수 있습니다.

그러면 이렇게 패키지 구조를 미리 정해두고 프로젝트를 진행해 나가면 어떠한 장점을 누릴 수 있는지 알아보겠습니다.

1. 패키지 구조를 선정할 때의 장점

1.1 경계를 명료하게 나눌 수 있다

어쩌면 패키지를 사용하는 가장 큰 이유라고 생각됩니다. 패키지를 사용하면서 각 클래스가 가진 역할별로 나누도록 해주어서 각 패키지가 서로의 영역을 침범하지 않도록 경계를 명료하게 세워줍니다. 만약, 여러분의 프로젝트에 패키지가 존재하지 않는다고 상상해 볼까요? 아마 수많은 클래스 간의 경계를 나누기 위해 클래스명을 어색하게 짓는다거나 코드를 찾아가기 위해서 수많은 파일을 열어봐야 하는 불편함을 초래합니다.

1.2. 책임을 명확하게 해 준다

경계를 명료하게 나눈다는 것은 그 패키지가 가진 클래스의 책임을 명확하게 해준다는 말이기도 합니다. SOLID[66]의 단일 책임원칙(SRP, Single-Responsibility Principle)[67]에서는 모듈 또는 클래스, 함수들이 하나의 책임만을 가져야 한다고 말합니다. 패키지도 마찬가지입니다. 각 패키지가 각자의

---

66 https://en.wikipedia.org/wiki/SOLID
67 https://en.wikipedia.org/wiki/Single-responsibility_principle

책임을 명확하게 가지도록 구성하면서 그 패키지 속의 클래스들이 그 책임을 수행할 수 있도록 묶어주는 역할을 해줍니다.

1.3. 코드 간의 응집도를 높여준다

하나의 역할을 수행하기 위해 클래스가 모여있는 패키지는 각 클래스 간의 응집도가 높다고 볼 수 있습니다. 코드의 응집도가 높다면 기능 변경이 발생해도 코드 수정이 지역적으로 발생하기 때문에 수정에 대한 영향 범위가 적습니다. 즉, 수정에 대한 변경 범위를 최소화할 수 있기 때문에 오류 가능성을 최소화할 수 있고 유지보수성을 높일 수 있다는 장점을 가져갈 수 있습니다.

1.4. 의존성의 방향을 명확하게 할 수 있다

패키지 구조를 잡으면서 의존성 방향을 명확하게 할 수 있습니다. 리팩터링을 통해 패키지 구조를 만들어가는 과정에서는 전체적인 의존성 방향을 명확하게 하기 어려운 부분이 있습니다. 즉, 리팩터링을 통한 패키지 구조를 만들어가는 과정에서 사전에 의존성 방향에 대한 논의를 해 놓지 않았기 때문에 큰 그림에서의 의존성 방향을 놓칠 여지가 있습니다. 따라서 의존성 방향을 미리 정해두고 패키지 구조를 선정하게 되면 복잡성을 줄이고 순환참조를 방지하는 등에 대한 이점을 가져갈 수 있습니다.

그럼 이제 패키지 구조 선정을 위해 일반적으로 알려진 패키지 구조를 알아보겠습니다.

2. 대표 패키지 구조

2.1. 계층형 아키텍처

계층형 아키텍처(Layered Architecture)는 가장 많이 알려져있고 애플리케이션을 처음 만들 때 가장 먼저 도입을 검토할 만큼 구조가 단순합니다. 공통적으로 가진 역할에 따라 계층(레이어, Layer)을 나누며 표현 계층(Presentation Layer)을 시작해서 데이터 계층(Data Layer)으로 흐르는 의존성 구조를 가집니다. 각 계층은 애플리케이션의 성격에 따라 다르게 구성될 수 있습니다.

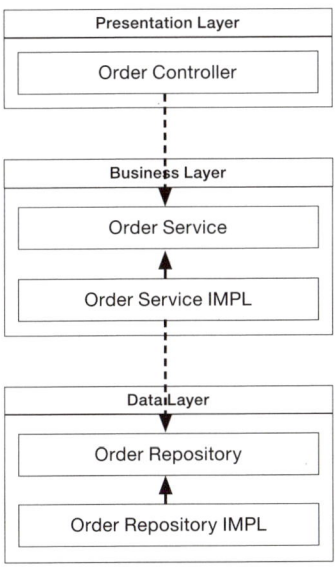

그림 2-18 계층형 아키텍처

2.1.1. 장점

- 단순하게 적용하기 쉽습니다.

  앞에서도 말했지만 계층형 아키텍처는 명확하게 계층이 나누어져 있고 의존 방향도 단순하기 때문에 프로그래밍을 배운 지 얼마 되지 않은 개발자도 익숙할 만큼 다른 구조에 비해 구조가 단순합니다. 그래서 프로젝트의 크기가 크지 않고 소규모의 애플리케이션을 개발할 때 간편하게 적용하기 좋습니다.

- 일관성을 가져가기 쉽습니다.

  계층형 아키텍처는 도메인별로 계층을 나누지 않기 때문에 애플리케이션의 확장에는 한계가 있습니다. 하지만 각 계층마다 가진 특성이 확실하고 그렇기에 해당 계층 내 컴포넌트를 일관성 있게 구성할 수 있습니다. 이는 곧 프로젝트의 패키지가 단순하게 유지될 수 있도록 해 주는 요인이기도 합니다.

- 계층별로 공통된 로직을 적용할 수 있습니다.

  계층형 아키텍처는 공통된 특성을 가진 컴포넌트로 계층을 나눕니다. 그렇기에 계층마다 공통된 로직을 넣기에 용이합니다. 관점지향 프로그래밍(AOP, Aspect-Oriented Programming)[68]을 적용하는 방법을 예를 들 수 있습니다. 만약, 표현 계층의 컴포넌트가 주고받는 데이터에 대해 모든 로그를 남기고 싶다고 해보겠습니다. 그렇다면 표현 계층의 패키지에 존재하는 모든 컴포넌트의 공개 함수에 대해 주고받는 정보를 모두 로그에 남기도록 할 수 있습니다.

---

68 https://en.wikipedia.org/wiki/Aspect-oriented_programming

2.1.2. 단점

- 프로젝트 규모가 커질수록 확장성이 떨어집니다.

  계층형 아키텍처는 도메인별로 계층을 나누지 않고 기능별로 계층을 나눕니다. 그렇기에 프로젝트의 규모가 커지면 커질수록 하나의 계층에 수많은 컴포넌트가 존재하게 됩니다. 만약, 프로젝트 크기가 너무 커져서 하나의 프로젝트에서 컴포넌트 관리를 할 수 없어 도메인별로 컴포넌트를 분리하고자 한다면 어떻게 될까요? 동일 계층 내에서는 모듈 간의 의존성에 대한 규칙이 명확하지 않기 때문에 얽히고 설킨 컴포넌트는 쉽사리 분리하기 어려울 수 있습니다. 그리고 다른 계층의 컴포넌트와의 관계도 모호하기 때문에 확장성을 위해 애플리케이션을 나누기 위한 작업은 더욱 어려울 수 있습니다.

- 계층으로 분리된 관심사 외에 다른 관심사가 있는 경우 패키지 및 코드 배치가 모호해질 수 있습니다.

  예를 들어, 표현 계층, 비즈니스 계층, 데이터 계층을 두고 프로젝트 구조를 정했다고 가정하겠습니다. 여기에 외부 리소스 연동을 위한 계층을 추가하고 싶다면 해당 계층을 어디에 두면 좋을까요? 그리고 의존성 방향을 어디로 가도록 정하면 좋을까요? 혹은 해당 계층을 추가하지 않고 비즈니스 계층 내부에 둘 수는 없을까요? 이와 같이 새로운 관심사가 생길 때 명확한 기준을 두기 어려울 수 있기 때문에 패키지와 코드의 배치가 모호해질 수 있다는 문제가 생기게 됩니다.

- 도메인에 대한 정보를 제공하지 않습니다.

  앞에서 말한 바와 같이 계층형 아키텍처는 기능별로 계층을 나눕니다. 그렇기에 도메인별로 컴포넌트가 관리되지 않습니다. 그러다 보니 도메인이 가진 공통된 로직이 각 계층에 산재할 가능성이 높고 응집도가 낮아 수정사항이 발생하면 이곳저곳을 수정하기 위해 코드를 찾아 헤매야 할 수도 있습니다. 즉, 코드의 유지보수성이 다른 구조에 비해 떨어진다는 단점이 있습니다.

- 제약조건을 걸기 힘듭니다.

  기능별로 나누어진 계층을 정해진 규칙에 맞도록 사용하면 좋지만 표현 계층에서 영속 계층(Persistence Layer)을 그대로 사용하는 등과 같이 계층을 건너뛰는 행위를 방지하는 것이 힘들다는 단점이 있습니다. 다른 패키지에서 컴포넌트를 사용해야 하기 때문에 패키지 접근제한을 걸 수도 없습니다. 물론 개발팀 내에 규칙을 정해두고 코드 리뷰에서 규칙을 잘 지키는지 확인할 수 있지만 아무래도 사람이 하는 일이다 보니 놓치는 부분이 생길 수 있어 완전한 해결책이라고 보기 어렵습니다.

2.2. 기능 기반 아키텍처

기능 기반 아키텍처(Feature-Based Architecture)는 서로 연관되어 있는 기능들이나 도메인을 표현해 주는 컴포넌트를 하나의 패키지에 두는 형태입니다.

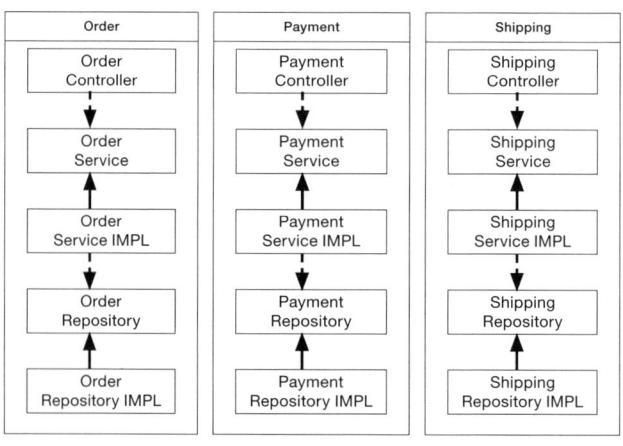

그림 2-19 기능 기반 아키텍처

기능 기반 아키텍처는 계층형 아키텍처의 단점을 보완하기 위한 차선책으로 채택되기도 하지만 둘 중 더 낫다고 표현하기는 힘들기 때문에 서로를 보완하는 차선책으로 사용한다고 생각할 수 있습니다.

2.2.1. 장점

- 도메인에 대한 정보를 제공해줍니다.

  기능 기반 아키텍처는 도메인별로 패키지를 나눕니다. 그래서 해당 도메인이 가진 비즈니스 로직이나 속성을 하나의 패키지 내에서 확인할 수 있습니다.

- 코드 탐색이 보다 쉽습니다.

  기능 기반 아키텍처는 하나의 패키지에 서로 연관되어 있는 컴포넌트들이 모여 있습니다. 그래서 디버깅이나 기능의 변경이 필요한 경우 코드를 탐색할 때 가까운 곳에 코드들이 위치하므로 코드탐색이 좀 더 수월합니다.

- 확장성이 좀 더 낫습니다.

  계층형 아키텍처의 단점 중 하나가 프로젝트 규모가 커지는 경우 손쉽게 모듈을 분리할 수 없는 것이었습니다. 하지만 기능 기반 아키텍처는 도메인별로 패키지가 나뉘므로 모듈 분리가 쉽습니다.

2.2.2. 단점

- 서로 다른 도메인을 사용할 경우에는 경계가 모호합니다.

  주문 도메인과 결제 도메인이 있다고 가정하겠습니다. 주문 도메인에서도 결제 도메인이 가진 특정 기능이 필요하고 결제 도메인에서도 주문 도메인이 가진 특정 속성을 필요로 한다면 두 도메인의 경계를 어떻게 두면 좋을까요? 차라리 하나의 도메인으로 두는 것이 나을까요? 하지만 두 개의 도메인은 명백하게 나눌 수 있는 도메인이므로 하나의 도메인으로 두기에도 모호함이 있습니다.

- 중복 코드를 양산할 가능성이 있습니다.

  앞에서 말한 단점으로 인해 각 도메인 간의 경계를 명확하게 하기 위해 동일한 비즈니스 로직을 각 도메인마다 작성하는 경우도 생길 수 있습니다. 이는 기능 기반 아키텍처가 계층과는 상관없이 모든 도메인과 관련된 컴포넌트를 하나의 패키지에 둠으로써 발생하는 문제이기도 합니다.

- 기술과 비즈니스의 분리가 모호합니다.

  기능 기반 아키텍처는 하나의 패키지에 해당 도메인과 관련된 모든 컴포넌트가 들어 있습니다. 그러다 보니 순수하게 비즈니스 로직을 담당하는 컴포넌트와 라이브러리나 드라이버 등을 사용하여 로직을 구현해주는 세부적인 컴포넌트를 명시적으로 분리시키기 어렵다는 문제가 존재합니다.

2.3. 육각형 아키텍처

Port & Adaptor Architecture라고도 불리는 육각형 아키텍처(Hexagonal Architecture)는 계층형 아키텍처나 기능 기반 아키텍처가 가진 단점을 보완하기 위한 구조입니다.

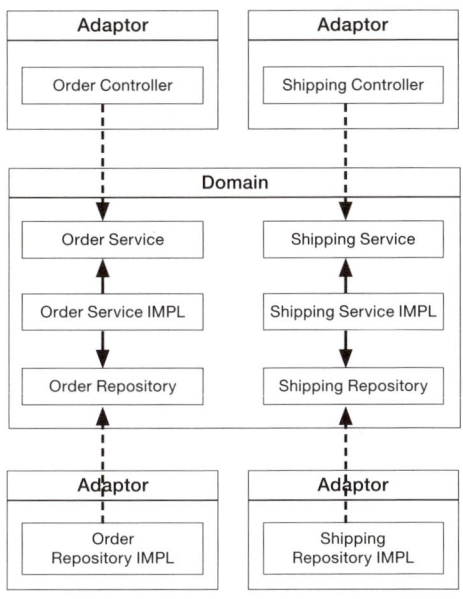

그림 2-20 육각형 아키텍처

육각형 아키텍처는 크게 애플리케이션 내부와 외부로 나눌 수 있습니다. 내부는 도메인과 같이 애플리케이션의 주요 비즈니스 로직을 담은 컴포넌트가 위치하고 외부와의 통신을 위해 내부와 외부 사이에 어댑터(adaptor)가 위치하고 있습니다. 여기에서 가장 특징 중 하나는 내부 컴포넌트가 절대 외부 컴포넌트를 의존하지 않는다는 것입니다. 이를 위해서 주로 IoC(Inversion of control)[69]를 활용합니다.

---

69 https://en.wikipedia.org/wiki/Inversion_of_control

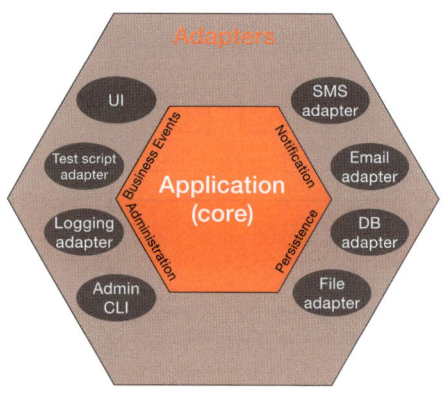

그림 2-21 육각형 아키텍처 구조도[70]

2.3.1. 장점

- 기술적인 세부 구현과 비즈니스 로직을 분리합니다.

  앞에서 소개한 계층형 아키텍처와 기능 기반 아키텍처가 가진 문제점 중 하나가 기술적인 세부 구현과 비즈니스 로직의 분리가 모호했다는 것입니다. 하지만 육각형 아키텍처는 주요 비즈니스 로직을 가진 도메인 컴포넌트를 내부 계층에 두고 어댑터를 통해서 세부 컴포넌트를 간접적으로 참조하도록 하기 때문에 명확하게 기술적인 세부 구현과 비즈니스 로직을 분리합니다.

- 유연성이 좋습니다.

  도메인 컴포넌트가 기술적인 세부 구현에 직접적으로 의존하고 있지 않기 때문에 세부적인 기술이 변경되어도 도메인 비즈니스 코드에는 영향을 미치지 않습니다. 예를 들면 주문정보의 영속화를 마리아 데이터베이스(MariaDB)[71]에 하던 MariaDBOrderRespository를 파일시스템에

---

70 https://en.wikipedia.org/wiki/Hexagonal_architecture_(software)

71 https://mariadb.org/

저장하기 위해서 FileOrderRepository로 변경했다고 가정하겠습니다. 주문에 대한 주요 비즈니스 로직을 OrderRepository에 의존하고 있기 때문에 OrderRepository의 구현체인 MariaDBOrderRespository가 FileOrderRepository로 변경되어도 도메인 컴포넌트의 변경은 일어나지 않습니다.

- 테스트가 용이합니다.

주요 비즈니스 로직을 담고 있는 도메인 컴포넌트는 어떠한 외부 의존성을 가지지 않습니다. 그렇기 때문에 복잡한 테스트 환경설정을 요구하지 않고 모의객체를 이용해서 손쉽게 도메인이 가진 주요 비즈니스 로직을 테스트할 수 있습니다.

- 의존성 방향이 명확합니다.

육각형 아키텍처에서 애플리케이션의 내부는 절대 외부에 의존하지 않습니다. 이러한 절대적인 규칙은 순환 참조와 같은 문제가 발생하지 않도록 방지해 주며 패키지 접근 제어 등을 통해서 물리적으로도 제약조건을 설정할 수 있기 때문에 코드를 작성할 때 실수할 여지를 많이 줄일 수 있습니다.

2.3.2. 단점

- 복잡합니다.

육각형 아키텍처는 이상적인만큼 구조가 복잡합니다. 다른 구조에 비해 높은 패키지 구조의 이해도와 개발 디자인 패턴의 이해도를 요구합니다. 그러다 보니 개발자마다 구현하는 방법에서 차이가 날 수 있기 때문에 애플리케이션의 일관성을 유지하기 위한 지속적인 노력이 필요합니다.

2.4. 컴포넌트 기반 아키텍처

컴포넌트 기반 아키텍처(Component-Based Architecture)는 계층형 아키텍처와 기능 기반 아키텍처를 혼합한 형태입니다.

도메인과 관련된 큰 단위의 단일 컴포넌트를 가장 상위에 위치시키고 각 하위 컴포넌트를 모아서 하나의 패키지로 구성합니다. 여기까지는 기능 기반 아키텍처와 유사하지만 Controller와 같이 주요 비즈니스 외적인 컴포넌트는 포함시키지 않는 것이 특징입니다.

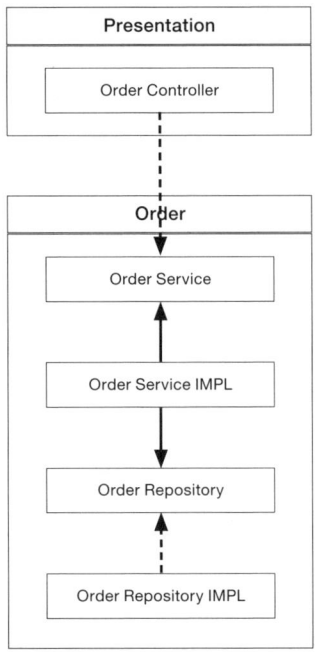

그림 2-22 컴포넌트 기반 아키텍처

2.4.1. 장점

- 도메인이 가진 공개된 컴포넌트를 통해서만 통신이 가능합니다.

  컴포넌트 기반 아키텍처는 가장 최상위의 컴포넌트만 외부로 노출시키고 나머지는 패키지 내부에서만 사용하도록 제약을 걸 수도 있습니다. 이를 통해서 표현 계층에서 영속 계층을 직접 사용하는 것과 같은 우회하여 사용하는 것을 방지할 수 있습니다.

- 구조가 단순합니다.

  세부 구현 기술과 주요 비즈니스 로직의 분리의 명확성은 육각형 아키텍처에 비해 떨어지지만 구조가 보다 단순해서 계층형 아키텍처와 기능 기반 아키텍처가 가진 단점을 보완할 수 있기 때문에 육각형 아키텍처보다 단순한 구조를 가질 수 있습니다.

- 재사용성을 높일 수 있습니다.

  컴포넌트 기반 아키텍처는 주요 비즈니스 로직을 담은 컴포넌트를 외부에 노출시켜 사용하기 때문에 해당 도메인의 비즈니스 로직이 필요한 곳이라면 어디든지 가져다 사용할 수 있어 재사용성이 높습니다.

- 도메인 정보를 제공합니다.

  외부에 노출된 도메인 컴포넌트는 도메인이 가진 주요 비즈니스 로직을 모두 담고 있어서 도메인 정보를 명확하게 구분해서 제공합니다.

2.4.2. 단점

- 기술과 비즈니스 분리가 모호합니다.

  앞의 장점에서도 언급했지만 육각형 아키텍처와 같이 세부 구현 기술과 비즈니스 로직 분리가 명확하지 않습니다. 그렇기에 세부 기술을 손쉽게 교체하는 것과 같은 장점을 누리는 데에 한계가 있습니다.

패키지 선정까지 완료되었다면 이제 언어전환의 마지막 준비 단계인 작업(Task)을 생성하는 단계로 넘어가겠습니다.

Section 07
작업 생성하기

— 〔준비〕 지피지기면 백전불태

사례

언어전환 프로젝트를 위한 준비작업으로 로드맵 작성과 도메인 파악, 그리고 API 목록 정리를 모두 마친 개발자 K는 협업 관리도구인 Jira[72]를 이용하여 개발자들이 작업할 단위별로 작업들을 생성하기 시작했습니다.

작업들을 미리 생성하고 진행하려고 한 이유는 작업의 전체적인 진행률을 각 개발자에게 공유받지 않고도 파악할 수 있을 것이라고 생각했고, 프로젝트 진행 중에 발생하는 이슈를 조기에 파악하기 쉽고, 프로젝트 완료 후 회고 시에 더 풍부하고 정확한 자료를 기반해서 의미있는 회고를 진행할 수 있을 것이라고 판단했기 때문입니다.

프로젝트 단위를 묶어주기 위해 '서버 언어전환'이라는 제목을 가진 EPIC을 생성하고 하위 작업을 생성했습니다. 작업의 종류는 크게 네 가지로 나누어보았습니다.

32. 프로젝트 구성과 개발 환경설정을 위한 '설정'
33. 도메인의 주요 로직과 속성들을 코드화하는 작업을 위한 '도메인'
34. API 및 애플리케이션 동작을 코드화하는 작업을 위한 'API'
35. 외부 리소스 연동을 위한 'EXTERNAL'

---

72 https://www.atlassian.com/software/jira

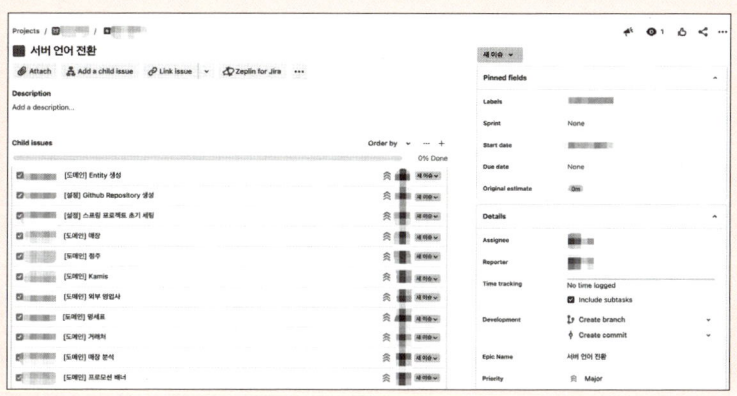

그림 2-23 서버 언어전환 작업 목록

설정 및 기능 단위로 작업들을 생성했기에 세부 작업은 담당자를 할당한 후 작업을 할당받은 개발자가 직접 생성하는 방법으로 진행했습니다. 그렇기에 세부 작업은 작업이 진행되는 주마다 작업자들이 그때그때 생성하기도, 미리 생성하기도 하는 등 자유롭게 관리될 수 있도록 하여 프로젝트 진행 시 작업 관리로 인한 번거로움을 최소화하고자 했습니다.

언어전환을 본격적으로 시작하기 전 마지막 준비단계는 바로 작업(Task)들을 생성하는 것입니다. 여러분의 회사에서는 팀원들과 원활한 협업을 위해 Jira[73], Azure devops[74], Notion[75] 등의 협업 관리도구를 사용합니다. 이러한 도구는 개발 도구와의 통합, 프로젝트 관리, 작업들의 통계정보 등을 제공해줌으로써 여러분의 작업관리를 원활하게 할 수 있도록 도와줍니다.

그렇다면 이러한 작업들을 생성하고 관리하는 이유는 무엇일까요?

---

[73] https://www.atlassian.com/software/jira
[74] https://azure.microsoft.com/en-us/services/devops/
[75] https://www.notion.so/ko-kr/product

1. 작업 생성 이유

1.1. 구체적인 작업 목록을 확인할 수 있다

여러분은 프로젝트 로드맵을 작성하고 도메인 파악과 API를 작성하면서 어떠한 작업을 해야 할지 정리했습니다. 작업 생성은 이렇게 정리한 여러분의 작업을 구체적으로 나열하면서 작업에 대한 범위 및 혹시나 있을 이슈가 있는지 한 번 더 점검할 수 있는 시간을 가질 수 있습니다.

1.2. 작업의 진행률을 확인할 수 있다

협업 관리도구를 이용하여 작업을 생성하고 담당자를 할당하며, 담당자가 작업을 시작하고 종료할 때마다 작업의 상태를 관리하다보면 프로젝트 전체적으로 작업의 진행률을 하나하나 담당자에게 물어보지 않아도 손쉽게 한눈에 확인할 수 있습니다. 이는 작업 진행률 관리에 대한 부담감을 줄여줘서 더 생산적인 작업에 집중할 수 있는 여유 시간을 줍니다.

1.3. 프로젝트 진행 중 이슈를 확인할 수 있다

프로젝트를 진행하면서 관리자는 협업 관리도구에서 제공해 주는 작업 보고서를 통해서 프로젝트 기간 내 작업의 진행 정도가 얼마인지, 지연되고 있는 작업은 없는지, 어떤 이슈로 인해 작업을 못하는지 등을 파악할 수 있습니다. 즉, 보다 빠르게 프로젝트 진행에 방해가 될만한 이슈를 발견하여 조기에 대응할 수 있습니다.

1.4. 짧은 단위의 목표 설정이 가능하다

스프린트와 같이 2주~4주 정도의 짧은 기간의 목표를 세우고 작업들을 완수해가면서 작업자들은 지속적으로 성취감과 앞으로 나아가고 있다는 느낌을 받을 수 있도록 전략을 수립할 수 있습니다. 만약, 미리 생성된 작업들이 없다면 작업자들은 막연하게 다가올 언어전환 프로젝트의 끝을 바라보며 힘들게 나아가기만 합니다.

1.5. 회고에서 활용이 가능하다

프로젝트를 진행하면서 중간중간 회고를 진행할 수 있습니다. 만약, 작업관리를 잘 수행했다면 의미 있는 보고서를 생성할 수 있을 것이고, 이 보고서를 토대로 여러분의 회고 내용은 더욱더 풍부해질 것입니다.

한편, 작업을 생성할 때 무조건 생성하고 나열하는 것보다 공통적인 성격을 가진 작업들을 묶거나 단계적으로 수행할 수 있는 작업별로 묶어줄 수 있습니다. 결국 작업의 생성도 전략이 필요하다는 의미인데, 어떤 전략을 가져갈 수 있을지 소개하겠습니다.

2. 작업 생성 전략

2.1. 프로젝트 중간점검을 할 수 있는 정도의 작업 성격을 나누어 본다

큰 프로젝트일수록 프로젝트의 중간점검은 필수입니다. 작업의 중간중간 진행률이 얼마나 되는지, 예상대로 진행되고 있는지, 반대로 예상보다 늦어지고 있는데 그 이유가 무엇이고 그 이슈를 빠르게 해결할 수 있는지 등 중간점검을 통해서 프로젝트 진행에 필요한 방해요소를 제거하고 원활하게 진행할 수 있도록 해줘야 합니다. 그래서 작업의 중간 목표점을 잡고 그 목표점을 달성하기 위한 성격을 가진 작업을 모아서 작업하면 해당 작업이 모두 끝나고 중간점검이나 회고를 통해 프로젝트 구성원을 한 번 다독인 후 다시 프로젝트를 진행할 수 있는 상황을 연출할 수 있습니다.

위 사례와 같이 '도메인' 작업과 'API' 작업, '외부 리소스 연동' 작업 등과 같이 나누는 것도 하나의 방법이 될 수 있습니다.

2.2. 세부적인 작업들은 작업자가 생성하도록 한다

도메인이 가진 기능이나 API가 제공해야 하는 기능과 같이 눈에 보이는 큰 작업은 미리 생성해두고 해당 기능을 완성하기 위한 세부적인 작업은 해당 작업 담당자가 스스로 생성하도록 하면 좋습니다.

관리자는 코드 작성에 대한 모든 세부사항까지 알 수 없습니다. 그렇기 때문에 코드 레벨까지 내려가는 세세한 작업은 한 주의 시작이나 스프린트 계획 시 작업 담당자가 스스로 생성하고 관리할 수 있도록 해서 너무 많은 작업 생성 및 관리를 위해 관리자가 더 큰 것을 놓치지 않도록 주의합니다.

세부적인 작업은 언제든지 새롭게 생성될 수 있기 때문에 작업 담당자 입장에서도 미리 작업을 완벽하게 다 만들어 놓아야 한다는 부담감을 줄일 수 있어서 작업 관리에 대한 스트레스를 줄일 수 있습니다.

이제 언어전환을 위한 코드를 작성할 준비가 모두 끝났습니다. 열심히 코드를 작성하고 준비한 작업을 하나하나 완수해 나갈 일만 남았습니다. 이러한 과정에서 여러분이 알아두면 좋을만한 것들이 무엇이 있을까요?

다음 장에서 한번 살펴보겠습니다.

[과정]
묻고 더블로 가!

3장

Language Change
Project Management

"항상 준비만 충분히 해두고 있으면 결코 걱정할 것은 없다"라고 했습니다. 앞서 여러분이 준비 과정에서 철저하게 준비를 잘했다면 이제 여러분은 프로젝트를 잘 수행하면 될 것입니다. 프로젝트를 진행하는 과정에서도 팀원 간에 좀 더 원활하게 코드를 작성하고 협업을 할 수 있는 방법을 숙지해 둔다면 프로젝트를 수월하게 진행할 수 있을 것입니다.

이 장에서는 좀 더 개발적인 이야기로 들어가서 여러분이 프로젝트를 수행하면서 프로젝트를 어떻게 설정할지, 개발팀끼리 협업을 어떻게 잘할 수 있을지 등의 실천 항목들을 소개합니다.

Section 01
프로젝트 환경설정

[과정] 묻고 더블로 가!

사례

프로젝트 준비를 마친 개발자 K는 이제 드디어 프로젝트 환경 구성을 시작하기 시작했습니다. 다른 팀원은 아직 진행하고 있는 프로젝트가 있기 때문에 팀원들이 이전에 진행 중인 프로젝트를 마무리 짓기 전까지 개발을 진행할 수 있는 환경을 설정하고 가이드라인을 잡아두어야 합니다.

먼저 소스코드를 업로드할 깃허브 저장소(Github Repository)를 생성했습니다. 저장소 이름은 팀원들과 협의를 해서 결정했고 아래와 같은 병합 규칙을 두어서 소스관리를 원활하게 관리하고자 했습니다.

- 기본 브랜치에 병합하기 위해서는 Pull Request가 필요합니다.
- 최소 한 명 이상이 Pull Request에 대한 리뷰를 해줘야 병합할 수 있습니다.
- 자동화된 테스트가 모두 통과해야 병합할 수 있습니다.
- 코드 컨벤션을 위반하지 않아야 병합할 수 있습니다.

리뷰를 제외한 위의 모든 조건은 깃허브의 설정을 통해서 자동으로 체크해주도록 하여 실수로 인해 코드 관리 규칙이 깨지는 것을 방지했습니다.

다음은 프로젝트 코드 환경설정을 진행했습니다. 모든 환경설정을 처음부터 모두 설정해둘 필요는 없기 때문에 앞선 준비단계에서 정한 첫 번째 작업범위인 도메인 작업에 필요한 환경설정을 진행했습니다. 즉, API를 위한 의존성은 제외하고 순수하게 도메인 코드를 작성하는 데 필요한 의존성만 추가하고 테스트 환경을 설정하여 현재까지 작업한 코드를 검증할 수 있도록 했습니다.

다음으로 Pull Request 시 테스트 코드가 모두 통과하고 코드 컨벤션을 위한 Lint를 점검하고 정상적으로 빌드되는지 확인하기 위한 CI(Continuous Integration)[1] 설정을 했습니다.

마지막으로 개발을 위한 편집기(Editor)에서 함께 설정하면 좋을 내용과 Lint로는 검증하기 힘든 내부 코드 규칙 등을 적은 README.md 파일을 작성하면서 코드 작성을 위한 프로젝트 환경설정작업을 마무리했습니다.

코드를 작성하려면 코드를 저장시킬 저장소를 정하고 프레임워크를 설정하고 인프라를 구성하는 등 개발을 위한 전반적인 준비를 해야 합니다. 프로젝트의 설정은 전반적으로 프로젝트 설정을 많이 해보고 많은 이슈를 겪어보면서 어떻게 설정을 하면 좋은지를 잘 알고 있는, 경험이 풍부한 개발자가 주도해서 진행하는 것이 효율적이라고 생각합니다.

물론 프로젝트 이름이나 코드 저장소 이름, 설정에 필요한 의존성 등은 간단한 논의를 통해 결정할 수도 있겠으나 코드 저장소를 생성하고 프로젝트 기본 설정을 하는 것은 오히려 여러 명이서 나누어서 작업하거나 공동으로 작업하는 것이 비효율적일 수도 있습니다. 그래서 경험 많은 특정 개발자가 프로젝트 진행을 위한 준비를 마치고 다른 개발자와 설정작업에 대한 리뷰를 진행하면서 보완해 가는 전략을 가져가면 좋습니다.

---

[1] https://en.wikipedia.org/wiki/Continuous_integration

그럼, 프로젝트 환경을 구성할 때 어떠한 것을 구성할 수 있을까요? 회사마다 필요한 것이 다르겠지만 보편적으로 필요할만한 것을 소개하겠습니다.

1. 버전 관리 시스템[2] 설정

동료들과 협업을 하려면 원격에서 접근 가능한 코드 저장소가 필요합니다. 이를 통해 여러분은 코드를 공유하고 다른 사람이 올린 코드를 가져와 내 코드에서 활용하는 등 협업 시 유용하게 사용할 수 있습니다.

이 책에서는 많은 개발자가 보편적으로 접하는 깃허브[3]를 예시로 버전 관리 시스템을 설정하는 사례를 들어보겠습니다.

1.1. 저장소 이름 결정

가장 먼저 설정할 것은 깃 저장소(Git Repository)의 이름을 결정하는 것입니다. 설정자가 단독으로 정할 수도 있지만 되도록 모든 구성원의 합의를 거쳐 결정하여 추후 저장소 이름을 변경하는 상황이 발생하지 않도록 주의합니다.

저장소 이름은 서버의 성격에 따라 다양하게 정할 수 있습니다. 모놀리식으로 서버 코드를 작성할 예정이라면 서비스명을 지어주는 것이 어떨까 합니다. 만약, MSA로 서버를 구성한다면 각 도메인을 나타내는 이름을 지어주면 좋을 것 같습니다.

좋은 이름을 결정하는 일은 개발자들의 오랜 숙제입니다. 좋은 저장소 이름을 결정하는 것 또한 쉽지 않은 일일 텐데요. 너무 구체적인 이름을 지어서 해당 저장소 내의 코드가 가진 내용을 다 포함하지 못하는 것도 좋지 않을 것이고

---

2 https://en.wikipedia.org/wiki/Version_control
3 https://github.com/

그렇다고 너무 일반적인 이름을 지어 모호함을 가져가는 것도 좋지 못합니다. 한번 지으면 변경이 쉽지 않은 만큼 심사숙고해서 이름을 지어주기 바랍니다.

1.2. 병합 방법 설정

깃허브에서는 Pull Request에 대한 세 가지 병합 방법[4]을 제공합니다.

1.2.1. Merge Commits

병합 시 기존 커밋 이후에 병합 커밋을 추가하면서 기본 브랜치에 작업 브랜치를 병합합니다. 그러므로 특정 작업 브랜치에 커밋이 다수 존재하는 경우 해당 커밋이 어떻게 기본 브랜치에 병합되었는지 볼 수 있습니다. 그래서 프로젝트 또는 작업이 어떻게 병합되었는지를 그래프로 손쉽게 확인할 수 있다는 장점이 있습니다. 또한 병합에 대한 커밋이 새롭게 생성되기 때문에 다른 브랜치와 충돌이 발생해도 어떤 작업 내용이 어떻게 병합되었는지를 알 수 있다는 것도 장점입니다.

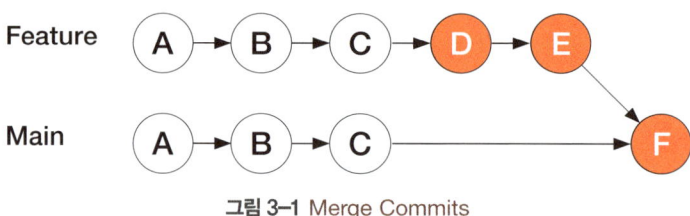

그림 3-1 Merge Commits

다만 여러 개의 브랜치가 서로 다른 커밋에서 시작하여 병합하는 경우가 발생하면 커밋의 그래프가 다소 복잡해지는 경향을 보이며 병합 커밋이 필요하지 않는 상황에서는 무의미한 병합 커밋이 계속 추가되는 불편함도 있습니다.

---

[4] https://docs.github.com/en/repositories/configuring-branches-and-merges-in-your-repository/configuring-pull-request-merges/about-merge-methods-on-github

1.2.2. Squash Merging

병합 시 단일 커밋으로 작업 브랜치에서 추가한 커밋을 모두 결합한 후 기본 브랜치에 작업 브랜치를 병합합니다. 작업 브랜치에 추가된 커밋은 결합된 커밋 본문 내에 기입됩니다.

Squash Merging은 기본 브랜치에 작업 브랜치의 내용을 병합 시 단일 커밋으로 병합되기 때문에 기본 브랜치의 로그 그래프를 깔끔하게 유지할 수 있습니다. 그리고 작업 브랜치에서 추가된 중요하게 볼 필요가 없는 커밋을 하나로 모아서 Pull Request 단위로 커밋을 합쳐주기 때문에 무분별하게 커밋이 추가되는 것도 방지할 수 있습니다.

다만 작업 브랜치의 커밋들이 하나로 병합되기 때문에 하나의 커밋이 커지는 경향이 있고 병합되기 전의 커밋 내용을 추가하기 어렵다는 단점이 있습니다.

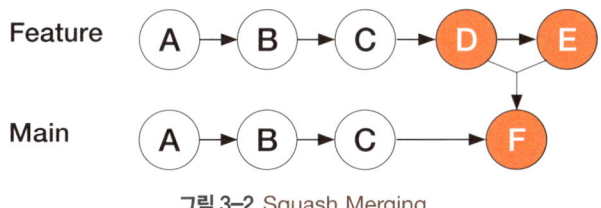

그림 3-2 Squash Merging

1.2.3. Rebase Merging

병합 시 작업 브랜치의 모든 커밋을 기본 브랜치로 재배치하는 방법으로 병합합니다. 즉, 마치 기본 브랜치에서 커밋을 추가한 것과 같이 작업 브랜치의 커밋을 병합하는 방법입니다.

작업 브랜치의 커밋들이 기본 브랜치에 커밋한 것처럼 단일 그래프로 병합되기 때문에 Squash Merging과 같이 깔끔한 로그 그래프를 보여줍니다. 그리고 개별 커밋들이 누락되지 않기 때문에 작업 커밋에 대한 추적이 용이한 점도 장점입니다.

하지만 작업 브랜치의 병합 시 병합 내용이 별도로 존재하지 않기 때문에 어떤 Pull Request로 인해 병합되었는지 손쉽게 알기 어렵다는 단점과 코드 충돌 시 잘못된 충돌 해결로 인한 위험도가 다른 병합전략에 비해 크다는 단점이 있습니다.

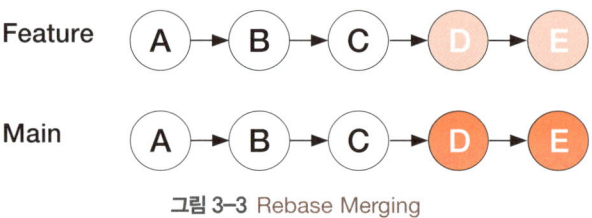

그림 3-3 Rebase Merging

위 세 가지 병합 방법 중 자신의 팀에 맞는 방법을 하나 채택해서 하나의 병합 방법으로 운영하거나 여러 개의 병합 방법을 함께 운영하면서 브랜치 전략에 적합한 병합 방법을 적용하여 운영하는 방법이 있으니 여러분의 상황에 맞게 사용하면 됩니다.

2. 브랜치 전략

버전 관리 시스템을 이용한 원활한 협업을 위해서는 코드 병합 방법도 중요하지만 브랜치 전략도 아주 중요합니다. 브랜치 전략은 하나의 저장소에서 여러 명의 개발자가 해당 저장소를 바라보고 개발할 때 효과적으로 코드를 작성하고 병합하기 위한 전략을 말합니다.

회사마다 또는 팀마다 개발팀에 알맞은 브랜치 전략을 선택할 텐데, 여기서는 가장 잘 알려진 세 가지 브랜치 전략을 소개하면서 여러분의 선택에 도움을 주고자 합니다.

2.1. 트렁크 기반 개발

트렁크 기반 개발(Trunk-Based Development)[5]은 기본 브랜치를 두고 모든 작업자가 작업 내용을 기본 브랜치로 바로 병합하는 방법을 말합니다. 다만 이러한 작업을 위해서는 아래 규칙을 준수해야 합니다.

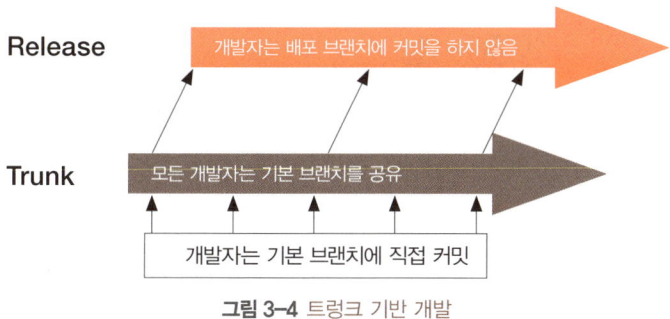

그림 3-4 트렁크 기반 개발

2.1.1. 페어 프로그래밍[6]

페어 프로그래밍(Pair Programming)은 두 명의 개발자가 하나의 작업을 함께 개발해 나가는 프로그래밍 기법으로, 한 명은 코드를 작성하고 다른 한 명은 옆에서 코드 작성을 도와주는 역할을 진행합니다. 이 역할은 자주 전환되며 코드 작업을 실시간으로 검토하면서 진행하기 때문에 별도의 Pull Request를 필요로 하지 않습니다. 그러므로 빠르고 높은 품질을 꾀할 수 있다는 게 장점입니다.

트렁크 기반 개발은 이렇게 페어 프로그래밍으로 진행하기에 작업이 완료되면 바로바로 코드를 병합할 수 있는 것입니다. 만약, 페어 프로그래밍으로 작업이 되지 않았거나 할 수 없는 상황에서 개발을 해야 한다면 확장된 버전의 트렁크 기반 개발을 도입할 수 있습니다. 확장된 버전의 트렁크 기반 개발을

5　https://trunkbaseddevelopment.com/
6　https://en.wikipedia.org/wiki/Pair_programming

하는 경우에는 작업 브랜치를 생성한 후 Pull Request를 작성하며 코드 리뷰 후 병합하는 프로세스를 가집니다.

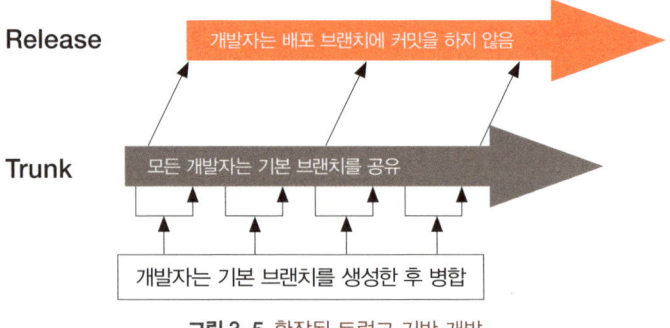

그림 3-5 확장된 트렁크 기반 개발

2.1.2. 신뢰할 수 있는 빌드

베이스 브랜치의 코드는 항상 신뢰할 수 있고 배포가능한 상태여야 합니다. 그렇기에 코드가 병합될 때마다 항상 동작하고 빠르게 피드백을 받을 수 있는 자동화된 테스트가 있어야 합니다.

2.1.3. 미완성 기능 처리

트렁크 기반 개발은 작은 단위의 기능을 개발하고 병합합니다. 여기서 기본 브랜치는 언제든 배포가 가능하다고 했는데, 작은 단위의 기능이 모여 하나의 완전한 기능으로 완성되기 전에 배포된 제품에 이상이 없도록 하기 위해서는 추상화를 통한 분기 전략[7]을 가지거나 피처 플래그[8]를 활용할 수 있습니다.

트렁크 기반 개발은 다른 브랜치 전략에 비해 빠른 피드백과 항상 최신 상태의 기본 브랜치 코드를 유지하기 때문에 코드 병합에 대한 위험성이 낮다는 장점

---

7 https://trunkbaseddevelopment.com/branch-by-abstraction/
8 https://trunkbaseddevelopment.com/feature-flags/

이 있습니다. 작은 팀에서는 어떤 브랜치 전략보다 강한 장점을 가지지만 팀이 커지는 경우 기본 브랜치 코드를 항상 최적의 상태로 유지하기가 어렵고 미완성 기능에 대한 처리가 까다롭다는 문제점도 있습니다.

2.2. Git-flow[9]

Git-flow는 빈센트 드리센(Vincent Driessen)[10]에 의해 고안된 Git 브랜치 전략입니다. 여러 브랜치를 운영하면서 각 브랜치마다 규칙을 정해 병합하고 배포하는 방식으로 각 브랜치의 역할을 아래와 같이 정리할 수 있습니다.

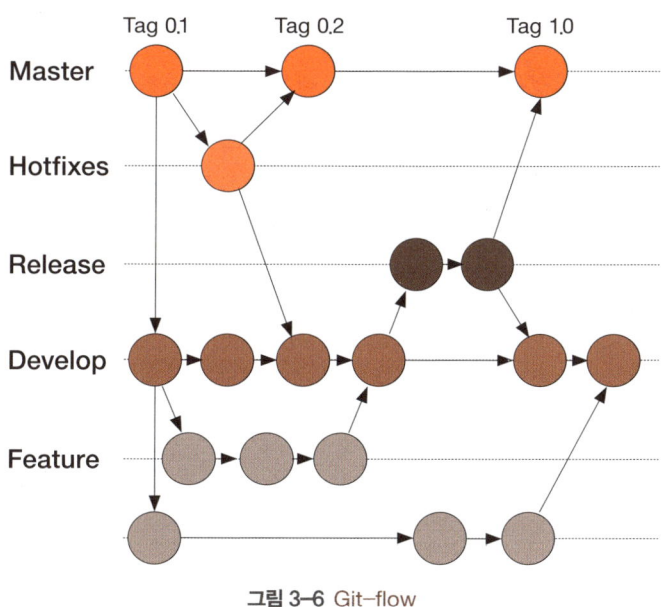

그림 3-6 Git-flow

2.2.1. Master(main)

제품을 배포할 수 있는 브랜치로 주로 기본 브랜치로 설정합니다.

---

9 https://nvie.com/posts/a-successful-git-branching-model/
10 https://nvie.com/about/

2.2.2. Develop

제품 개발을 위한 브랜치로, 각각의 작업 브랜치들은 이 브랜치에 병합을 하게 되고 배포를 위한 준비 시 develop 브랜치의 코드를 release 브랜치로 병합합니다.

2.2.3. Feature

기능 개발을 위한 브랜치로 브랜치명은 각 작업에 따라 다르게 명명하면 됩니다. 작업이 완료되면 develop 브랜치와 병합합니다.

2.2.4. Release

배포 전에 QA 과정을 수행하기 위한 브랜치로 배포 버전에 따라 브랜치명은 다르게 명명하여 사용합니다. 주로 develop 브랜치에서 병합되지만 QA 과정에서 발생하는 버그를 수정하기 위한 커밋을 추가할 수 있습니다. QA 세션이 끝난 코드는 master로 병합되면서 코드가 배포됩니다.

2.2.5. Hotfixes

master에 배포된 버전에서 발생한 버그를 긴급하게 수정하기 위한 브랜치입니다. 고쳐야 할 내용에 따라 브랜치명은 다르게 명명하여 사용하며 수정 후 바로 master 브랜치에 병합하면서 수정된 버그를 배포합니다. 이때 수정된 버전은 개발서버에도 함께 병합되어야 합니다.

Git-flow는 다양한 상황에서 안정적으로 제품 개발을 수행할 수 있는 방법을 제시해 주며 비교적 사람이 많은 팀에서 여러 프로젝트를 수행할 때 효과적으로 브랜치를 운영할 수 있다는 장점이 있습니다.

다만 트렁크 기반 개발에 비해 다소 복잡한 규칙을 가지고 운영해야 한다는 점에서 브랜치 운영을 많이 수행해 본 경험자가 주요 브랜치를 관리해 줘야 하는 점과 코드의 최신 상태를 유지하는 것이 다소 어렵기 때문에 병합 시 코드 충돌이 많이 발생하는 것과 같은 불편함이 있습니다.

2.3. GitLab Flow[11]

GitLab Flow는 트렁크 기반 개발과 Git-flow의 중간 정도 복잡도를 가진 브랜치 전략으로 볼 수 있습니다. 기본 브랜치는 매 새로운 작업이 기능 브랜치가 생성되어 작업되고 완료되면 병합됩니다. 이는 트렁크 기반 개발과 유사합니다. 다만 트렁크 기반 개발과 달리 배포는 production 브랜치에 병합되면서 일어납니다.

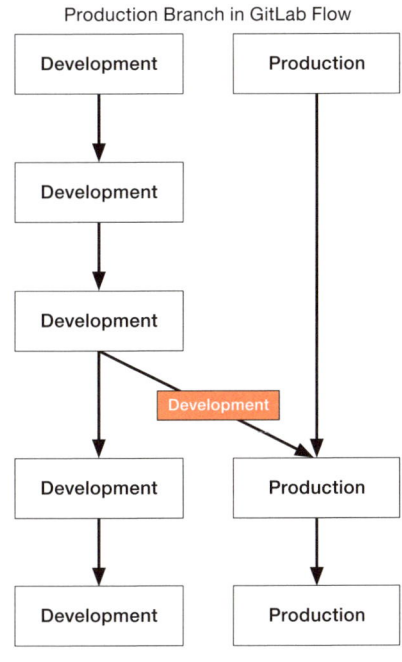

그림 3-7 Gitlab Flow

---

11 https://docs.gitlab.com/ee/topics/gitlab_flow.html

만약, 배포 전에 검증을 위한 단계를 거치고자 한다면 아래와 같이 pre-production 브랜치를 두는 전략을 가져갈 수 있습니다.

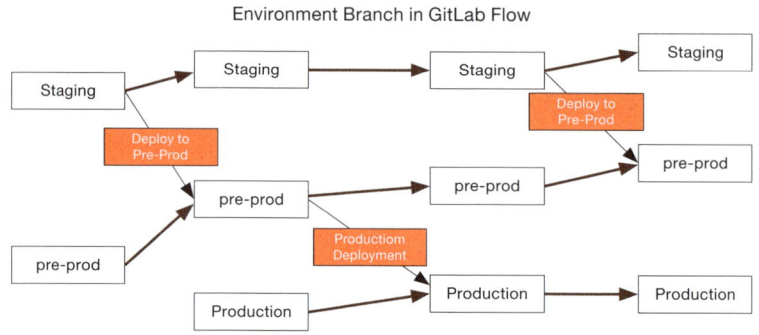

그림 3-8 Gitlab flow 브랜치 환경

GitLab Flow는 Git-flow보다 덜 복잡하고 유연한 상태를 가질 수 있습니다. 그리고 트렁크 기반 개발과 같이 항상 최신 상태의 코드를 유지하기 때문에 병합에 대한 부담이 줄어 들며 원하는 때 배포 브랜치에 병합을 하면서 배포를 수행할 수 있기 때문에 보다 안정적으로 배포를 수행할 수 있다는 장점도 있습니다.

이외에도 트렁크 기반 개발과 유사한 Github flow[12]와 같이 다양한 브랜치 전략이 있습니다. 앞서 소개한 브랜치 전략을 그대로 사용해도 되지만 여러분이 프로젝트를 운영하면서 좀 더 팀 상황에 맞게 브랜치 전략을 개선해서 사용해 보는 것도 좋은 방법이라고 생각합니다.

---

12 https://docs.github.com/en/get-started/quickstart/github-flow

3. 브랜치 보호 룰 설정

작업을 위한 브랜치에서 기본 브랜치로 병합할 때 병합 전 규칙을 통해 기본 브랜치의 코드 상태를 안정적으로 유지하도록 할 수 있습니다. 코드 리뷰나 페어 프로그래밍을 통해 이를 달성할 수 있지만 자동화된 테스트 및 빌드를 반드시 통과하도록 하거나 Lint를 통해 컨벤션을 지키도록 강제하는 등과 같이 버전 관리 시스템의 설정을 통해 사람이 실수할 수 있는 요소를 최소화할 수도 있습니다. 깃허브에서는 브랜치 보호 룰[13]을 설정함으로써 이를 달성할 수 있습니다.

3.1. Require a pull request before merging

기본 브랜치로 병합할 때 직접 코드를 push하여 작업 내용을 병합하는 것이 아니라 Pull Request를 통해서만 코드를 병합하도록 강제하는 규칙입니다. 여기에서 Pull Request에 대해 리뷰어가 몇 명까지 승인해야 병합할 수 있는지, 코드 소유자의 리뷰가 반드시 필요한지를 설정할 수 있습니다.

만약, 여러분이 트렁크 기반 개발로 진행하고 있다면 해당 설정은 불필요할 수 있습니다.

3.2. Require status checks to pass before merging

병합하기 전에 설정한 상태 체크 작업을 수행하도록 하고 해당 작업이 통과해야지 병합할 수 있도록 설정할 수 있습니다. 여러분은 이 설정을 통해서 병합하려는 코드의 모든 테스트 코드 및 빌드가 정상적으로 동작하는지 검증하여 병합된 코드가 최적의 상태로 유지될 수 있도록 할 수 있습니다.

---

13 https://docs.github.com/en/repositories/configuring-branches-and-merges-in-your-repository/defining-the-mergeability-of-pull-requests/managing-a-branch-protection-rule

이 외에도 Lint 설정을 통해서 일관된 코드 스타일을 유지하도록 한다든지, SonarQube와 같은 정적 도구를 설정하여 설정한 규칙을 위반하는지 검사한다든지, 테스트 커버리지 도구를 통해 코드의 커버리지를 일정 수준 이상 유지하도록 한다든지 등의 수많은 상태 체크를 위한 작업을 설정할 수 있습니다.

그 밖에도 리뷰어의 리뷰가 모두 해결되어야지만 병합할 수 있도록 하거나 강제 push를 허용하거나 제한하고 브랜치를 삭제하는 것을 허용할지 결정하는 등의 다양한 설정이 있습니다. 주의할 부분은 이러한 물리적 제약조건은 자칫 작업의 생산성을 저하시키거나 팀원들의 사기에 영향을 미칠 수 있으므로 팀원들과 사전에 협의를 통해 적절한 수준으로 설정하는 것이 좋습니다.

4. 프로젝트 설정

버전관리 시스템을 설정했다면 이제 본격적으로 프로젝트 설정을 진행해야 합니다. Gradle[14], Maven[15], npm[16], Yarn[17], pip[18], NuGet[19] 등 언어마다 다양한 패키지 관리자[20]가 있습니다. 여러분이 작업자라면 먼저 초기 작업을 위한 패키지 관리자의 선택과 필요한 의존성을 정의하는 것부터 시작합니다. 언어 전환 준비에서 전환에 필요한 작업을 나누어서 진행하는 것을 언급했는데, 의

---

[14] https://gradle.org/
[15] https://maven.apache.org/
[16] https://www.npmjs.com/
[17] https://yarnpkg.com/
[18] https://pypi.org/project/pip/
[19] https://www.nuget.org/
[20] https://en.wikipedia.org/wiki/Package_manager

존성도 처음부터 모든 의존성을 고려할 것이 아니라 필요한 작업 만큼만 설정해서 작업 초기에 설정으로 인한 부하를 최소화하는 것이 좋습니다.

앞서 프로젝트 설정은 여러 사람과 협업을 통해 진행하기보다 경험이 많은 개발자가 진행하는 것이 효율적이라고 했습니다. 그렇다면 한 사람이 프로젝트 설정을 하는 동안 다른 개발자가 설정작업을 기다리고 있을 가능성이 높습니다. 그래서 초기에 의존성을 꼭 필요한 만큼만 설정하는 것과 같이 프로젝트 설정을 최소한으로 해서 다른 개발자가 프로젝트 시작을 빠르게 할 수 있도록 전략을 가져가는 것이 좋습니다. 그런 다음 프로젝트가 진행되면서 필요한 의존성들은 각 작업자가 추가하기로 하고 공통적인 의존성은 프로젝트 중간 관리자가 필요로 할 때 추가하는 방법으로 진행할 수 있습니다.

예를 들겠습니다. 사례에 나온 A 스타트업에서는 프로젝트 진행 시 크게 도메인 계층 작업과 응용 계층 작업으로 나누어서 진행했습니다. 프로젝트 초기에는 도메인 계층 작업을 먼저 하기로 했고 후반부에는 응용 계층 작업을 이어서 하기로 했었는데, 도메인 계층에서는 응용 계층 작업에 필요한 Graphql Framework 설정이라든지 서드 파티 의존성들은 필요하지 않았고 테스트 및 ORM 설정을 위한 의존성만 필요했습니다. 그래서 테스트 및 ORM 의존성만 추가하여 웹 서버는 실행하지 않으면서 오로지 테스트 코드만 실행하며 프로젝트를 진행했으며 중반기 이후로 응용 계층에 필요한 의존성들을 추가하면서 웹 서버를 실행할 수 있는 환경을 구성했습니다.

이렇게 프로젝트를 설정할 때 지금 당장 불필요한 작업을 꼭 필요한 시점까지 미루면서 작업에 대한 효율성을 좀 더 가져갈 수 있습니다.

5. 지속적 통합[21] 및 배포[22] 설정

5.1. 지속적 통합

지속적 통합(CI, Continuous Integration)이란 개발자들이 작업한 코드를 정기적으로 중앙 저장소에 병합하는 것을 말합니다. 이때 자동화된 테스트 또는 빌드 도구를 통해서 병합한 코드에 문제가 없음을 손쉽게 확인할 수 있습니다. 자동화된 테스트나 빌드는 로컬 환경에서 수행할 수도 있지만 개인의 작업이 아닌 팀 전체의 작업 코드는 원격 저장소에서 통합되기 때문에 CI 서버를 구축해서 실행하는 것이 일반적인 방법입니다. 대표적인 CI 도구로는 Github Action[23], Jenkins[24], Circle CI[25] 등이 있습니다.

5.2. 지속적 배포

지속적 배포(CD, Continuous Deployment)는 CI를 통해 통합된 코드를 자동화된 배포를 통해 고객에게 제품을 지속적으로 제공하는 것을 말합니다. 대표적으로 Jenkins, Argo CD[26]가 있습니다.

프로젝트를 진행하는 동안 여러분은 다양한 방법으로 CI를 설정할 수 있습니다. 프로젝트 초기에는 배포가 필요없을 수도 있습니다. 그래서 코드가 통합될 때 자동화된 테스트와 빌드만 수행하는 CI 설정만 해두고 코드가 안정적으

---

[21] https://en.wikipedia.org/wiki/Continuous_integration
[22] https://en.wikipedia.org/wiki/Continuous_deployment
[23] https://docs.github.com/en/actions
[24] https://www.jenkins.io/
[25] https://circleci.com/
[26] https://argo-cd.readthedocs.io/

로 병합하는지만 체크합니다. 그리고 어느 정도 API를 제공할 수 있는 정도까지 코드가 작성되면 CD 설정을 통해서 지속적으로 개발서버에 배포해서 전체적인 기능 테스트를 진행할 수 있습니다.

사례에서 말하는 A 스타트업와 같이 한 번에 서버의 모든 API를 변경해야 하는 경우에는 어쩌면 모든 API가 만들어지기 전에 CD 설정을 해두는 것이 불필요할 수도 있습니다. 그렇다면 CD 설정작업을 QA를 시작하기 전으로 미루는 전략을 가져갈 수도 있을 것입니다.

이와 반대로 MSA 환경이나 경로 기반 라우팅과 같은 방법으로 서버를 교체할 수 있다면 API 단위로 작업이 완료될 때마다 QA 및 운영환경에 배포할 수 있도록 사전에 CD 설정을 할 수도 있습니다.

6. 인프라 설정

배포를 위한 인프라 환경설정은 언제하면 좋을까요? 최대한 미룰 수 있다면 꼭 필요할 때까지 미뤄서 프런트엔드에서 연동 테스트를 하거나 QA를 진행할 때 그리고 프로젝트가 마무리되어 운영환경에 배포해야 할 때, 그때 설정작업을 진행하면 좋습니다.

서버 언어를 전환할 때 가장 중요한 것은 고객의 문제를 해결해 주는 애플리케이션입니다. 즉, 애플리케이션 개발이 잘 진행되고 문제가 없도록 개발이 되어야 인프라 설정작업도 필요합니다. 하지만 애플리케이션 개발이 원하는 진행상태까지 도달하지 않았는데 섣부르게 서버 배포나 라우팅 설정과 같은 인프라 설정에 자원을 투입하게 되면 불필요한 리소스 낭비를 초래하게 될 가능성이 높습니다.

애플리케이션 코드를 작성하면서 언제든지 인프라 설정의 변경사항은 발생할 수 있습니다. 모놀리식으로 언어를 전환하려다 MSA로 아키텍처를 변경할 수도 있습니다. 또는 추천하고 싶지 않지만 어쩔수 없이 데이터베이스나 메시지 전송을 위한 브로커 등을 변경해야 하는 상황이 생길 수도 있습니다. 서버 경로만 교체하면 될 줄 알았는데, 로드밸런서를 변경해야 하는 상황도 생길 수 있습니다. 이렇듯 다양한 상황에서 예상하지 못한 타이밍에 인프라 환경에 대한 변경사항이 발생할 수 있기 때문에 애플리케이션 코드를 작성하면서 꼭 필요한 타이밍이 올 때까지 인프라 설정에 대한 준비만 해두고 설정이 필요한 시점에 적용하는 것이 좋습니다.

그리고 배포를 위한 환경을 미리 설정해 놓았더라도 제대로 된 기능이 구현이 되어있지 않은 상황에서 한참 동안 배포를 하지 않을 수 있기 때문에 서버 자원의 낭비가 발생할 가능성도 존재합니다. 언어전환은 제품의 새로운 개발을 잠시 미뤄두고 기존 애플리케이션이 가지고 있는 여러 문제점을 해결해 나가는 과정입니다. 회사에서는 이 시기에 최대한 비용을 절감하여 언어전환 프로젝트가 잘 마무리된 후에 앞으로 달려나가기 위한 준비들을 할 텐데, 그런 상황에서 불필요한 인프라 설정으로 인한 비용 낭비는 자칫 프로젝트에 좋지 않은 영향을 미칠 수 있으니 이런 상황은 경계하는 것이 좋습니다.

Section 02
코드 기여 규칙 설정

[과정] 묻고 더블로 가!

사례

개발자 K는 언어를 변경하는 만큼 팀원들과 함께 새롭게 변경된 언어에 맞게 코드 기여 규칙을 새롭게 설정하기로 했습니다.

Lint 설정

먼저 Lint를 설정했습니다. Lint는 언어마다 일반적으로 지켜야할 코드 스타일을 정해 주고 위반 코드를 자동으로 알려주고 자동으로 스타일에 맞게 코드를 변경해 주는 기능까지 제공하기 때문에 코드 리뷰 시 스타일에 관한 리뷰를 많이 줄일 수 있어 상당히 유용한 도구입니다. 간단한 설정을 통해 큰 효과를 누릴 수 있기에 가장 먼저 도입을 검토했습니다.

Lint를 추가한 후 CI 단계에서 정해진 스타일 규칙을 위배하지 않는지 체크하도록 하여 병합된 코드가 정해진 코드 스타일을 위배하지 않는지 검사하도록 했습니다.

CI를 통한 Lint 체크는 원격 저장소에 코드를 업데이트한 이후에 확인할 수 있으므로 어쩌면 스타일을 위반에 대한 피드백 주기가 길어질 수도 있습니다. 그래서 Git의 pre-commit[27]을 통해 커밋 시 스타일 제약조건을 위반하지 않는지 빠른 시간에 확인할 수 있는 방법도 함께 설정했습니다.

---

27 https://pre-commit.com/

브랜치명 규칙

브랜치명에 대한 규칙도 정했는데, 개발자 K가 속한 개발팀은 git-flow와 확장된 트렁크 기반 개발을 합쳐놓은 형태의 브랜치 전략을 가져갔습니다. Jira의 에픽(Epic)[28] 단위로 프로젝트 진행을 위한 에픽 브랜치를 생성하고 작업마다 기능 브랜치를 생성하여 Pull Request를 통해 코드를 병합하도록 했습니다. 프로젝트가 완료되면 에픽 브랜치를 기본 브랜치로 병합하면서 사용자가 실제로 사용할 수 있도록 기능이 배포되도록 설정했습니다.

Entity 작성 규칙

Entity에 대한 작성 규칙도 정했습니다. 전환할 서버는 ORM을 사용하기로 했기 때문에 Entity를 잘 작성하는 것이 중요하다고 판단했습니다. 그래서 팀원들과 함께 Entity 작성 규칙을 아래와 같이 작성했고 언제든 참고할 수 있도록 README.md 파일에 작성해 두었습니다.

문서

Entity 작성 규칙

목적

- Entity 구조를 통일시켜 일관성이 있도록 합니다.
- Entity 클래스 안에서 목적에 따라 영역을 구분합니다.
- Entity 외부에 노출되는 값을 최소화합니다.
- Entity의 값을 어디서나 변경할 수 없게 합니다.

---

[28] https://www.atlassian.com/agile/tutorials/epics

가이드

- 최초 Entity를 생성할 때 프로퍼티는 불변변수로 선언합니다.

- 작업 도중 Entity 내 프로퍼티가 변경되어야 한다면 불변변수를 변경 가능한 변수로 변경합니다. 단, 변경 가능한 변수로 변경했다면 해당 변수를 Entity 내부에서만 변경할 수 있도록 접근제어자를 추가하고 외부에서 조회할 때에는 불변변수로 조회할 수 있도록 합니다.

- 생성자의 프로퍼티는 Entity가 생성될 때 반드시 필요한 프로퍼티만 선언합니다. 데이터베이스의 컬럼(Column)을 모두 선언하여 의도하지 않은 값이 생성시점에 만들어지지 않도록 주의합니다.

- 연관관계는 필요할 때만 설정하여 필요하지 않는 상황에서 양방향 관계를 가지지 않도록 주의합니다.

- 연관관계도 프로퍼티와 마찬가지로 외부에서 값을 바꾸지 못하도록 불변변수를 활용합니다.

- 양방향 관계가 필요한 경우 한쪽 Entity에만 값을 주입하지 않고 관계를 맺은 Entity 모두에게 값을 주입시켜 줍니다.

코드 예시

```
01  class A(
02      b: B,
03      email: String,
04  ): BaseEntity() {
05
06      // DB column 영역
07      @Column
08      val email: String = email
09
10      // 연관관계 영역
11      @OneToOne
12      val b: B = b
```

```
13      // 함수 영역
14      fun changeEmail(email: String) {
15          this.email = email
16      }
17
18      // 생성자 영역
19      init {
20          assertEmail(email)
21      }
22  }
```

커밋 규칙

커밋에 대한 규칙도 정했습니다. 커밋에 대한 규칙을 정해두면 작업에 대한 대략적인 성격을 미리 파악할 수 있고 커밋 내용을 좀 더 가독성 있게 구성할 수 있다는 장점이 있습니다. 커밋 작성 규칙은 Conventional Commits[29]을 참고해서 작성했습니다. 그 내용을 간단히 적으면 아래와 같습니다.

- **feat:** 신규 기능, 이전에 없던 기능, API를 추가하는 경우를 말합니다.
- **fix:** 오류 수정의 경우를 말합니다.
- **docs:** 기능과 관계 없는 문서를 수정하는 경우를 말합니다.
- **style:** tyle: 기능의 변경이 없는 코드 포맷과 불필요한 라인 제거 등의 경우를 말합니다.
- **refactor:** 기능의 변경이 없는 코드 구조 변경이나 성능 개선 등의 경우를 말합니다.
- **test:** est: 운영코드의 변경 없이 테스트 코드의 개선 또는 리팩터링의 경우를 말합니다.

---

[29] https://www.conventionalcommits.org/en/v1.0.0/

- **chore**: 애플리케이션의 기능 외 CI를 위한 코드, 인프라 설정을 위한 코드 등의 경우를 말합니다.

Pull Request 규칙

Pull Request에 대한 규칙도 정했습니다. 개발팀에서는 자신이 작성한 코드를 병합하기 위해서 Pull Request를 반드시 작성하도록 하고 있습니다. 이때 좀 더 일관성 있고 코드 작성에 대한 의미를 잘 전달하기 위해서 다음과 같은 규칙을 정했습니다.

먼저 Pull Request의 제목과 본문에 Jira의 이슈 번호를 기입하도록 했습니다. Pull Request에 작성된 코드가 어떤 이슈로 인해서 변경되어야 하는지 모두 기입하는 것은 쉽지 않습니다. 그리고 Pull Request만으로 작업에 대한 이력을 기록하는 것은 개발자들에게는 유용할지 몰라도 개발자가 아닌 팀원들에게는 유용하지 않을 수 있습니다.

그래서 협업 관리도구인 Jira를 통해 공통적으로 작업에 대한 이력을 관리해야 합니다. Jira의 깃허브 통합 기능을 이용해서 Pull Request에 이슈 식별자를 기입해두면 Jira의 작업과 Pull Request를 연결함으로써 좀 더 자세하고 이슈를 추적하기 용이하도록 할 수 있습니다.

추가적으로 Automation 설정[30]을 통해서 코드가 병합될 때 자동으로 이슈의 상태를 변경하도록 하는 등 작업 효율성도 함께 챙겨갈 수도 있습니다.

다음으로 Pull Request Template[31]을 작성하여 아래와 같이 일관된 Pull Request 본문을 작성할 수 있도록 했습니다.

---

30 https://www.atlassian.com/software/jira/features/automation
31 https://docs.github.com/en/communities/using-templates-to-encourage-useful-issues-and-pull-requests/creating-a-pull-request-template-for-your-repository

```
01  # 작업 링크
02  TASK-
03
04  # 주요 변경 사항
05  <!--
06  리뷰어가 컨텍스트를 이해할 수 있도록 이 PR을 왜 작성하는지
    적어주세요.
07
08  이슈 링크만으로도 설명이 된다면 생략해도 좋습니다.
    하지만 내용이 길어져서 3개~4개의 내용을 한번에 파악하기
    어렵거나 PR과 다른 부분이 있다면 반드시 작성해주세요.
09  -->
```

서버 코드가 한 명이 작성한 것처럼 일관되고 적재적소에 코드가 위치하면 얼마나 좋을까요? 만약, 그렇다면 개발할 때 익숙한 코드 스타일로 인해 코드를 좀 더 쉽게 읽고 변경할 위치를 손쉽게 유추해 낼 수 있으며 기능의 변경사항에 대해 보다 손쉽게 대응할 수 있을 것입니다.

아쉽게도 조금만 규모가 커져도 한 명의 개발자로 제품을 개발하는 것은 어렵습니다. 개발자 모두가 한곳에서 오랫동안 함께 개발해 왔다면 그나마 비슷한 스타일로 개발할 수는 있겠지만 입사한지 얼마 되지 않은 개발자가 있다면 처음부터 일관되고 팀 내에서 정해진 규칙에 맞는 코드를 작성하길 바라는 것은 무리입니다.

그렇다면 왜 코드 스타일을 맞추는 노력을 해야 할까요? 그 이유는 바로 코드는 쓰는 횟수보다 읽는 횟수가 훨씬 많기 때문입니다. 지금도 여러분은 개발을 하면서 코드를 읽고 있을 것입니다. 신규 개발을 하더라도 기존에 만들어져 있는 기능을 파악하고 반영하기 위해 기존 코드를 읽을 것입니다. 신규 개발도 그런데, 기존 기능을 변경하는 개발을 할 때는 더 많은 코드를 읽을 것입니다. 여러분이 서버 언어전환을 계획하고 진행 중에 있다면 이미 제품을 서

비스하고 있을 확률이 높다고 생각합니다. 그렇다면 신규 기능을 개발하는 것보다 기존의 기능을 개선하거나 변경하는 작업이 훨씬 더 많을 텐데, 그렇다면 더더욱 코드를 쓰는 횟수보다 읽는 횟수가 많을 것입니다.

읽는 횟수가 많다는 것은 여러분의 개발 비용 중 '읽기'라는 비용이 가장 많이 발생함을 말합니다. 그래서 '잘' 읽을 수 있도록 해서 '읽기'라는 비용을 줄이는 것이 중요한데, 팀 내에 일관된 코드 스타일은 여러분의 가독성을 높이는 데 큰 도움을 줍니다.

팀 내에서 일관된 스타일을 가지도록 결정하는 것은 어쩌면 쉬울 수도 있고 어려울 수도 있습니다. 각자가 원하는 스타일이 있을 수도 있고 누군가는 하나의 스타일만 고집하는 것에 불만을 가질 수도 있습니다. 그럼에도 저는 앞서 말한 장점이 크다고 생각하기 때문에 코드를 작성하기 전에 팀 내에서 원만한 합의를 거친 후 모두가 그 스타일을 따르도록 하는 것이 좋다고 생각합니다.

여기서 중요한 것은 코드 스타일을 결정만 하는 것이 아니라 모두가 이 스타일을 따르도록 하는 것인데, 아래에 팀에서 코드 스타일에 대한 규칙 설정과 모두가 이 스타일을 따르도록 할 수 있는 방법을 소개했습니다.

1. Lint[32]를 이용한 코드 스타일 규칙 설정

일관된 코드 스타일에 대한 중요성이 대두되면서 요즘에는 거의 대부분의 언어에서 각 언어에 맞는 Lint를 제공해줍니다. Lint란 프로그래밍에서 오류, 버그, 스타일 오류 등 의심스러운 구성에 대한 알림을 제공하는 정적 코드 분석 도구를 말합니다. Lint는 IDEA에서 알려주는 구문 오류를 알려주는 것뿐만

---

[32] https://en.wikipedia.org/wiki/Lint_(software)

아니라 띄어쓰기, 콤마, 중괄호 위치 등 일반적인 코드 스타일에 대한 가이드를 제공하면서 정해진 규칙에서 벗어나면 손쉽게 인지할 수 있도록 해주거나 필요하다면 스타일을 자동으로 보정해 주는 기능까지도 제공해줍니다.

Lint 사용의 가장 큰 장점은 바로 자동화인데, CI나 pre-commit과 같은 기능과 통합해서 작성된 코드에 정해진 규칙을 위반하지는 않았는지 사람이 직접 하나하나 리뷰하지 않고 자동화된 시스템에 의해 알려주도록 해서 코드 일관성을 유지하는 비용을 상당히 줄일 수 있다는 장점이 있습니다. 또한 SonarQube와 같은 정적 코드 분석 도구들은 다양한 기능을 제공하지만 별도의 서버나 설정이 다소 복잡한 반면 Lint는 간단한 설정만으로 현재 작업 중인 프로젝트에 통합할 수 있으므로 가장 우선적으로 도입해볼만한 도구입니다.

2. 팀 내 코딩 스타일 규칙 문서화

코딩 스타일은 Lint로만 정하기 어려운 것들도 있습니다. 예를 들어 사례에서 소개한 바와 같이 Entity를 정의하는 규칙을 설정한다든지, 조회하는 함수의 구현 방식에 따라 약속된 공통의 접두사나 접미사를 사용한다든지, 의존성 규칙을 정한 뒤 패키지별로 작성된 코드가 특정 다른 패키지의 코드를 의존하지 않도록 한다든지 등 물리적인 제약 조건을 걸기 어려운 규칙이 있을 수 있습니다.

이러한 규칙이 있는 경우 REAMD.md 파일이나 사내 문서도구를 이용하여 코딩 스타일에 대한 규칙을 정하고 모두가 이 스타일을 숙지하고 지키도록 지속적으로 관리해야 합니다. 앞서 말한 Lint와 같이 자동화된 도구를 통해 규칙을 위반하는지 여부를 판단할 수 있다면 가장 좋지만 이러한 규칙은 물리적인 제약조건을 설정하기 어려운 경우가 많습니다. 그래서 코드 리뷰를 통해 지속적으로 팀에서 정한 코딩 스타일을 위반하지 않는지 점검하고 개선해 나가야 합니다. 페어 프로그래밍은 이러한 점검 과정을 수행할 수 있는 가장 효과적인 수단일 수 있습니다.

3. 정적 분석 도구[33]의 활용

정적 분석이란 프로그램을 실행하지 않고 수행하는 분석을 말합니다. 분석에서 얻은 정보는 Lint와 같이 코드 스타일에 대한 분석부터 보안, 구분의 중복, 데이터의 흐름 등 코드가 가진 잠재적인 위험까지 다양하게 있습니다. 앞서 말한 팀 내 스타일 규칙 중 특정 패키지에 속한 코드가 다른 패키지의 코드를 참조하지 못하도록 하는 등과 같은 제약 설정도 가능한 것이 정적 분석 도구입니다.

정적 분석 도구는 도구의 설치 및 기반 환경설정이 다소 복잡할 수는 있으나 도입으로 인해 개발자가 개발에 소모되는 비용을 많이 줄일 수 있다는 점에서 큰 장점이 있습니다. 어떠한 장점이 있는지 좀 더 자세히 살펴보겠습니다.

3.1. 자동화

앞서 Lint에서 얘기했듯이 정적 분석 도구의 가장 큰 장점은 자동화입니다. 개발자가 코드 리뷰를 통해 직접 코드의 상태를 검증하는 것이 아니라 자동화된 분석을 통해서 스타일 오류나 보안 취약점, 느린 알고리즘, 코드의 중복 등 사람이 검증하는 것에 한계가 있는 부분까지도 손쉽게 발견할 수 있습니다.

---

[33] https://en.wikipedia.org/wiki/Static_program_analysis

3.2. 보안

많은 정적 분석 도구가 보안이 취약한 코드를 발견해 주는 기능을 제공합니다. 이는 개발자 지식이 부족하거나 미처 발견하지 못했던 보안적 결함을 분석 도구가 발견해 줌으로써 제품의 안정성을 보다 높일 수 있도록 해줍니다.

3.3. 코드 스타일

정적 분석 도구는 Lint와 같이 언어가 가진 일반적인 코드 스타일 규칙을 지킬 수 있도록 도와주는 것뿐만 아니라 코드의 의존성 관리나 특정 네이밍 패턴과 같이 개발팀 내에서 정해진 규칙을 지킬 수 있도록 도와줍니다. 이를 통해 개발팀은 보다 높은 코드 일관성을 편리하게 유지할 수 있습니다.

3.4. 코드 결함 감지

중복 코드나 불필요한 조건문, 높은 복잡도와 사용하지 않는 코드 감지 등 개발자가 실수로 발견하지 못한 코드의 결함이나 오류를 감지할 수 있습니다. 이는 개발자가 코드 리뷰 시 코드에 대한 결함보다는 비즈니스 코드에 대한 리뷰에 집중할 수 있도록 도와줍니다.

물론, 정적 분석 도구도 한계는 존재합니다. 도메인이 가진 비즈니스에 대한 이해는 도구가 아닌 사람이 판단할 수 있습니다. 그래서 비즈니스 로직에 대한 결함이나 위험성에 대해서는 판단해 주지는 못한다는 문제가 있습니다. 또한 스타일은 위배되지 않지만 의도를 정확하게 전달하기 힘든 함수명이나 변수명을 분석해 줄 수 없다는 문제도 함께 있습니다. 그리고 너무 자세한 규칙의 설정으로 인해 예외 상황에 대한 처리가 힘들게 될 수도 있는 상황이 발생하기도 합니다.

이러한 단점을 보완하기 위해서는 적절하게 코드 리뷰와 정적 분석도구를 조합해서 사용해서 개발자가 코드 리뷰 시 비즈니스 로직에 대한 검증에만 집중해서 리뷰를 수행해야 합니다. 그리고 자동화된 도구의 힘을 빌릴 수 있는 것은 최대한 위임해서 효과적으로 팀 내 공통된 코드 스타일을 유지할 수 있도록 하면 좋습니다.

4. 버전 관리 시스템 사용 규칙

코드를 작성하고 그 코드를 저장하기 위해서 여러분은 아마 버전 관리 시스템(VCS, Version Control System)을 사용할 것입니다. 오늘날 많은 개발자가 Git을 사용하고 있으니 Git을 사용한다는 전제로 커밋과 Pull Request의 규칙을 정하는 것에 대한 이야기를 이어가겠습니다.

많은 개발자가 좋은 커밋 메시지를 작성하는 것이 중요하다고 얘기하고 있습니다. 그 이유는 무엇일까요? 수많은 이유가 있겠지만 결국 더 나은 유지보수를 하기 위해서일 것입니다. 좋은 커밋으로 커밋 이력의 가독성을 높여 주는 행위도 결국 지금의 이슈를 해결하기 위해 이전에 작성했던 커밋을 통해 코드의 로직을 파악하기 위함일 것입니다. 그리고 더 나은 협업과 코드 리뷰도 작성된 코드가 이슈를 조금이라도 덜 발생하도록 관리하기 위함일 것이니까요.

그래서 여러분은 언어전환 작업 시 팀원들과 좋은 커밋 메시지를 작성하기 위한 규칙을 설정하고 이러한 규칙을 따르도록 해서 좀 더 커밋 메시지를 통해 이슈를 손쉽게 해결할 수 있도록 하는 것이 좋습니다. 그렇다면 좋은 커밋 메시지를 작성하기 위한 규칙[34]에는 어떤 것이 있을까요?

---

[34] https://meetup.toast.com/posts/106

4.1. 제목과 본문을 분리한다

Git의 커밋 메시지를 입력할 때 보면 아래처럼 별도 포맷이 존재하지 않습니다.

```
01  <여기에 커밋 메시지를 작성합니다.>
02  # Please enter the commit message for your changes. Lines starting
03  # with '#' will be ignored, and an empty message aborts the commit.
04  #
05  # On branch main
06  # Your branch is up to date with 'main'.
07  #
08  # Changes to be committed:
09  #   modified:   README.md
```

그렇다보니 개발자마다 자신만의 스타일로 커밋 메시지를 작성할 수 있는데, 좋은 커밋을 작성하는 첫 번째 규칙 중 하나가 바로 제목과 본문을 분리하는 것입니다. 즉 첫 줄에는 제목을 적고 공백 한 줄을 추가한 후 그 아래부터 본문 내용을 작성하는 것입니다. 상황에 따라 본문에 적을 내용이 없다면 제목만 적어주는 것도 하나의 방법입니다.

```
01  README에 커밋 메시지 가이드를 추가한다.
02
03  좀 더 나은 협업을 위해서 지난 회의에서 결정된 커밋 메시지
    가이드를 README에 추가합니다. 지난 회의에 결정된 커밋 메시지
    가이드는 아래 링크를 참고하기 바랍니다.
04
05  <결정된 커밋 메시지 가이드 링크>
06
07  # Please enter the commit message for your changes. Lines starting
08  # with '#' will be ignored, and an empty message aborts the commit.
09  #
10  # On branch main
11  # Your branch is up to date with 'main'.
```

```
12  #
13  # Changes to be committed:
14  # modified:   README.md
15  #
```

4.2. 커밋 메시지는 '어떻게'보다 '무엇을' '왜'에 맞춰 작성한다

작성된 코드는 우리가 구현한 기능이 어떻게 동작하는지 잘 보여줍니다. 하지만 어떤 때에는 지금 작성된 코드가 왜 이렇게 작성되었는지 이해하지 못하는 경우가 발생하곤 합니다. 코드로는 어떻게 동작하는지 볼 수 있는데, 논리적으로 왜 이런 코드가 작성되었는지는 코드만 봐서는 알아차리기가 힘들기 때문이죠. 그래서 커밋 메시지에 '어떻게'보다 '무엇을', 그리고 '왜' 작성하게 되었는지 적어주는 것이 좋습니다. 코드를 읽으면서 이해가 되지 않는 비즈니스 로직을 커밋 메시지를 통해서 그 배경을 파악하고 해당 코드를 손쉽게 이해할 수 있기 때문입니다.

```
01  문자열 공백 검증 함수를 isEmpty에서 isBlank로 변경한다.
02
03  입력된 문자열의 공백 입력을 방지할 때 아무 글자도 입력되지
    않은 문자열도 방지해야 하지만 공백만 포함된 문자열도 함께
    방지해야 합니다. 그래서 공백 글자만 입력된 경우에도 입력을
    방지할 수 있도록 검증 함수를 isEmpty에서 isBlank로 변경합니다.
04
05  # Please enter the commit message for your changes. Lines starting
06  # with '#' will be ignored, and an empty message aborts the commit.
07  #
08  # On branch main
09  # Your branch is up to date with 'main'.
10  #
11  # Changes to be committed:
12  # modified:   README.md
13  #
```

4.3. 커밋 메시지에 이슈 식별자를 추가한다

코드의 변경은 기능 추가 또는 변경 요청에 의해 발생합니다. Jira와 같이 협업 관리도구를 사용하고 있다면 기능 추가 또는 변경 요청에 대한 이슈가 생성되었을 것이고 해당 이슈를 통해 작업을 진행하고 완료여부를 업데이트하는 업무흐름을 가져갈 것입니다.

작업에 대한 커밋에 이때 사용한 이슈의 식별자를 기입해두면 커밋 메시지에 표현하기에 어려운 내용이나 배경을 손쉽게 추적할 수 있습니다. 또한 도구에 따라서는 Git과 협업 관리도구의 통합을 통해서 이슈와 코드 변경의 링크를 자동으로 설정할 수 있고 상태관리도 자동화해서 효율적으로 업무를 수행할 수 있도록 할 수도 있습니다.

```
01  문자열 공백 검증 함수를 isEmpty에서 isBlank로 변경한다.
02
03  입력된 문자열의 공백 입력을 방지할 때 아무 글자도 입력되지
    않은 문자열도 방지해야 하지만 공백만 포함된 문자열도 함께
    방지해야 합니다. 그래서 공백 글자만 입력된 경우에도 입력을
    방지할 수 있도록 검증 함수를 isEmpty에서 isBlank로 변경합니다.
04
05  TASK-1
06
07  # Please enter the commit message for your changes.
    Lines starting
08  # with '#' will be ignored, and an empty message aborts the commit.
09  #
10  # On branch main
11  # Your branch is up to date with 'main'.
12  #
13  # Changes to be committed:
14  #   modified:   README.md
```

4.4. Pull Request Template을 작성한다

모두가 바라보는 기본 브랜치에 커밋 메시지를 추가하는 방법으로 Pull Request를 통한 병합이 있습니다. 이슈를 추적할 때 커밋 메시지만큼이나 작성된 Pull Request도 중요합니다. 오히려 코드 리뷰에서도 이 Pull Request의 내용을 보고 코드를 리뷰하기 때문에 병합 전략에 따라서는 커밋 메시지와 동일하게 취급할 수도 있습니다.

일관된 Pull Request를 유도하기 위한 방법으로 Pull Request Template을 작성하는 방법이 있습니다. Pull Request Template을 작성해두면 작업자가 Pull Request를 작성하려고 할 때 지정된 양식으로 작성할 수 있도록 할 수 있습니다. 이 양식을 지키도록 약속을 해두면 각 작업자마다 스타일대로 작성하여 Pull Request의 양식이 중구난방이 되는 일은 방지할 수 있습니다.

```
01  # 작업 링크
02
03  TASK-
04
05  # 주요 변경 사항
06
07  <!--
08  리뷰어가 컨텍스트를 이해할 수 있도록 이 PR을 왜 작성하는지
    적어주세요. 이슈 링크만으로도 설명이 된다면 생략해도 좋습니다.
    하지만 내용이 길어져서 3~4개의 내용을 한번에 파악하기
    어렵거나 PR과 다른 부분이 있다면 반드시 작성해주세요.
09  -->
```

지금까지 코드 기여 규칙을 설정할 수 있는 여러 방법을 알아봤습니다. 분명 코드 기여 규칙을 설정하여 일관되고 잘 구조화된 코드를 작성하고 원활하게 협업을 할 수 있도록 정하는 것은 바람직합니다. 하지만 너무 복잡하고 지나친 규칙 설정은 팀원들이 개발을 수행할 때 자칫 과도한 불편함을 유발할 수

있습니다. 생산성을 높이기 위한 규칙이 오히려 불편함으로 인해 생산성을 떨어뜨리는 결과를 낳을 수도 있는 것입니다.

그렇기에 일관성을 지키려고 과도하게 자세한 규칙을 설정하기보다 자동화할 수 있는 부분은 최대한 자동화해서 코드 작성에 불편함을 최소한으로 하고 리뷰가 필요한 규칙도 꼭 필요한 규칙만 설정하여 개발자들이 리뷰에 대한 스트레스를 최소화할 수 있도록 노력하면 좋습니다.

Section 03
테스팅 전략

[과정] 묻고 더블로 가!

사례

개발자 K는 테스트 코드 작성 방법에 대한 고민에 빠졌습니다. API의 온전한 기능을 테스트하는 기능 테스트(Functional Testing)[35]로 하는 것이 커버리지도 높으며 구현에 대한 세부사항에 의존적이지 않기 때문에 이상적이지만 기능에 대한 테스트 케이스가 많아지는 경우 테스트 코드가 기하급수적으로 많아진다는 점과 TDD(Test-Driven Development)[36]에서 말하는 테스트를 작성하고 실패를 경험한 후 성공까지의 생명주기가 길어진다는 문제가 있습니다. 그래서 구현에 대한 세부사항을 노출하지만 보다 손쉽게 테스트 코드를 작성하고 피드백을 빠르게 받을 수 있는 단위 테스팅(Unit Testing)[37]과 병행해서 테스트 코드를 작성하기로 했습니다.

프로젝트 진행을 도메인 계층부터 작업했기 때문에 도메인 계층에 대한 테스트 코드 작성 전략을 먼저 선정하기로 했습니다. 도메인 계층에는 제품에 대한 모든 비즈니스 로직을 담고 있습니다. 그렇기 때문에 하나의 기능에 대한 성공 케이스와 다양한 예외 케이스를 테스트할 필요가 있었습니다. 이러한 사례에 적합한 테스트 방법은 아무래도 테스트를 위한 최소한의 데이터 준비를 할 수 있고 빠른 피드백을 받을 수 있는 단위 테스팅 방법

---

35 https://en.wikipedia.org/wiki/Functional_testing
36 https://en.wikipedia.org/wiki/Test-driven_development
37 https://en.wikipedia.org/wiki/Unit_testing

을 도입하는 것이 합리적이라고 생각했습니다. 테스트 코드 스타일도 아래와 같이 단순한 방식으로 구현하고자 하는 기능에 대한 각각의 케이스들을 표현했습니다.

```
01  class ItemTest: FunSpec(
02  {
03      context("constructor") {
04          test("품목명은 10자를 초과할 수 없다.") {
05              // Given
06              val name = "12345678910"
07              val value = "value"
08
09              // Expect
10              val actual = assertThrows<IllegalArgumentException> {
11                  Item(name, value)
12              }
13              actual.message shouldBe "품목명이 올바르지 않습니다."
14          }
15
16          test("품목명은 공백을 포함할 수 없습니다.") {
17              // Given
18              val name = "공   백"
19              val value = "value"
20
21              // Expect
22              val actual = assertThrows<IllegalArgumentException> {
23                  Item(name, value)
24              }
25              actual.message shouldBe "품목명이 올바르지 않습니다."
26          }
27
28          test("품목값은 공백을 포함할 수 없습니다.") {
29              // Given
30              val name = "name"
31              val value = "공   백"
32
33              // Expect
```

```kotlin
34      val actual = assertThrows<IllegalArgumentException> {
35        Item(name, value)
36      }
37      actual.message shouldBe "품목값이 올바르지 않습니다."
38    }
39  }
40
41  context("update") {
42    test("수정할 품목명과 품목값이 주어지면 품목명과 품목값
43          을 변경한다.") {
44      // Given
45      val item = ItemFactory().produce()
46      val data = ItemUpdateData(
47        name = "수정한 이름",
48        value = "수정한 값",
49      )
50
51      // When
52      item.update(data)
53
54      // Then
55      item.name shouldBe "수정한 이름"
56      item.value shouldBe "수정한 값"
57    }
58
59    test("품목명은 10자를 초과할 수 없다.") {
60      // Given
61      val item = ItemFactory().produce()
62      val data = ItemUpdateData(
63        name = "12345678910",
64        value = "value",
65      )
66
67      // Expect
68      val actual = assertThrows<IllegalArgumentException> {
69        item.update(data)
70      }
71      actual.message shouldBe "품목명이 올바르지 않습니다."
```

```
72        }
73      }
74    },
75  )
```

도메인 계층 코드 작성이 끝난 후 응용 계층의 코드 작성 시 테스트 방식은 기능 테스트 방식으로 결정했습니다. 그래서 API의 Endpoint에서부터 시작하여 데이터가 원하는 형태로 잘 저장되었는지를 검증할 수 있도록 각 API가 가진 기능 위주로 테스트를 진행했습니다. 다만 도메인 계층의 테스트와 같이 모든 비즈니스 논리에 대한 예외 케이스를 모두 다루려고 하지 않고 도메인 계층에서 커버하지 못하는 논리와 도메인 계층에서 성공하는 케이스를 주로 다루려고 했습니다. 테스트 코드는 사용자가 사용하는 패턴과 보다 유사하게 표현하기 위해서 BDD(Behavior-Driven Development)[38] 스타일로 작성했습니다.

```
01  class ItemMutationDataFetcherTest: IntegrationTestBase() {
02    @Language("GraphQL")
03    private val createItem = """
04      mutation(${'$'}input: CreateItemInput!) {
05        createItem(input: ${'$'}input) {
06          Item {
07            id
08            createdAt
09            updatedAt
10            name
11            value
12          }
13        }
14      }
15    """.trimIndent()
16
```

---

[38] https://en.wikipedia.org/wiki/Behavior-driven_development

```
17    @Language("GraphQL")
18    private val updateItem = """
19      mutation(${'$'}input: UpdateItemInput!) {
20        updateItem(input: ${'$'}input) {
21          Item {
22            id
23            createdAt
24            updatedAt
25            name
26            value
27          }
28        }
29      }
30    """.trimIndent()
31
32    init {
33      given("품목명과 값이 주어진다.") {
34        val name = "품목명"
35        val value = "품목값"
36
37        `when`("createItem") {
38          and("품목명과 품목값을 입력하여 품목 추가 API를
39                 호출한다.") {
40            val input = CreateItemInput(
41              name = name,
42              value = value,
43            )
44            val variables = mapOf("input" to input)
45
46            val actual = client()
47              .executeQuery(createItem, variables)
48              .extractValueAsObject(
49                "createItem",
50                typeRef<CreateItem>(),
51              )
52
53            then("품목 정보가 저장된다.") {
54              assertSoftly(actual.Item!!) {
```

```kotlin
                    it.name shouldBe name
                    it.value shouldBe value
                }
            }

            and("동일한 품목명과 품목값으로 품목 추가 API를
                다시 호출한다.") {
                val andActual = client()
                    .executeQuery(createItem, variables)
                    .errors

                then("오류를 반환한다.") {
                    andActual.shouldBadRequestWith(
                        "동일한 품목명과 품목값이 존재합니다.",
                        listOf("createItem"),
                    )
                }
            }
        }
    }
}

given("품목을 생성한다.") {
    val attribute = client().품목_추가("원산지", "국산")

    `when`("updateItem") {
        and("수정데이터를 입력하여 품목 수정 API를 호출한다.") {
            val input = UpdateItemInput(
                id = attribute.id,
                name = "이름",
                value = "값",
            )
            val variables = mapOf("input" to input)

            val actual = client()
                .executeQuery(updateItem, variables)
                .extractValueAsObject(
                    "updateItem",
```

```
 93                typeRef<UpdateItem>(),
 94            )
 95
 96        then("품목 정보가 변경된다.") {
 97            assertSoftly(actual.Item!!) {
 98                it.name shouldBe "이름"
 99                it.value shouldBe "값"
100            }
101         }
102      }
103    }
104   }
105  }
106 }
```

테스트 주도 개발 방법(TDD)은 언어전환 프로젝트에 적용하기에 매우 적합한 개발 방법입니다. 왜냐하면 입력과 출력은 이미 만들어진 기존 코드나 기능 명세를 통해 확인할 수 있고 그에 맞는 테스트 코드를 작성한 후 동일하게 동작하는지 확인하면 되기 때문입니다. 신규 기능을 개발할 때와는 다르게 어떤 기능을 만들어야 하는지도 명확하고 예외 케이스도 명확합니다. 그래서 테스트 케이스를 설계하는 것에 대한 어려움과 부담감이 신규 기능을 개발할 때에 비해 적습니다.

다행스럽게도 최근 들어 테스트 주도 개발 방법에 대한 중요성과 필요성을 인지하고 팀 내에 도입하려는 움직임을 많이 볼 수 있습니다. 만약, 여러분의 팀이 테스트 주도 개발 방법에 익숙하진 않지만 테스트 주도 개발 방법의 필요성을 느끼고 도입하려는 의지를 가지고 있다면 이번 언어전환 프로젝트에 도입하는 것은 아주 좋은 기회일 수 있습니다. 테스트 주도 개발에는 수많은 장점이 있지만 언어전환 시 테스트 주도 개발의 어떠한 장점이 있는지 주로 다루어 보겠습니다.

1. 테스트 장점

1.1. 테스트 케이스 설계가 보다 쉽다

앞서 말한 바와 같이 새로운 기능을 개발할 때보다 이미 만들어진 기능에 대한 테스트 케이스를 설계하는 것이 보다 쉽습니다. 왜냐하면 이미 만들어진 기능은 입력과 출력이 정해져 있고 기존 코드에 작성된 코드를 분석하여 예외 케이스를 미리 파악할 수도 있기 때문입니다. 어쩌면 운 좋게도 테스트 케이스를 작성하는 과정에서 기존 기능이 가진 결함을 발견할 수도 있습니다. 그렇다면 새로운 테스트 케이스를 추가하면서 발견된 결함을 방지할 수 있는 코드를 작성할 수도 있겠네요.

테스트 주도 개발을 처음하거나 익숙하지 않은 개발자들이 어려워하는 부분 중 하나가 바로 테스트 케이스를 먼저 작성하는 것입니다. 기능이 만들어지지 않았는데 테스트 케이스를 어떻게 작성해야 하는지 막막한 경우가 많다고들 이야기합니다. 하지만 언어전환 프로젝트에서는 이미 만들어진 코드가 존재합니다. 테스트 주도 개발의 장점 중 하나인 테스트 코드를 작성하며 프로그램을 디자인한다는 부분은 가져갈 수 없겠지만 적어도 테스트 코드를 먼저 작성하고 실패하는 코드를 작성한 후 테스트를 성공하는 코드를 작성한 다음 리팩터링 과정을 거치는 생명주기는 가져갈 수 있습니다.

1.2. 빠른 피드백을 받을 수 있다

언어전환 프로젝트는 아주 큰 프로젝트일 가능성이 높습니다. 그렇기 때문에 구현이 끝나고 배포되기까지 상당한 시간이 소요될 수 있습니다. 개발자들은 자신들이 만든 기능이 정상적으로 동작하는지 항상 확인하고 싶어 할 텐데, API가 만들어지고 QA 과정을 거친 다음에야 만들어진 기능이 정상 동작함을 확인할 수 있다면 어떨까요? 먼저 버그가 있음을 인지할 때까지 상당한 시간이 소요될 것이고 API가 동작하기 위한 수많은 컴포넌트 중 버그를 유발하는 컴포넌트가 어떤 것인지 찾아서 고치는 것도 상당히 어려울 수 있습니다.

하지만 테스트 주도 개발을 한다면 서버를 배포하기도 전에 자신이 만든 기능이 예상했던 바와 같이 동작하는지 짧은 주기 내에 피드백을 받을 수 있습니다. 이는 개발자에게 자신이 만든 기능이 정상 동작함을 확인할 수 있다는 안정감과 함께 다음에 추가할 기능도 다른 기능에 문제 없이 동작하도록 할 수 있다는 자신감을 불어넣어주기도 합니다.

1.3. 개발 시간을 단축시킬 수 있다

테스트 케이스 작성이 보다 쉽고 빠른 피드백을 받으면서 안정적으로 개발할 수 있다면 개발자들은 자신감을 가지고 적극적으로 코드 작성에 임합니다. 프로젝트를 진행함에 있어 구성원의 심리적인 요인은 크게 작용합니다. 개발자들이 새롭게 작성한 코드가 기존코드와 다르게 동작하여 이슈를 추적하느라 시간을 허비하지 않고 코드를 하나하나 작성하며 안정감과 자신감을 가지고 업무에 임한다면 아마 전체적인 개발 시간을 상당히 단축시킬 수 있을 것입니다.

1.4. 적극적인 코드 개선이 가능하다

API가 제공해야 할 기능을 테스트 코드에 작성해 둔다면 기능의 변경없이 내부 구조를 좀 더 나은 구조로 변경하기가 쉽습니다. 자동화된 테스트 코드가 내부 구조를 변경해도 기능의 변경이 없음을 알려주기 때문입니다. 여러분이 언어전환을 하는 이유 중 하나는 단순히 이전의 언어에서 새로운 언어로 변경하는 것이고 내부적으로 좀 더 유지보수가 쉽도록 개선하는 이유가 그 다음 이유일 것입니다. 그래서 테스트 주도 개발은 여러분이 언어를 전환할 때 적극적인 코드 개선을 촉진할 수 있는 좋은 수단이 될 수 있습니다.

1.5. 개발자에게 안정감을 준다

앞서 말한 개발 시간 단축과 적극적인 코드 개선이 가능한 이유는 무엇일까요? 바로 테스트 코드가 주는 안정감 때문일 것입니다. 개발자가 자신이 만들어놓은 기능이 정상적으로 잘 동작함을 보장받을 수 있다면 새로운 기능을 만들 때 좀 더 적극적으로 기능을 개발해 나갈 수 있을 것이고 새롭게 만든 기능이 기존에 만든 기능에 영향을 미치지 않는 것을 손쉽게 자주 확인함으로써 프로젝트를 진행하는 내내 안정감을 느끼면서 언어전환을 수행해 나갈 수 있을 것입니다.

2. 테스트 유형

여러분이 테스트 코드를 작성하기로 마음먹었다면 이제 테스트 코드를 어떻게 작성할지 고민해야 할 시간입니다. 만약, 여러분의 팀원이 테스트 코드를 작성하는 것에 익숙하지 않다면 가장 쉽게 도입해볼 수 있는 테스트 유형인 단위 테스트를 선택할 수 있을 것입니다. 여기서 좀 더 나아가 커버리지를 높이고 좀 더 유지보수성을 높이고자 한다면 통합 테스트, 기능 테스트까지 수행해 볼 수 있을 것입니다.

그럼 여기에서 테스트의 유형을 좀 더 자세히 적어보고 여러분이 팀의 상황에 맞게 프로젝트에 도입을 해볼 수 있도록 테스트 유형에 대해 알아보겠습니다.

1.2 단위 테스트[39]

단위 테스트(Unit Testing)는 일반적으로 개발자가 작성하고 실행하는 자동화된 테스트로, 소스코드의 개별 단위를 테스트하여 적합한지 여부를 테스트하

---

[39] https://en.wikipedia.org/wiki/Unit_testing

는 방법을 말합니다. 여기서 말하는 '단위'라고 하는 의미는 여러 가지로 해석할 수 있는데, 객체지향 프로그래밍에서는 하나의 클래스 또는 개별 함수를 말하기도 하고 절차지향 프로그래밍에서는 전체 모듈 또는 개별 기능, 절차를 말하기도 합니다.

개발자가 직접 작성한 코드에 대한 테스트를 수행하는 것이기 때문에 네트워크나 데이터베이스 같이 외부 리소스를 사용하여 테스트하는 경우를 말하지 않고 만약, 외부 리소스에 의존하는 코드에 대한 테스트를 수행하는 경우 모의 객체(Mock Object)[40]나 테스트 스텁(Test Stub)[41], Fake, Spy와 같이 테스트 더블(Test Double)[42]을 이용하여 외부 리소스에 의존하지 않고 독립적인 테스트를 수행할 수 있습니다.

일반적으로 단위 테스트는 아주 작은 단위로 쉽고 빠르게 테스트할 수 있어야 합니다. 그러기 위해서는 운영코드가 테스트하기 쉽도록 설계되어야 하며 단위 테스트가 어려운 코드는 곧 디자인이 좋지 않은 코드라고 볼 수 있기 때문에 테스트가 좋은 디자인을 유도한다고 볼 수 있습니다. 그래서 보통 단위 테스트는 운영코드의 내부 디자인을 아는 경우가 많기 때문에 화이트박스 테스트(White-Box Testing)[43]라고도 합니다.

단위 테스트는 개발자가 직접 작성하면서 빠르고 쉽게 테스트할 수 있기 때문에 테스트 주도 개발에서 가장 먼저 도입해서 수행해 볼 수 있습니다. 예를 들어, 가장 작은 단위의 클래스 또는 모듈의 기능을 만든다고 가정하면 해당 기능이 실패하는 결과를 받아 볼 수 있는 테스트 코드와 운영코드를 작성합니다. 그런 후 가장 쉽고 빠르게 성공하는 결과를 받아 볼 수 있도록 코드를 수정

---

[40] https://en.wikipedia.org/wiki/Mock_object
[41] https://en.wikipedia.org/wiki/Test_stub
[42] https://en.wikipedia.org/wiki/Test_double
[43] https://en.wikipedia.org/wiki/White-box_testing

합니다. 그리고 마지막으로 해당 코드를 리팩터링함으로써 기능을 완성시키면서 테스트 사이클을 종료합니다.

2.2. 통합 테스트[44]

통합 테스트(Integration Testing)는 단위 테스트를 거친 모듈 또는 클래스 등을 모아서 하나의 큰 동작을 수행하는 데 문제가 없는지 확인하기 위한 테스트를 말합니다. 단위 테스트는 개별 단위가 잘 동작함을 보장해 주지만 이 단위들이 모여서 하나의 큰 기능(예를 들어 API와 같은)을 제공할 때 잘 동작함을 보장해 주기에는 분명 한계가 존재합니다. 이를 검증하여 잘 동작함을 확인하는 것이 바로 통합 테스트입니다.

통합 테스트는 단위 테스트와 다르게 네트워크나 데이터베이스 같이 외부 리소스를 테스트 더블을 이용하여 독립적으로 테스트하기도 하지만 테스트 더블을 사용하지 않고 환경을 구축하여 함께 테스트하기도 합니다. 이를 위해서 시스템 전체에 필요한 환경을 준비하고 테스트할 수 있도록 구성하는 작업을 필요로 합니다. 그렇기 때문에 통합 테스트는 단위 테스트에 비해서 테스트 실행 비용이 보다 높으며 실행 시간도 길다는 단점이 있습니다.

통합 테스트는 단위 테스트가 되어 있는 각 모듈 또는 클래스 등을 통합하는 부분에 대한 테스트를 수행하기 때문에 단위 테스트와 같이 복잡하고 세세한 테스트 케이스를 가지지는 않습니다. 즉, 단위 테스트에서 테스트한 내용을 통합 테스트에서 중복해서 검증하려고 하지는 않아도 되기에 단위 테스트가 수행하는 로직에 대해서는 Happy Path Testing[45]을 수행하도록 하고 통합하는 코드에 대한 검증에 좀 더 집중하여 작성하도록 하면 좋습니다.

---

44 https://en.wikipedia.org/wiki/Integration_testing

45 https://en.wikipedia.org/wiki/Happy_path

테스트 코드를 작성할 때 통합 테스트는 운영코드를 커버하는 범위가 크고 테스트 코드 작성이 다소 복잡할 수 있습니다. 그래서 일반적으로 단위 테스트보다 통합 테스트 코드를 작성하는 것이 어렵다고 이야기합니다. 그래서 통합 테스트를 하는 접근 방식에는 여러 전략이 있습니다.

2.2.1. 빅뱅

빅뱅 테스트 방법은 운영코드를 먼저 모두 작성한 다음 통합 테스트 코드를 작성하는 것입니다. 이는 테스트의 복잡성을 감안했을 때 시간을 절약하는 데 아주 효과적일 수 있는 방법입니다. 하지만 운영코드를 작성하고 테스트 코드를 작성하는 것이기 때문에 운영코드에 작성된 논리를 테스트 코드로 작성하는 것을 누락하거나 테스트 주도 개발에서 말하는 테스트를 먼저 작성함으로써 기대할 수 있는 장점을 가져가기에는 힘들 수 있다는 단점이 있습니다.

2.2.2. 상향식

상향식 테스트는 가장 낮은 수준의 구성요소를 조합하면서 테스트해 나가는 방식을 말합니다. 계층 구조의 가장 상위에 있는 구성요소가 테스트될 때까지 이 프로세스는 반복됩니다. 이 방법은 각 모듈 또는 클래스가 준비되어 있는 경우에 유용할 수 있습니다. 그리고 짧은 주기의 테스트 생명주기를 가지기에 빠른 피드백과 함께 테스트 주도 개발 방법을 도입하여 사용하기에도 용이합니다. 다만 각 모듈을 조합해 나가면서 중복되는 테스트 케이스가 발생할 여지가 높은 단점이 있습니다.

2.2.3. 하향식

상향식과는 반대로 계층 구조의 가장 상위에 있는 구성요소부터 테스트를 시작하여 가장 낮은 수준의 구성요소를 조합해 나갈때까지 테스트 프로세스를 이어나가는 방식을 말합니다. 이 방법은 각 모듈이나 클래스가 준비되어 있지 않은 경우에 구성요소를 하나씩 만들어가면서 통합하며 테스트를 수행합니다. 가장 상위 계층의 테스트는 가장 낮은 수준의 구성요소가 만들어져서 통합될 때까지 테스트를 성공할 수 없기 때문에 테스트의 생명주기가 다소 길다는 단점이 있습니다. 하지만 가장 상위에 있는 구성요소에서 필요한 기능만 구현하기에 용이하기 때문에 불필요한 코드를 작성할 가능성을 상당히 낮출 수 있으며 각 요소의 통합을 가장 상위에서부터 시작하기 때문에 보다 유연한 설계를 할 수 있다는 게 장점입니다.

2.3. 기능 테스트[46]

기능 테스트(Functional Testing)는 애플리케이션의 완전한 기능을 테스트하는 것을 말합니다. 기능에 대한 입력과 출력만으로 검증하기 때문에 프로그램의 구조를 거의 고려하지 않는 블랙박스 테스트(Black-Box Testing)[47]입니다. 개발자가 직접 테스트하는 것이 아닌 QA나 프로젝트 참여자 중 다른 구성원이 테스트할 때 도입하는 경우가 많습니다. 그렇기 때문에 테스트에서 개발자 편향(또는 확인 편향)을 감소시킬 수 있다는 장점이 있습니다.

기능 테스트는 애플리케이션에서 제공하는 공개된 기능을 통해서만 테스트합니다. 애플리케이션이 제공하는 기능이 운영환경과 같거나 아주 유사한 환경에서 실제 사용자가 사용하는 기능이 예상한 바와 같이 동작하는지를 검증하는 목적이기 때문에 내부의 어떤 모듈이나 클래스, 데이터에 대한 것은 전혀 고려하지 않고 테스트됩니다. 즉, 단위 테스트와 같이 세세한 기능에 대한 테스트를 수행하지는 않습니다.

기능 테스트는 단위 테스트에 비해, 그리고 단위 테스트보다 더 느린 통합 테스트에 비해 테스트 수행 속도가 느립니다. 그리고 배포된 환경까지도 유사하게 맞추기 때문에 훨씬 더 복잡한 테스트 설정이 필요합니다. 그래서 테스트

---

46 https://en.wikipedia.org/wiki/Functional_testing

47 https://en.wikipedia.org/wiki/Black-box_testing

코드 작성 시 유지 보수가 어렵고 비용이 크기 때문에 너무 세분화된 테스트로 인해 쉽게 깨져버리는 테스트 코드 작성을 하지 않도록 유의해야 합니다.

3. 테스트 조건

테스트 코드를 작성하는 이유는 무엇일까요? 테스트 주도 개발에서 말하는 테스트 코드의 작성은 운영코드를 설계하는 부분도 포함하고 있겠지만 결국 여러분이 작성한 코드가 문제가 없다는 것을 보장받을 수 있으므로 누릴 수 있는 안정적이고 유지보수가 쉬운 코드의 작성일 것입니다. 다만 이 좋은 테스트 코드도 적절하고 효과적인 방법으로 작성해야 버그가 없고 유지보수가 쉬운 여러분의 제품이 빠르게 제공될 수 있습니다.

앞서 여러 가지 테스트 유형을 알아봤습니다. 가장 이상적인 테스트 유형이 있다면 그 테스트 방식으로 집중할 수 있어 좋지만 아쉽게도 각 테스트 유형마다 장점과 단점이 분명하게 존재합니다. 그렇다면 여러분은 어떻게 테스트 전략을 가져감으로써 좀 더 효과적으로 안정적이고 유지보수가 쉬운 코드를 작성할 수 있도록 도와주는 테스트 코드를 작성해 나갈 수 있을까요? 좋은 테스트의 조건을 보면서 하나하나 짚어보겠습니다.

3.1. 실행 속도가 빨라야 한다

좋은 테스트의 중요 조건 중 하나가 바로 테스트의 실행 속도가 빨라야 한다는 것입니다. 만약, 여러분이 작성한 테스트 코드의 실행 속도가 느리면 어떨까요? 테스트 코드를 실행하는 것이 꺼려질 것이고 이는 곧 테스트의 수행 주기가 길어지면서 빠른 피드백을 받지 못해 버그를 발견하는 시기가 늦어짐을 말합니다.

기능 테스트에 비해 통합 테스트가, 통합 테스트에 비해 단위 테스트가 테스트의 수행시간이 더 빠릅니다. 테스트 수행시간을 빠르게 유지하면서 기민하게 코드를 안정적으로 작성하고 싶다면 단위 테스트를 선택하는 것이 좋을 것입니다.

3.2. 내부 구현을 노출하지 않아야 한다

여러분이 코드를 작성하다가 더 나은 설계를 발견하여 특정 기능의 내부 구조를 모두 변경했다고 가정하겠습니다. 만약, 테스트 코드가 이 내부 구조를 알고 그 내부 구조에 의존하여 작성되어 있다면 운영코드의 설계 변경이 테스트 코드의 변경까지도 유발합니다. 단일 모듈 또는 클래스인 경우에는 그나마 변경 범위가 작을 수 있지만 여러 개의 요소가 구성되어 있는 기능의 내부 구조를 변경하는 경우에 얼마나 많은 테스트 코드를 변경해야 할지 상상해 보기 바랍니다. 아마 더 좋은 설계가 있지만, 변경으로 인해 여러분이 제공하는 기능에 변경이 없음을 알려주는 테스트 코드가 있음에도 리팩터링을 망설이는 상황이 생길 수 있습니다.

테스트를 이야기할 때 화이트박스 테스트(White-Box Testing)보다 블랙박스 테스트(Black-Box Testing)가 더 좋다고 이야기하는 부분이 바로 여기에 있습니다. 테스트 코드가 내부 구현을 알지 못하고 기능이 제공하는 입력과 출력에만 의존한다면 내부 구조가 아무리 변경되어도 기능에 변경이 없다면 테스트가 깨지지 않을 것입니다. 이는 적극적인 리팩터링을 촉진할뿐만 아니라 코드 변경에 테스트가 민감하게 반응하여 자주 실패하는 경험을 주지 않기에 테스트 코드에 좀 더 높은 신뢰감을 가진다는 장점도 있습니다.

단위 테스트와 통합 테스트는 개발자가 작성하고 내부 구현을 노출하는 경우가 많습니다. 리팩터링의 경우 디자인의 변경으로 인해 각 모듈이나 클래스의 위치나 제공되는 기능이 변경될 수 있을 텐데, 테스트 코드가 이를 의존하고 있기 때문에 테스트 코드의 변경이 불가피합니다. 하지만 기능 테스트의 경우 애플리케이션이 제공하는 가장 바깥에 위치한 기능에 대한 입력과 출력에만 의존하기 때문에 리팩터링으로 인한 모듈이나 클래스의 위치 또는 기능의 변경에 영향을 받지 않습니다.

3.3. 안정적이어야 한다

만약, 코드의 변경이 없었는데 실행할 때마다 테스트가 성공했다가 실패했다가 하거나 혹은 배포 환경마다 테스트의 실행결과가 달라진다면 어떨까요? 아마 여러분은 테스트 코드를 신뢰할 수 없을 것입니다. 테스트 코드를 신뢰하지 않게 되면 여러분은 해당 테스트를 무시하도록 처리하거나 제거해버릴 수도 있습니다.

외부에 대한 의존도가 높은 테스트일수록 여러분이 작성한 코드는 기능에 변경이 없음에도 불구하고 테스트가 실패할 가능성이 높습니다. 그래서 외부 환경에 대한 의존도를 최소화하거나 민감하게 반응하지 않도록 코드를 작성하는 것이 좋습니다.

단위 테스트는 외부 리소스에 의존하지 않고 독립적인 테스트 코드를 작성합니다. 그래서 위와 같이 외부 리소스나 환경에 의해 테스트가 의도치 않게 실패하는 경우를 경험하기 어렵습니다. 반면 통합 테스트와 기능 테스트는 외부 리소스나 환경에 의존적일 수 있습니다. 그래서 테스트 코드 작성 시 테스트가 의도치 않게 실패하지 않도록 주의가 필요합니다.

3.4. 기능 변경 시 테스트가 실패해야 한다

기능을 변경하면 테스트는 실패해야 합니다. 어떻게 보면 당연한 말처럼 느껴질 수 있습니다. 하지만 작성한 테스트의 커버리지가 낮다면 운영코드를 변경하여 기능을 변경해도 테스트는 실패하지 않을 수 있습니다. 테스트 주도 개발에서 말하는 생명주기에서 실패하는 테스트를 먼저 확인하는 이유가 여기에 있다고 볼 수 있습니다. 테스트가 실패하는 경우를 먼저 작성해서 기능이 가진 분기를 표현하고 성공하도록 코드를 수정하면서 여러분은 개발자가 생각해낼 수 있는 해당 기능이 가진 모든 기능을 테스트 케이스로 표현할 수 있습니다. 만약, 운영하는 코드를 먼저 작성하고 테스트 코드를 작성한다면 개발자의 확증 편향으로 인해 누락하는 테스트 케이스가 있을 가능성이 높아집니다.

단위 테스트는 해당 모듈 또는 클래스가 가진 기능에 대해 아주 자세하고 구체적인 테스트 케이스를 작성합니다. 이는 빠르고 쉬운 테스트 코드를 작성할 수 있기 때문입니다. 반면 통합 테스트나 기능 테스트는 테스트 작성에 대한 비용이 크고 느리기 때문에 단위 테스트만큼 세세한 테스트를 작성하지 않습니다. 그렇기 때문에 테스트 커버리지가 단위 테스트에 비해 낮은 상태로 작성되는 경우가 많습니다.

3.5. 테스트 코드의 유지보수가 쉬워야 한다

테스트 코드도 제품을 구성하는 코드 중 하나입니다. 그래서 운영코드와 마찬가지로 가독성있게 작성하고 주기적인 리팩터링을 통해 끊임없이 개선하려는 노력을 이어가야 합니다. 대표적인 사례로 만약, 여러분이 테스트 코드를 작성해야 할 때 테스트를 위한 사전 준비 코드가 상당히 많을 것입니다. 이 코드들을 매 테스트 케이스다마 중복해서 생성하게 되면 기능의 변경으로 인해 테스트 코드가 변경되어야 한다면 테스트를 위한 준비 코드가 바뀌게 될 것이고 중복된 코드들을 바꾸느라 많은 시간을 허비하거나 간혹 변경을 누락해서 버그를 발생시키는 상황이 생길 수 있습니다. 이런 경우 사전 데이터 혹은 환경을 공통적으로 생성해 주는 fixture[48]를 활용하면 중복되는 코드를 상당히

---

[48] https://en.wikipedia.org/wiki/Test_fixture

줄일 수 있습니다.

위의 사례와 같이 테스트 코드도 계속해서 리팩터링을 하면서 개선하는 작업을 해서 유지보수가 쉬운 테스트를 위해 노력해야 합니다.

단위 테스트는 테스트를 위한 사전 데이터가 적고 외부에 의존적이지 않기 때문에 많은 코드를 작성하지 않고도 테스트 코드를 쉽게 작성할 수 있습니다. 하지만 통합 테스트와 기능 테스트는 여러 개의 요소를 통합하고 외부 리소스나 환경에 의존하기 때문에 사전 준비 코드나 데이터 생성하는 코드 등 많은 코드를 필요로 하고 테스트를 위한 검증도 어렵다는 단점이 있습니다.

4. 테스트 전략

앞서 살펴본 좋은 테스트를 위해서 여러분은 여러분의 팀에 맞는 테스트 전략을 선택해야 합니다. 모든 것을 만족시킬 수 있는 테스트 방법은 없습니다. 결국 팀원들의 테스트 코드 작성 수준에 맞는 테스트 유형을 선택해야 합니다. 하지만 반드시 하나의 테스트 유형만 사용할 필요는 없습니다. 적절한 곳에 필요한 테스트 유형을 적용해서 유형마다 가진 장점과 단점을 서로 보완할 수 있는 전략을 가져가면 좋습니다. 사례에서 소개한 전략을 예로 들어 보겠습니다.

도메인 계층에 있는 코드들은 대부분 중요한 비즈니스 로직을 담고 있고 외부에 의존성이 가장 적은 코드로 구성되어 있습니다. 그래서 테스트 케이스를 하나씩 작성해가면서 비즈니스 논리를 구현하고 외부 의존적이지 않은 코드들을 작성하며 빠르게 테스트를 수행할 수 있는 단위 테스트가 적합할 수 있습니다.

응용 계층은 비즈니스 로직을 담은 도메인 코드들을 조합하고 외부 리소스나 네트워크에 의존적인 코드들로 구성되어 있습니다. 그래서 각 모듈이나 클래스들의 조합을 테스트하고 외부 리소스나 네트워크를 구성하여 테스트할 수 있는 통합 테스트나 기능 테스트가 적합할 수 있습니다.

이와 같이 적절하게 테스트 유형을 섞어서 테스트 코드를 작성해 가다보면 언어전환 프로젝트를 수행하는 동안 좀 더 안정적이고 좀 더 빠르게 코드를 작성해 나갈 수 있을 것입니다.

Section 04
그 외 실천항목

[과정] 묻고 더블로 가!

사례

개발자 K는 프로젝트를 진행하면서 프로젝트 환경설정과 코드 기여 규칙 설정, 테스트 전략을 설정하는 것뿐만 아니라 준비과정에서 정해두었던 제약조건을 잘 실행하고 있는지 점검했습니다. 앞서 준비단계에서 API의 변경과 데이터베이스의 변경은 예상치 못한 수많은 부작용을 유발할 수 있기 때문에 프로젝트를 조금이라도 안정적이고 성공적으로 수행하기 위해 부작용을 최소화하기 위한 노력의 일환으로 "API의 스키마를 변경하지 않는다"와 "데이터베이스를 변경하지 않는다"를 제약조건으로 설정했습니다.

프로젝트를 진행하면서 이러한 제약조건이 잘 지켜지는지 혹은 부득이하게 이 제약조건을 지키지 못하는 상황이 생기지 않는지 점검하며 프로젝트를 진행했습니다. 그 실천방법으로 개발팀에서는 API나 데이터베이스의 변경이 없는지 Pull Request에서 코드 리뷰를 꼼꼼하게 확인했습니다. 추가적으로 사람이 코드 리뷰를 하다보니 혹시나 놓친 변경점이 있을 수 있으므로 Graphql Inspector[49]와 Flyway Migration 코드를 확인하여 변경사항에 대해 손쉽게 확인할 수 있는 방법도 도입하여 점검했습니다.

설정해 둔 작업 범위의 작업이 끝날 때마다 중간점검을 하는 것도 잊지 않았습니다. 개발자 K는 전환 작업을 시작하기 전에 나누어 둔 작업 범위에

---

49 https://www.graphql-inspector.com/

해당하는 기능에 대한 작업을 미리 만들어 두었습니다. 다만 세부적인 작업은 앞선 작업 범위가 끝나고 새로운 작업 범위를 시작할 때 생성하기로 하고 미루어 두었습니다. 그래서 작업 범위로 설정해둔 작업이 모두 완료되면 회고를 통해 지난 작업을 돌아보고 부족한 점이 있다면 앞으로 작업 시 더 나은 방향으로 작업하기 위한 실천항목을 수립했습니다. 그 회고 내용을 보면 아래와 같습니다.

문서

도메인 언어전환 회고

TL;DR

백엔드 언어전환 작업 중 계획했던 도메인 계층의 전환 작업을 마무리했습니다. 그래서 언어전환 작업을 돌아보고 좋았던 부분과 개선해야 할 부분을 모색하여 앞으로 더 나은 방법으로 개발을 이어가기 위한 방법에 대해 이야기합니다.

Performance

최초 계획 시 약 5주가 소요될 것으로 예상했습니다. 하지만 회고를 하는 이번 주에 작업이 마무리되었다고 가정했을 때 약 9주의 시간을 소요한 것을 볼 수 있습니다.

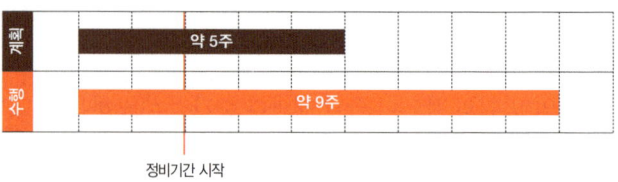

그림 3-9 최초 계획

어떤 이슈들에 의해 작업 시간이 지연되었을까요?

작업	이슈 내용	계획
운영이슈	신규 계정 추가 또는 변경 요청 대응	NO
면접	면접 담당자의 면접 참가	NO
스프린트 7 지연	스프린트 7에 대한 작업 지연	NO
메시지 서비스 이관	메시지 서비스 이관에 따른 인프라 및 코드 작업	YES
공휴일 및 휴가	공휴일 및 휴가	YES
연말 행사	계획되지 않은 연말행사	NO

표 3-1 작업별 이슈 내용 및 계획 여부

Cycle Time

작업당 평균 시간을 보면 2일 정도가 소요된 것을 볼 수 있습니다. 리뷰하는 시간을 포함한 것이긴 하지만 하나의 작업이 완료되기까지 소요되는 시간을 좀 더 줄일 필요는 있어 보입니다.

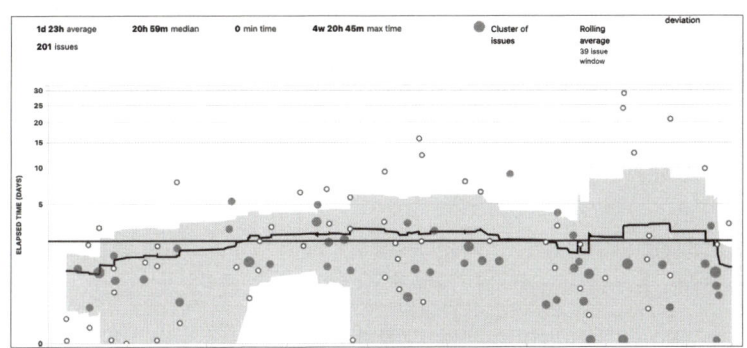

그림 3-10 관리 차트

그리고 작업의 소요시간이 긴 것과 짧은 것의 편차가 큰 것도 줄일 필요가 있어 보이는데, 작업 시간에 대한 편차가 크다는 것은 작업의 크기가 균일하고 작게 만들어지지 못했다는 것을 말해줍니다. 그래서 앞으로 작업을 생성할 때 크기를 더 작게 만들어야 할 것으로 보입니다.

Cycle Time이 짧았던 작업	Cycle Time이 길었던 작업
• 설정 관련 작업 • Entity 초기 생성 • 단 건 조회 기능 • By Pass로 저장하거나 조회하는 기능	• 프로젝트 초기 설정 • 검색엔진 연동 • 마지막 스프린트와 병행해서 작업했던 작업 • 작업 담당자가 바뀐 작업

표 3-2 Cycle Time별 작업 목록

회고

지난 9주간 도메인 작업을 진행하면서 변경하고 싶거나 지속하고 싶은 것 그리고 시도해 보고 싶은 것에 대해 이야기해 봅니다.

이를 통해 우리가 다음 작업 시 작업 방법에 대한 개선사항을 적용해 볼 수 있습니다.

Change	Keep	Try
작업에 집중하느라 리뷰에 신경을 많이 못 썼습니다.	모호한 것에 대한 빠른 논의와 결정은 앞으로 이어졌으면 좋겠습니다.	작업의 크기를 균일하게 만들기 위한 노력을 더 하면 좋겠습니다.
막히는 부분이 있을 때 시간을 정하고 고민하지 않고 너무 긴 시간동안 고민하느라 지체한 작업이 다소 있었습니다.	작은 단위로 작업하는 것은 좋았습니다.	BDD로 테스트하기 위한 공부를 하면 좋겠습니다.
작업의 상태 관리가 미흡했습니다.	더 좋은 코드를 위해 고민하는 부분은 좋았습니다.	APM 적용을 위한 준비를 하고 싶습니다.
Pull Request의 본문 내용이 좀 더 풍부했으면 좋겠습니다.	도메인 코드를 옮기며 코드를 개선하는 부분과 불필요한 코드를 제거한 것은 잘한 선택이라 생각됩니다.	원격 회의 시 채팅보다 마이크를 활용하면 좀 더 유의미한 회의가 될 것 같습니다.

표 3-3 회고 내용

Action Items

- 작업 시작을 할 때 '진행' 상태로 변경하기
- 작업 크기를 세분화하여 Pull Request의 크기 줄이기

개발팀은 프로젝트 시작 전에 Jira의 태스크로 언어전환에 필요한 작업을 미리 생성해 두고 프로젝트를 수행하고 있습니다. 그래서 개발자 K는 개발자들이 어떤 작업을 할지 각자의 역량에 맞게 분배해 주었고 각자 작업의 진척률을 따로 물어보지 않고도 대시보드와 보고서를 통해 확인할 수 있었습니다. 다만 이슈가 생기거나 고민거리가 있으면 이야기를 나누면서 프로젝트 진행 시 발생하는 문제를 되도록 공론화하고 빠르게 대응하기 위해 일일 스탠드 업 회의와 정기 회의를 주최하기로 했습니다.

개발자들은 일일 스탠드 업 회의에서 당일에 작업하는 항목을 공유하면서 전날에 고민했던 것이나 이슈를 공유했습니다. 그리고 주마다 열리는 정기 회의에서는 팀 전체가 다루었으면 하는 이슈나 동기화하면 좋을 만한 기술이나 정책에 대한 이야기를 주로 다루었습니다. 또한 현재 프로젝트가 어떻게 진행되고 순항하고 있는지를 함께 공유하면서 프로젝트 진행에 자신감을 가지도록 했습니다.

아래는 백엔드에서 주마다 열리는 주간회의 문서입니다.

문서

백엔드 주간회의

지난주 Action Item

- 메시지 모듈 이관
- 작업자: 개발자 K
- 작업 상태: 작업완료
- QA 입고 일정: 2022년 1월 20일

진행현황

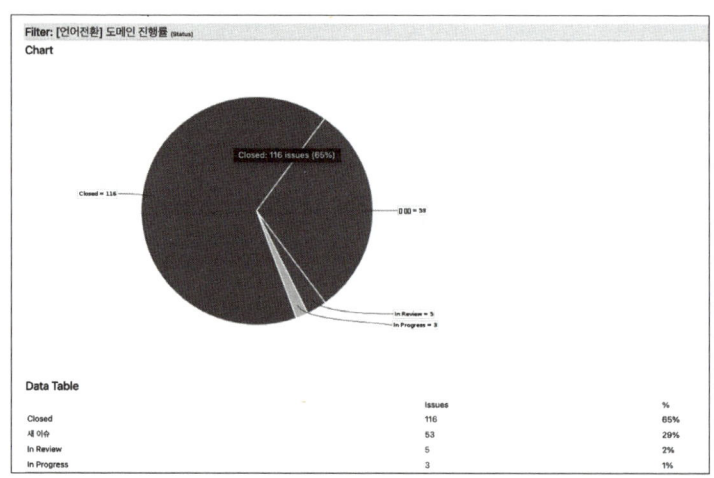

그림 3-11 진행 현황

작업일정

- 개발자 K

KEY	작업명	상태	예상 일정
TASK-45	주문 서비스에 단일 조회 함수 구현	완료	2022-01-20
TASK-47	주문 Entity에 주문 마감 함수 구현	진행 중	2022-01-21
TASK-51	주문 Repository에 마감된 주문 조회 함수 구현	준비	2022-01-21

표 3-4 개발자 K 작업일정

- 개발자 A

KEY	작업명	상태	예상일정
TASK-81	품목 서비스에 목록 조회 함수 구현	진행 중	2022-01-20
TASK-84	품목 Entity에 수정 함수 구현	진행 중	2022-01-20
TASK-85	품목 서비스에 삭제 함수 구현	준비	2022-01-22

표 3-5 개발자 A 작업일정

- 개발자 B

KEY	작업명	상태	예상일정
TASK-90	사용자 Repository에 단일 조회 함수 구현	준비	2022-01-21
TASK-92	사용자 Entity 정의	준비	2022-01-21
TASK-94	사용자 서비스에 사용자 생성 함수 구현	준비	2022-01-21

표 3-6 개발자 B 작업일정

이슈 & 방해요소

- 면접
  - 일정: 2022-01-24 15시
  - 참가자: 개발자 K, 개발자 A
- 메시지 모듈 이관 QA
  - 입고일: 2022-01-20
  - QA 이슈 발생 시 대응 필요
- 품목 동기화 이슈
  - 품목 데이터가 데이터베이스와 검색엔진 사이에서 일치하지 않음

- DB: 757558
- ES: 755310

- **API 지연 응답으로 인한 장애**
- 장애일시: 2022-01-19
- 최근 사용자 요청이 많아짐에 따라 최근 거래내역을 조회하는 기능에서 부하가 발생하여 장애가 발생

Action Item
- 품목 데이터 불일치 이슈 해결
- 최근 거래내역 조회 기능 개선

도메인 계층 작업이 끝난 후 응용 계층 작업이 진행됨에 따라 API가 하나 둘씩 만들어지기 시작했습니다. 도메인 계층 작업 시에는 로컬환경에서 테스트 코드만 실행하거나 CI에서 코드를 병합하기 전에 테스트 코드를 실행하는 정도로만 인프라를 설정해두면 되었습니다. 하지만 이제 API들이 만들어지면서 개발된 API가 정상적으로 동작하는지 개발서버에서 확인할 필요가 생겼습니다. 그래서 개발서버 배포를 위한 인프라 설정을 진행하게 되었습니다. QA까지는 아직 시간이 좀 더 남아 있기 때문에 QA서버 배포를 위한 인프라 준비는 추후에 진행하기로 했습니다.

여기서는 앞서 프로젝트 환경설정과 코드 기여 규칙 설정, 테스팅 전략 외에 언어전환 프로젝트를 진행하면서 염두해 두면 좋을 실천항목을 소개합니다.

1. 제약조건 실천하기

앞서 언어전환 프로젝트를 준비하는 과정을 이야기할 때 데이터베이스 변경, API 변경, 인프라 변경 등 변경 시 영향 범위를 파악하기 힘든 경우 프로젝트 전에 제약조건을 설정하여 프로젝트를 성공적으로 완료할 수 있는 확률을 좀 더 높이기 위해 노력해야 한다고 했습니다.

개발자들은 프로젝트를 진행하면서 레거시 환경에서 개발되었던 코드들을 되도록이면 더 좋은 코드와 구조로 변경하고 싶어 합니다. 이러한 시도를 이어가다 보면 데이터베이스의 변경을 유발할 수도, 또는 API의 변경을 유발할 수도, 혹은 인프라 변경을 유발할 수도 있습니다. 그래서 여러분은 프로젝트를 진행하면서 이러한 제약조건이 잘 지켜지는지 혹은 어쩔 수 없는 변경이 필요한 경우 어떻게 대처해야 할지를 항상 준비해야 합니다. 아래에서 언어전환 프로젝트를 진행할 때 대표적으로 설정해 놓으면 좋을 제약조건을 소개하겠습니다.

1.1. 데이터베이스 변경

No-SQL이 대두되고 있지만 여전히 가장 많이 사용하는 RDBMS를 예를 들어 보겠습니다. 관계형 데이터베이스는 스키마를 가지고 있습니다. 이 정해진 스키마를 기반으로 데이터가 저장됩니다. 저장되는 데이터는 필요한 경우가 아니라면 코드로 남기지는 않지만 스키마의 경우 코드로 남겨두고 버전 관리를 통해 데이터 구조의 변경을 추적하거나 해당 상태로 돌리거나 할 수 있습니다. 이런 것을 도와주는 것이 flyway, alembic 등과 같은 마이그레이션 도구입니다.

언어전환 시 여러분은 기존의 마이그레이션 도구를 변경할 지 그대로 사용할 지 결정합니다. 만약, 그대로 사용한다면 버전이나 코드들은 그대로 사용하면 될 것입니다. 하지만 마이그레이션 도구를 변경한다면 기존에 설정해두었던 버전이나 코드들을 사용하지 못할 수도 있습니다. 그렇다면 현재 데이터베이스의 스키마에 맞게 마이그레이션 코드를 작성하고 새로운 버전을 적을 수 있습니다.

프로젝트를 진행하면서 데이터베이스의 스키마가 변경되지 않았다는 것을 어떻게 확인하고 관리할 수 있을까요? 여러분이 프로젝트 관리자라면 프로젝트가 진행되면서 마이그레이션 도구를 통해 초기에 설정해두었던 버전 혹은 프로젝트가 시작하기 전 마지막 버전에서 새로운 버전이 추가되지 않았는지 Pull Request에서 혹은 병합된 코드에서 주기적으로 확인할 수 있을 것입니다. 이 활동이 의미가 있으려면 개발자들이 임의로 데이터베이스 서버에 접속해서 명령어를 통해 직접 데이터베이스의 변경을 하지 않아야 한다는 조건이 있어야 합니다.

1.2. API 변경

API 변경은 데이터베이스 변경에 비해 좀 더 자유로울 수 있습니다. 외부에 제공하는 경우가 아니라면 내부에서 사용여부 조사를 통해서 API의 사용여부를 확인할 수 있기 때문에 사용하지 않는 것이 확인된다면 제거할 수 있을 것입니다. 그럼에도 API의 변경은 그 영향 범위를 파악하기 힘들며 예상치 못한 부작용을 유발할 수 있기 때문에 되도록 API의 변경은 하지 않는다는 제약조건을 설정하고 꼭 필요한 경우나 사용하지 않는 것을 확인했을 때 변경하는 것이 좋습니다.

API의 변경여부를 확인하는 방법은 API 종류에 따라 다를 수 있습니다. REST API의 경우 Router 코드를 통해 기존에 작성된 API 규격과 맞는지 확인할 수 있을 것이고 Graphql의 경우 schema를 통해, gRPC의 경우 protocol buffer를 통해 규격이 맞는지 확인할 수 있습니다.

더 나아가 Graphql과 gRPC의 경우 graphql-inspector[50]와 buf[51]와 같은 도구를 통해 기존 API와 현재 API의 변경점이 있는지도 손쉽게 파악할 수 있습니다.

1.3. 인프라 변경

여기서 말하는 언어전환 프로젝트는 대부분 서버의 언어를 변경하는 것에 대한 내용을 다룹니다. 모놀리식에서 MSA로의 전환과 같이 전체적인 아키텍처를 변경하는 것에 대한 이야기를 다루는 것이 아니기 때문에 단순히 언어를 전환한다는 전제로 이야기를 이어가겠습니다.

서버의 언어전환 프로젝트를 진행함에 있어 인프라를 변경해야 할 경우는 그렇게 많지는 않습니다. 하지만 프로젝트를 진행하다보면 기존의 아키텍처에 대한 아쉬움이 있을 수 있습니다. 그래서 아키텍처를 변경하다보니 부득이하게 인프라 리소스를 추가하거나 변경해야 하는 경우가 발생할 수 있습니다.

예를 들어 특정 시점에 알림 메시지가 발송되도록 하는 기능을 개선하고 싶다는 가정을 해보겠습니다. 기존에는 일괄처리(Batch Job)를 통해서 매 특정 시간마다 주기적으로 저장된 데이터를 읽어서 메시지를 발송하도록 구현되어 있던 기능을 데이터베이스의 부하를 줄이고 좀 더 정확한 시점에 메시지를 발송할 수 있도록 RabbitMQ[52]와 같은 메시지 브로커를 통해 알림 메시지를 발송하도록 개선하고자 합니다. 이와 같이 변경하고자 하는 경우 메시지 브로커 리소스를 새롭게 추가하고 기존에 있던 기능을 이에 맞춰 변경해야 합니다.

또 다른 예로 특정 메시지의 발송이력을 저장할 때 RDBMS에 저장하는 것보다 Document DB에 저장하는 것이 효율적일 것이라 생각해서 RDBMS에 저

---

50 https://www.graphql-inspector.com/
51 https://buf.build/
52 https://en.wikipedia.org/wiki/RabbitMQ

장하던 이력을 Document DB로 이관한다고 가정하겠습니다. 이와 같은 경우 기존 RDBMS의 테이블을 지울 필요는 굳이 없지만 Document DB 리소스가 새롭게 추가되어야 합니다.

위와 같은 사례의 경우 분명 기능을 개선하면 더 좋아질 수 있고 디자인이 확실하게 정해져서 개발에는 문제가 없겠지만 새로운 인프라 리소스를 추가하고 관리해야 한다는 점에서 그리고 혹시나 외부 리소스가 변경하려는 리소스에 의존하고 있는 경우 영향 범위를 파악하기 힘들다는 점에서 위험합니다.

이렇듯 인프라의 변경은 관리 리소스 증가와 영향범위를 파악하기 어렵다는 점에서 되도록 지양하고 언어전환 이후에 개선사항으로 수행하는 것이 좋습니다.

2. 중간 점검

앞서 언어전환 프로젝트를 준비할 때 전환전략을 수립했습니다. 작업의 순서를 결정하고 배포전략을 수립했으며 제약조건 설정, 언어전환의 목적을 확립, 작업 범위 결정, 작업 항목 목록화 등을 실천했을 것입니다. 이 전환 전략들을 따랐다면 여러분은 이미 작업의 범위를 정해서 각 단계별로 작업을 진행할 수 있는 작업 항목을 목록화했을 것입니다. 그래서 각 단계를 시작하기 전 협업 관리도구를 이용하여 각 작업을 미리 생성하고 진행하고 있을 것입니다. 여러분은 이렇게 설정한 작업 범위가 끝날 때마다 회고와 같이 지난 작업을 돌아보는 시간을 가지면서 작업에 대한 생산성이나 진척률, 그리고 이슈사항을 점검하고 프로젝트가 잘 진행되고 있는지 등을 점검할 수 있습니다.

그렇다면 어떤 것을 점검할 수 있을까요?

2.1. 작업 관리

예상가능한 범위까지 최대한 작업을 미리 생성해 두고 작업을 진행할 때마다 작업의 상태를 제때 동기화해주도록 노력해야 합니다. 작업의 상태가 제때 변경되어야 관리자는 현재 작업현황을 따로 작업자에게 물어보지 않고도 확인할 수 있으며 과도하게 오랜기간 '진행' 상태로 유지되고 있는 이슈들이 있는지 점검하여 이슈가 있는지, 병목구간이 발생했는지 등을 조기에 파악할 수 있습니다.

또한 이 작업 상태가 제때 변경된다면 협업 관리도구의 보고서 기능이 좀 더 정확하고 의미있는 결과물을 출력할 수 있습니다. 그래서 여러분이 좀 더 정확하고 의미있는 정보를 얻고자 한다면 프로젝트에 참여한 모든 인원이 작업을 생성하고 상태를 관리하는 데 좀 더 관심을 가지고 책임감있게 행동할 수 있도록 관리할 필요가 있습니다. 물론 프로젝트 관리자는 자동화 설정과 같이 작업 관리에 구성원의 리소스가 최대한 적게 들어갈 수 있도록 노력해야 하기도 합니다.

2.2. 회고

회고를 통한 중간점검은 여러분이 앞으로 남은 작업을 수행할 때 큰 도움이 될 수 있습니다. 회고는 과거를 돌아보며 작업 기간 동안 어떤 업무를 잘했는지 잘못했는시, 또는 어떤 새로운 것을 해볼 수 있는지 등을 이야기히면서 업무 프로세스 개선에 많은 도움이 됩니다. 그리고 회고 시 감정 해소보다는 업무 개선 위주로 이야기가 나오겠지만 자연스레 업무 수행 시 느꼈던 감정에 대한 이야기도 나오기에 그동안 쌓였던 감정적 응어리를 풀면서 프로젝트의 방해 요소를 간접적으로 해결할 수 있다는 장점도 가집니다.

다만 주의해야 할 점은 준비되지 않은 회고는 자칫 감정 공유만 이루어지고 정작 중요한 현재의 문제점 확인과 개선점을 찾아 앞으로의 업무 프로세스 개선에 대한 Action Plan이 도출되지 않을 수도 있습니다. 그래서 프로젝트 관리자는 설정한 작업 범위 내 작업들이 마무리되어 갈 즈음 지난 작업이 어떻게 진행되었고 어떤 이슈가 있었는지, 프로젝트 진행에 방해요소는 있었는지, 좋았던 부분이 있었는지 등을 정리하여 회고 시 좀 더 풍부한 문서를 기반으로 다양한 의견과 의미있는 Action Item들이 나올 수 있도록 준비를 철저하게 해야 좀 더 유익한 회고를 수행할 수 있습니다.

2.3. 이슈 파악

중간점검 시 프로젝트 진행 중에 발생했던 이슈를 정리할 필요가 있습니다. 프로젝트 진행 중 이슈가 발생하지 않는 것이 가장 좋지만 예상치 못한 이슈는 언제든지 발생할 수 있습니다. 그래서 이슈관리를 통해 발생한 이슈가 어떤 것들이 있는지 파악하고 제때 처리될 수 있도록 관리하는 것이 중요하다고 생각됩니다.

프로젝트 진행 중 발생하는 이슈는 아래와 같이 처리할 수 있는 수준에 따라 대응방법이 다를 것인데, 각각의 대응 방법은 다음과 같습니다.

2.3.1. 바로 처리 가능한 이슈

이슈가 발생했을 때 쉽게 해결하여 마무리할 수 있는 이슈입니다. 이슈가 발생한 이유와 처리방법을 잘 정리해 두고 앞으로 유사한 이슈가 발생할 때 레퍼런스로 활용될 수 있도록 하면 좋습니다. 레퍼런스를 잘 만들어 두어도 팀원들이 유사한 이슈가 생겼을 때 활용할 수 없다면 무용지물입니다. 그래서 모두가 해당 이슈가 있었다는 것을 알기 위해 중간점검 시 처리한 이슈를 공유하는 시간을 가지면 좋습니다.

2.3.2. 해결 가능하나 작업 범위가 큰 이슈

이슈에 대한 해결 방법은 쉽게 찾았으나 그 해결을 위한 작업의 공수가 큰 경우입니다. 여러분은 이슈의 경중에 따라 지금 바로 이슈를 처리할 지 필요한 시점에 처리할 지 결정할 수 있습니다. 중간점검 시에도 이 결정에 따라서 처리를 했다면 재발 방지에 대한 내용을 다루게 될 것이고 추후 처리하기로 했다면 어느 시점에 처리할 지에 대한 논의를 하게 될 것입니다.

만약, 작업의 범위가 너무 크다면 작업의 크기를 나누어서 쉽고 빠르게 처리할 수 있는 작업을 먼저 처리하고 어려운 작업은 마지막에 처리하도록 하는 전략을 가져가는 것도 좋은 방법입니다.

2.3.3. 지금 당장 해결 방법은 없지만 치명적이지 않은 이슈

프로젝트 진행을 멈춰야 할 만큼 치명적이지 않지만 당장 해결할 방법이 마땅치 않은 이슈라면 백로그로 두고 추후에 해결에 대한 자세한 논의를 할 수 있습니다. 그래서 중간점검 시에도 이슈에 대한 공유 및 이력관리만 하고 당장 다루지는 않고 더 중요한 업무에 집중할 수 있도록 합니다.

이슈에 대한 내용은 백로그에 두고 좋은 아이디어나 해결 방법을 찾은 담당자가 언제든 작업을 수행할 수 있고 이력을 기록할 수 있도록 해두면 좋습니다.

2.3.4. 지금 당장 해결해야 할 치명적인 이슈

프로젝트를 진행하면서 반드시 해결해야 할 치명적인 이슈라면 아마 이슈가 제기되었을 때 처리하기 위한 논의를 진행했을 것입니다. 만약, 당시에 결론을 내리지 못해 중간점검 때까지 가지고 왔다면 이를 주요 내용으로 다루면서 다음 작업을 수행하기 전에 해결하기 위한 논의를 집중적으로 해야 합니다.

2.4. 프로젝트 진척도

사실 중간점검을 하는 중요한 이유 중 하나가 프로젝트가 잘 진행되고 있는지, 중간에 점검함으로써 프로젝트 완수 일정에 문제가 없는지 조기에 파악하기 위한 것도 있습니다. 만약, 프로젝트를 진행하면서 중간에 진척도를 체크하지 않는다면 프로젝트 완수 일정에 차질이 있을 때 프로젝트가 끝나가는 시점이 다 되어서야 프로젝트 일정에 이슈가 있음을 파악하고 대응할 수 있습니다. 하지만 일정 말미에 이슈가 있음을 인지하고 대응한다고 하더라도 여러분의 선택지는 많지 않을 가능성이 높습니다. 이미 일정은 일정대로 소비해 버렸기 때문에 과감히 무언가를 포기하거나 일정을 늘리는 선택지가 대부분일 것입니다. 하지만 프로젝트를 진행하면서 정작 중요하지 않은 기능이 먼저 개발이 되었고 남아있는 앞으로 구현해야 할 기능이 중요한 기능이라면 그 선택지는 더욱 좁아지게 될 것입니다.

반면 중간점검을 통해 프로젝트의 진척도를 수시로 체크하면 프로젝트 관리자는 그때마다 최선의 선택을 할 수 있게 될 것입니다. 마지막에 어쩔 수 없는 선택을 하는 것보다 더 나은 선택지는 많을 것이고 이를 통해서 여러분은 프로젝트를 잘 마무리할 수 있도록 지속적으로 관리할 수 있을 것입니다.

3. 작업 공유

프로젝트를 진행하면서 프로젝트 관리자는 지속적으로 작업의 상황을 공유받고 계획한 대로 프로젝트가 진행되고 있는지 문제가 없는지를 점검하여 발생한 이슈가 있다면 신속하게 해결하고 좀 더 생산성있게 프로젝트를 진행할 수 있도록 하여 프로젝트를 성공적으로 마무리지을 수 있도록 할 것입니다. 이를 위해서는 관리자가 작업을 쉽게 파악할 수 있는 환경이 필요한데, 실무자들이 좀 더 손쉽고 원활하게 작업을 공유할 수 있는 환경을 관리자가 어떻게 구성할 수 있는지 자세히 알아보겠습니다.

3.1. 협업 관리도구 활용

프로젝트를 진행하면서 각 개발자들이 작업하는 내용을 효율적으로 공유하는 방법은 무엇일까요? 작업자들이 하나하나 직접 공유하지 않고도 손쉽게 관리자가 작업 현황을 파악하는 것이 가장 이상적일 것입니다. 그래서 여러분은 협업 관리도구를 적극적으로 활용하고 개발자들이 협업 관리도구 사용의 필요성을 몸소 느낄 수 있도록 계속해서 노력할 필요가 있습니다.

프로젝트 관리자들은 협업 관리도구를 통해 현재 프로젝트가 어떻게 진행되고 있고 작업자들이 어떤 작업을 할 수 있는지 손쉽게 파악할 수 있기 때문에 협업 관리도구의 필요성을 누구보다 잘 느낄 수 있습니다. 하지만 실무자들 입장에서는 이 협업 관리도구의 필요성을 잘 느끼지 못할 수 있습니다. 비즈니스 요구사항에 맞춰 코드를 작성하고 테스트하고 통합하기도 바쁜데 작업을 시작하기 전 협업 관리도구의 이슈를 등록하고 작업할 내용을 기입하며 상태를 관리해야 하는 작업들이 번거롭게만 느껴지고 자신들에게 도움이 되지 않는다고 생각할 수 있기 때문입니다.

사실 협업 관리도구는 프로젝트 관리자가 더 큰 장점을 느낄 수 있는 요소가 많이 있는 건 맞습니다. 하지만 실무자들도 자신이 해야 할 작업 목록을 관리하고 한꺼번에 너무 많은 업무를 수행하지 않도록 조절해주며 자신이 어떤 작업을 했는지 이력을 관리하고 과거 작업 내용을 손쉽게 추적해서 현재 발생한 이슈를 해결하기 위한 도움을 받는 등 많은 장점을 누릴 수 있습니다.

그래서 실제 작업자들이 협업 관리도구의 장점을 잘 느낄 수 있도록 지속적으로 활용 사례를 소개하고 사용방법을 교육할 필요가 있습니다. 그리고 작업자들이 반복적이고 사람이 직접하지 않아도 될 작업들은 최대한 자동화함으로써 작업의 관리를 최대한 효율적으로 할 수 있도록 관련 설정을 잘 해두는 것도 필요합니다.

3.2. 스탠드 업 회의

애자일 방법론이 널리 퍼지면서 스탠드 업 회의를 도입하는 회사가 많아졌습니다. 꼭 스크럼 방식으로 업무를 진행하지 않더라도 언어전환 프로젝트를 진행하는 동안 스탠드 업 회의를 통해 작업에 대한 이슈를 공유하거나 오늘 할일을 공유하는 등 자신의 작업을 매일 짧게 공유할 수 있습니다. 15분 내외의 짧은 시간의 스탠드 업 회의를 통해 불필요한 회의시간을 줄이고 프로젝트의 진행상황을 효과적으로 점검할 수 있습니다. 앞서 말했다시피 프로젝트 진행 중 발생하는 이슈는 빠르게 발견하면 할수록 좋습니다. 하루에 한 번씩 열리는 스탠드 업 회의를 이러한 이슈사항을 손쉽게 공유할 수 있는 좋은 자리가 될 수 있습니다.

3.3. 정기 회의

매주 또는 매달 열리는 정기 회의는 팀이 처한 상황이나 구성원의 합의에 의해 수행될 수 있습니다. 프로젝트 준비과정에서 작업의 범위를 설정하여 프로젝트를 작은 단위로 나누어서 진행하고 있지만 그럼에도 작업을 더 효율적으로 관리하고 싶다면 스크럼의 스프린트 방식[53]과 유사하게 매주마다 주간회의를 열어서 일주일동안 작업할 것을 나열하고 목표 작업을 설정하여 목표를 달성하기 위해 짧은 주기로 반복해서 수행하는 방식도 좋은 예입니다.

이 장에서는 프로젝트를 진행하는 동안 여러분과 동료들이 실천하면 좋을만한 여러 실천항목을 알아봤습니다. 사실 프로젝트를 진행함에 있어 회사마다 팀마다 프로젝트 진행방식 및 개발방법이 다를 수 있기 때문에 언어전환 프로젝트뿐만 아니라 모든 개발 프로젝트에서 알아두고 실천하면 좋을만한 것들을 소개한 것이기도 합니다.

부족한 일정과 프로젝트 초반에 지나친 열정으로 인해 프로젝트 진행에 대한 전략을 설정하지 않고 마구잡이로 개발하다보면 개발적인 이슈보다 업무적인 프로세스의 부족함으로 인해 프로젝트에 위기를 초래할 수 있습니다. 그러

---

[53] https://en.wikipedia.org/wiki/Scrum_sprint

므로 조급하더라도 팀원들과 전반적으로 프로젝트 진행시 실천할 실천항목들을 잡아두고 진행한다면 여러분의 프로젝트는 좀 더 원활하게 진행될 수 있을 것입니다.

다음은 프로젝트를 진행하는 도중에 여러분이 마주치게 될 이슈들을 어떻게 대처할 수 있을 지 알아보는 시간입니다.

사례로 배우는
언어 전환
프로젝트 관리

: 개발자라면 누구나 꿈꾸는

Language Change
Project Management

[이슈]
위기를 기회로

4장

Language Change
Project Management

프로젝트를 진행함에 있어 예상치 못한 이슈는 당연하게 발생할 수 있습니다. 피할 수 없다면 철저하게 준비하여 이슈가 발생하더라도 큰 문제없이 해결하여 프로젝트가 원활하게 진행될 수 있도록 하는 것이 더 좋습니다.

이 장에서는 이슈가 발생했을 때 대응할 수 있는 여러 방법을 통해 발생한 이슈를 원활하게 해결하여 프로젝트의 성공 확률을 좀 더 높일 수 있도록 해보겠습니다.

Section 01
운영이슈

[이슈] 위기를 기회로

사례

이슈 1.

열심히 언어전환을 진행하고 있던 개발자 K는 관리자로부터 갑작스러운 소식을 듣게 됩니다. 다름이 아니라 옆 팀에서 개발해 오던 제품이 다른 회사로 양도되었다는 소식이었는데요. 갑작스러운 소식에 개발자 K뿐만 아니라 팀원들 모두 당황하는 기색이 역력했고 한동안 어수선한 분위기가 지속되었습니다.

얼마 지나지 않아 옆 팀이 개발한 제품 양도를 위한 준비 작업 및 논의가 시작되었습니다. 현재 개발자 K가 속한 팀에서도 옆 팀에서 개발한 제품의 일부 기능을 사용하고 있었고 인프라도 함께 공유하는 게 있기 때문에 언어전환 프로젝트도 중요하지만 양도를 위한 준비와 대응을 하는 것이 우선순위가 더 높았습니다.

불행 중 다행으로 프로젝트를 진행하기 위한 작업목록을 이슈 관리도구에 모두 생성해 두고 작업자들을 미리 배치했기 때문에 계획했던 일정에 영향은 미치더라도 생성된 작업목록을 기반으로 작업자를 다시 재배치할 수 있는 상황이었습니다. 그래서 옆 팀 제품의 양도로 인해 개발자 K가 속한 팀에 발생하는 영향범위를 파악하고 수행해야 할 다음 작업의 담당자를 지정한 후 언어전환을 수행할 작업자들을 다시 재배치했습니다.

이슈 2.

언어전환 프로젝트를 시작하기 전 팀장님과 약속한 것이 있었습니다. 바로 운영이슈에 대한 대응인데요. 개발자 K는 언어전환 프로젝트를 진행하면서 가장 좋지 않은 상황이 레거시 시스템에 새로운 기능이 추가되면서 언어전환 프로젝트가 진행되는 상황이라고 생각했습니다. 그래서 언어전환 프로젝트를 시작하기 전, 팀장님과 CTO님에게 전환 계획을 공유하면서 레거시 시스템에 새로운 기능이 추가되지 않아야 한다는 이야기를 했었습니다. 다행히 레거시 시스템에 새로운 기능이 추가되면서 언어전환 프로젝트를 진행한다면 프로젝트를 제때 마무리 짓기 힘들 것이라는 부분에 팀장님과 CTO님도 공감했기 때문에 새로운 기능을 추가하는 요청은 받지 않을 수 있었습니다.

하지만 팀장님은 현재 운영되고 있는 제품에 오류가 있거나 운영적인 이슈로 인해 개발자의 도움이 필요하다면 이러한 업무에 대해서는 대응을 해주었으면 한다는 요청을 했습니다. 개발자 K도 신규 기능에 대한 요청을 하지 않겠다는 요구사항을 들어준 만큼 운영이슈에 대해서는 언어전환 프로젝트를 진행하면서 함께 대응해 주기로 했습니다.

운영이슈는 대체적으로 아직 기능이 개발되어있지 않아 개발자의 도움이 필요한 작업이 대부분이었고 간헐적으로 레거시 시스템이 가지고 있던 오류가 발생하여 대응하는 형태로 진행되었습니다. 운영이슈를 담당할 담당자를 특정하진 않았고 매주 열리는 주간회의에서 운영이슈를 모아서 소개한 후 작업일정에 맞춰 작업할 수 있도록 각 작업을 분배하는 형태로 진행되었습니다.

이슈 3.

언어전환 작업을 열심히 진행 중이던 개발팀은 운영부서로부터 갑자기 앱이 실행되지 않는다는 소식을 듣게 됩니다. 언어전환 작업을 하고 있기 때문에 레거시 시스템에 변경사항이 없어 코드에 의한 장애는 아니었지만 갑자기 사용자 트래픽이 몰리면서 서버가 부하를 이기지 못하고 장애가 발생한 것이었습니다. 개발자들은 언어전환 작업을 멈추고 당장 서버 정상화를 위해 대응을 했고 얼마 지나지 않아 서버는 안정화되어 앱이 정상적으로 실행됨을 확인했습니다.

개발자들은 언어전환 작업을 하느라 바쁜 중에도 이번에 발생한 이슈에 대한 보고서 작성을 잊지 않았습니다. 보고서를 작성하면서 모든 개발자가 어떤 이유로 장애가 발생하게 되었는지 함께 알 수 있게 되었고 앞으로 동일한 일이 발생하지 않도록 조치할 내용 및 언제 조치하면 좋을지 논의할 수 있었습니다.

문서

서버 장애 보고서

상황 및 대응 기록

시간	상태	내용
16:43	장애 발생	운영부서에 의해 서비스 장애 보고
16:48	장애 확인	서버 장애 확인 및 데이터베이스 이슈 확인
16:55	장애 대응	• 데이터베이스에서 Session이 과도하게 많은 것을 인지 • Session을 모두 제거 • Session 제거 후에도 정상 동작하지 않아 데이터베이스 재시작

17:52	장애 재발생	동일 현상 재현
18:06	장애 대응	• 데이터베이스의 Session이 과도하게 많은 것을 확인 • 데이터베이스 사양을 업그레이드
19:00	장애 종료	앱 정상 동작 확인 및 모니터링 종료

표 4-1 상황 및 대응 기록

MTTR(Mean Time To Repair)

- 장애 복구 총 소요시간: 1시간 31분

문제 원인

트래픽이 증가하면서 데이터베이스의 응답시간이 점점 늘어나게 되고 대기하는 Session이 늘어나면서 결국 데이터베이스에 장애가 발생하면서 전체 서비스에 장애가 발생했습니다.

데이터베이스의 응답시간 지연이 발생하는 쿼리는 이미지를 처리하는 구현에서 발생함을 확인했습니다.

문제 해결

- 초기에는 데이터베이스의 Session 문제로 파악되어 Session을 모두 끊어주면서 해결을 시도했습니다.
- 첫 번째 조치로 해결되지 않아 데이터베이스를 재시작했습니다.
- 데이터베이스를 재시작해도 해당 현상이 재발하여 데이터베이스의 사양을 업그레이드했습니다.

재발 방지

- 데이터베이스에 이상이 발생하는 경우 빠르게 인지할 수 있도록 모니터링 도구 및 알림 설정이 필요합니다.
- 슬로우 쿼리를 개선하기 위한 작업이 필요합니다.

Action Item
- 이미지 처리를 위한 테이블에 인덱스 적용: 1차 개선
- 이미지 처리 프로세스의 근본적인 구조 개선: 2차 개선

새롭게 제품을 개발하는 상황이 아니라면 운영 중에 발생하는 이슈를 대응하는 일을 피할 수는 없습니다. 레거시 시스템을 새로운 언어로 전환하는 언어전환 프로젝트를 진행하면서도 운영이슈는 당연히 피할 수 없을 것입니다. 피할 수 없다면 여러분이 가진 남은 선택지는 어떻게 해서든 효율적으로 언어전환 프로젝트 일정에 영향을 미치지 않고 운영이슈를 처리할 수 있을지 계획하고 실행하는 방법만 있을 뿐입니다. 이제 운영이슈를 효과적으로 처리하기 위한 방법들을 알아보겠습니다.

1. 기능 개선 및 추가 개발에 대한 협의

본격적으로 운영이슈에 대한 내용을 다루기 전에 여러분이 언어전환 프로젝트를 진행하기 전 운영부서 및 관리자와 협의를 해야 할 사항에 대해 먼저 이야기해 보겠습니다. 바로 언어전환 프로젝트를 진행하면서 레거시 시스템에 새롭게 기능을 추가하는 것에 대한 협의입니다.

운영부서 및 관리자 입장에서는 한창 성장하고 있거나 성장해야 할 제품에 새롭게 기능이 추가되거나 기존에 존재하던 기능을 더욱 고도화하는 것을 멈춘다는 결정을 하기는 아주 어렵습니다. 그들이 1년 동안 목표했던 계획을 이루지 못할 수 있기 때문에 가시적인 성과에 영향을 미치게 될 것이고 이는 곧 제

품이 성장하는 데 영향을 미칠 수 있기 때문입니다. 운영부서의 조직원 입장에서는 각자의 성과에 영향을 미치니 한 해 평가에 대한 영향도 미칠 것입니다. 그래서 운영부서 및 관리자는 어떻게 해서든 언어전환을 하는 중에 새로운 기능을 조금이라도 추가할 수 있도록 하려고 합니다.

반대로 개발팀에서는 언어전환 프로젝트를 진행하는 동안 레거시 시스템에 새로운 기능이 추가되는 것을 되도록 방지하려고 합니다. 기존에 존재하는 기능을 옮기는 것도 벅찬데, 기존에 존재하던 기능이 계속해서 변경된다면 언제 그 기능이 변경될지 몰라 전전긍긍하며 언어전환 작업을 수행해 나가야할 것이고 기능을 다 옮겼다고 생각했던 작업이 기존 시스템이 변경되면서 다시 또 작업해야 하는 불편함도 있을 것입니다. 그리고 무엇보다 프로젝트의 관리자 입장에서는 기존 시스템의 기능이 변경되지 않음을 보장하는 상황에서도 예상하기 힘들었던 프로젝트 일정을 기능이 변경됨에 따라 시시각각 변하는 상황이라면 더더욱 프로젝트 마감 일정을 예상하기 힘들 것입니다.

그러므로 여러분이 언어전환 프로젝트를 제안하고 계획하고 운영부서 및 관리자와 협의를 하는 담당자라면 기존 시스템에 기능을 개선하거나 추가 개발하는 것을 최대한 방지하면서 운영부서 및 관리자가 수긍할 수 있는 대안을 제시해줘야 합니다. 그렇다면 운영부서 및 관리자와 협의를 진행할 때 어떤 이야기를 하면 언어전환 프로젝트를 안정적으로 수행하면서 운영부서 및 관리자가 원하는 바를 조금이라도 더 충족시킬 수 있을까요?

1.1. 프로젝트 일정

운영부서와 관리자 입장에서는 어떻게든 언어전환 프로젝트가 빠르게 마무리되고 제품이 발전할 수 있도록 새로운 기능을 하루빨리 추가하고 싶어 합니다. 마케팅 부서는 하루빨리 프로모션을 진행해서 여러 지표를 올리고 싶어 할 것이고 사업부서는 새로운 기능을 토대로 고객에게 제품을 좀 더 매력적으로 보일 수 있는 것을 찾아내려고 합니다.

프로젝트 중간에 기능을 추가하는 것은 얼핏 보면 지금 당장의 제품에 좋은 영향을 끼칠 수는 있으나 그로 인해 언어전환 프로젝트 기간이 미뤄지고 그 이유로 본격적으로 새로운 기능을 좀 더 생산성 있게 개발할 수 있는 기회가 뒤로 계속 미뤄지는 것이니 장기적으로 보았을 때 좋다고 말할 순 없을 것입니다.

개발자들도 언어전환 프로젝트 중간에 레거시 시스템에 기능을 변경하는 것이다보니 어차피 코드를 옮겨야할 것이라고 생각해서 깊게 고민하지 않고 빠르게 처리하는 데 급급할 수 있습니다. 혹은 이미 전환 작업이 끝난 기능에 대한 변경이 발생했는데, 수정사항을 반영하는 것을 잊어버릴 수도 있습니다. 그렇다보면 새롭게 만들어진 기능에 여러 버그가 생길 가능성이 더 높아지고 이를 위한 인력투입이 또다시 발생하게 되는 악순환이 반복될 수 있습니다.

그래서 여러분이 운영부서 및 관리자와의 협의를 해야 한다면 기능의 변경 가능성을 열어두면 프로젝트 기간이 늘어날 수 있음을 이야기하고 이로 인해 생기는 부작용을 잘 설명하면 좋습니다.

1.2. 버그 및 장애 대응

어떻게 보면 당연한 이야기처럼 보이겠지만 레거시 시스템에 새로운 기능을 추가하지 않는다고 해서 발생하는 버그 및 장애에 대한 대응은 하지 않는다고 생각하면 곤란합니다. 언어전환 프로젝트를 진행하는 중에도 버그 및 장애에 대한 대응은 적극적으로 수행해야 합니다.

앞서 운영부서 및 관리자와 협의를 진행하면서 새로운 기능에 대한 개발은 되도록 하지 않기로 이야기를 이어가다 보면 자칫 운영부서와 관리자 입장에서 레거시 시스템에서 발생하는 버그 및 장애 대응도 되도록 하지 않겠다는 이야기로 들릴 수 있습니다.

심지어 개발자들조차 새로운 기능과 버그 수정에 대한 범위를 잘못 파악하여 버그를 수정해줘야 함에도 불구하고 운영부서 또는 관리자에게 새로운 기능은 개발하지 않겠다고 약속했으니 버그를 수정하는 것은 처리해 주기 어렵다는 답변을 할 수도 있습니다.

그래서 새로운 기능에 대한 추가는 되도록 방지하되 버그 및 장애 대응에 대해서는 적극적으로 대응하겠다는 이야기를 꼭 해주면 좋습니다. '기브 앤 테이크(Give & Take)'라는 말이 있습니다. 운영부서 및 관리자에게 새로운 기능 개발을 하지 않겠다라는 것을 받아냈다면 개발팀 입장에서도 운영부서 및 관리자들이 원하는 것을 주어야 합니다. 어떻게 보면 당연한 것이지만 이 부분을 언급함으로써 개발팀에서도 운영부서 및 관리자들을 배려하고 있음을 내비치면 좋습니다.

2. 효율적인 운영이슈 처리 방법

2.1. 새로운 기능과 운영이슈를 분리한다

앞서 운영부서 및 관리자와 협의를 통해 새로운 기능이나 개선기능에 대한 개발은 프로젝트 이후에 하기로 협의를 했다고 가정하겠습니다. 원만한 협의를 통해 새로운 기능을 만들지 않기로 했다지만 운영부서 및 관리자 입장에서는 발생한 이슈가 새로운 기능인지 운영이슈인지 명확하게 구분하기가 쉽지 않습니다. 그래서 버그가 아닌 이슈(대부분 불편함 또는 고객 문의)로 인한 요청에는 새로운 기능 요청이 포함되어 있을 수도 있습니다.

이슈를 대응하는 개발자들조차 새로운 기능과 버그로 인한 수정의 경계가 모호할 수 있습니다. 그렇지만 이렇게 생각하면 단순하게 생각할 수 있습니다. 새로운 기능은 API가 새롭게 추가된다든지 API가 제공해 주는 행위에 새로운 추가 행위가 더해지는 것을 말합니다. 그래서 고객에게 전달되는 제품의 기능에 이전에는 존재하지 않던 새로운 행위가 추가되는 것입니다.

하지만 버그는 기존에 API 또는 기능이 제공해 주는 행위가 기대했던 대로 동작하지 않음으로 인해 발생하는 것이므로 기대했던 행위대로 동작하게 기능을 수정해주면 버그는 고쳐지는 것을 말합니다. 그래서 이전부터 고객에게 전달되는 제품의 기능에는 변함이 없습니다.

이러한 내용을 바탕으로 운영부서 및 관리자에게 이슈 처리요청을 받았을 때 새로운 기능인지 운영이슈인지를 잘 구분할 수 있도록 개발팀에 잘 인지시켜서 새로운 기능과 버그 수정에 대한 모호함으로 운영부서 및 관리자와 의사소통 비용이 증가하는 것을 최대한 줄일 수 있도록 노력해야 합니다.

2.2. 이슈의 우선순위를 선정한다

운영 중 발생하는 이슈는 아주 다양하고 난이도도 각양각색입니다. 여러분은 이렇게 발생한 이슈의 경중을 잘 파악해서 해당 이슈를 즉시 대응할지 아니면 시간을 두고 대응해도 괜찮을지를 결정해야 합니다. 필요에 따라서 운영부서에 우선순위에 대한 결정을 내려달라고 요청할 수도 있습니다.

발생한 이슈는 빠르게 처리하고 더 이상 처리해야 할 이슈가 없도록 하는 게 가장 이상적이지만 여러분과 개발팀의 자원은 정해져 있고 한계가 있기때문에 모든 이슈에 대해 민감하게 반응하고 즉시 처리할 수 없습니다. 또한 이슈에 따라서는 중요하지만 근본적으로 해결하기 위해서는 시스템을 전반적으로 고쳐야 하는 이슈가 있을 수 있습니다. 이러한 이슈는 빠른 시간 내 처리하기 힘들기 때문에 따로 일정 계획 및 처리방법에 대한 계획을 잘 수립한 후 처리해야 할 수도 있습니다.

그렇다면 이렇게 다양한 유형으로 발생하는 이슈를 어떻게 처리하면 좋을까요? 각 이슈의 성격별로 처리하는 방법을 알아보겠습니다.

2.2.1. 우선순위가 높으면서 바로 처리 가능한 이슈

긴급한 이슈지만 간단하게 처리할 수 있는 이슈입니다. 이러한 이슈는 코드의 수정을 요구하기보다 일부 데이터를 보정해 주는 것만으로도 처리할 수 있는 이슈일 가능성이 높습니다. 고객지원부서나 운영부서에서는 당장 고객의 문의에 대한 대응을 수행해야 하므로 우선순위가 아주 높은 상태로 이슈가 생성될 것입니다. 이러한 경우는 담당 개발자가 즉시 처리해주어서 최대한 고객의 불편함이 빠르게 해소될 수 있도록 하는 것이 좋습니다.

한편 이러한 이슈처리는 단순 반복작업일 수도 있는데, 자동화를 통해서 이러한 이슈를 짧은 시간에 간단하게 처리할 수 있도록 개선하면 좋지만 새로운 기능에 대한 개발은 언어전환 프로젝트가 끝나고 하는 것이 좋다고 결정이 난만큼 자동화를 위한 기능 추가는 언어전환 이후에 작업하도록 백로그 이슈를 등록해두는 것이 좋습니다. 대신 다음에도 비슷한 이슈가 등록되었을 때 다음 작업자가 손쉽게 맥락을 파악하고 처리할 수 있도록 처리한 내용을 잘 기록해두고 다음 번에도 활용할 수 있도록 프로세스를 정립해 두면 좋습니다.

2.2.2. 우선순위가 낮지만 바로 처리할 수 있는 이슈

우선순위가 높지 않지만 이슈 내용만 보았을 때 간단하게 처리할 수 있는 이슈가 있을 수 있습니다. 이러한 이슈는 우선순위가 높지 않은 만큼 이슈가 생성됨과 동시에 즉시 대응할 필요는 없습니다. 그러므로 백로그 이슈로 쌓아두고 개발자들이 이번 작업의 주기 동안 작업할 내용을 모두 처리하여 여유가 있을 때 처리하거나 비슷한 성격의 이슈를 모아 한 번에 처리할 수 있을 때 함께 처리할 수 있도록 하면 좋습니다.

2.2.3. 우선순위가 높으나 작업 범위가 큰 이슈

고객의 문의나 제품에 대한 영향도가 높아 처리 우선순위가 높은 이슈지만 근본적으로 문제를 해결하기 위해서는 큰 작업 공수가 들어가야 하는 이슈의 경우는 조금 상황이 복잡할 수 있습니다. 우선 당장 해결할 수 있는 방법을 모색해 봅니다. 일부 데이터의 보정만으로 빠르게 이슈를 해결할 수 있다면 앞서 이야기한 '우선순위가 높으면서 바로 처리 가능한 이슈'와 같은 방식으로 우선 처리하고 이슈를 근본적으로 해결하기 위한 방법을 모색해서 작업 계획을 세워야 합니다.

비록 작업의 범위가 크긴 하지만 다행히 이슈의 발생 빈도가 많지 않다면 우선 이슈가 생길 때마다 빠르게 해결할 수 있는 방법으로 대응하고 근본적인 해결은 언어전환을 수행하면서 개선하거나 언어전환 프로젝트 이후에 개선하기 위해 계획을 잡아둘 수 있을 것입니다. 하지만 발생 빈도가 높아서 개발자들이 해당 이슈를 처리하기 위해서 공수를 계속해서 투입해야 하는 상황이라면 좀 더 고민을 해야 합니다. 직접 처리하는 시간과 기능 개선을 위한 작업 시간을 잘 조율해서 최대한 작업 공수가 덜 발생할 것으로 예상되는 방향으로 결정을 내려야 합니다.

2.2.4. 우선순위가 낮으면서 작업 범위가 큰 이슈

우선순위가 낮으면서 근본적으로 이슈를 해결하기 위한 작업의 크기가 큰 경우에도 '우선순위가 낮지만 바로 처리할 수 있는 이슈'와 같이 백로그로 등록해두고 처리가능한 시점에 작업을 하는 것이 좋습니다. 어쩌면 위에서 말한 이슈의 성격 중 가장 나중에 해결을 위한 작업을 수행할 가능성이 높습니다.

2.3. 효율적인 처리 프로세스를 정립해야 한다

이슈가 생겼을 때 이슈를 보고하고, 이슈에 대한 우선순위를 결정하고, 이슈를 누가 처리할지 담당자를 정하고, 이슈를 처리한 다음 완료 보고를 하여 이슈를 제기한 보고자가 이를 확인해서 이슈가 처리되었음을 확인하는 일련의 과정이 원만하게 진행되려면 효율적인 처리 프로세스를 정립해 두어야 합니다.

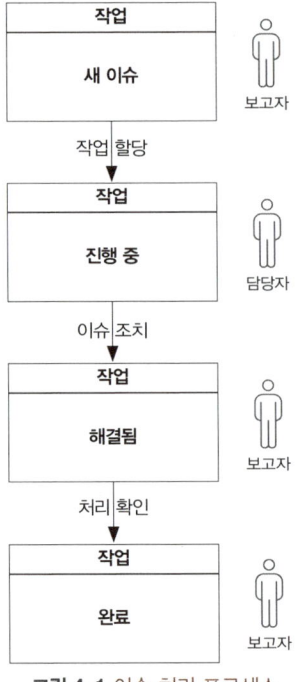

그림 4-1 이슈 처리 프로세스

운영이슈 처리에 대한 프로세스는 애자일 방법론에서의 '칸반'[1]과 그 궁합이 잘 맞습니다. 운영부서는 이슈가 발생하면 칸반 보드에 백로그로 이슈를 등록합니다. 만약, 발생한 이슈에 우선순위가 높다면 백로그의 상위로 이슈를 옮깁니다. 작업자는 백로그 중 우선순위가 높은 작업 중 하나를 선택하여 이슈를 진행상태로 옮긴 후 작업을 진행합니다. 여기서 관리자는 작업자가 동시에 너무 많은 이슈를 진행하지 않도록 제한을 두어야 합니다. 만약, 작업자가 작업을 완료했다면 진행 중인 이슈의 상태를 '리뷰' 또는 '테스트 상태'로 옮긴 후 이슈를 보고한 보고자에게 확인을 요청합니다. 보고자는 이슈가 해결이 완료되었음을 확인했다면 이슈의 상태를 '완료'로 변경하면서 이슈를 닫습니다.

---

[1] https://en.wikipedia.org/wiki/Kanban_(development)

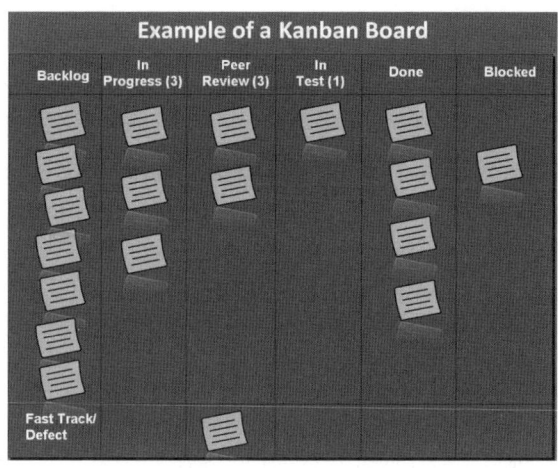

그림 4-2 칸반 보드 예시

Jira, Azure Devops, Clickup과 같이 대부분의 협업 관리도구는 이러한 칸반 방식으로 작업을 관리할 수 있도록 그 기능을 제공해 주므로 협업 관리도구를 잘 활용하면 원활하게 이슈관리를 수행할 수 있습니다.

2.4. 운영이슈로 인한 코드 변경을 공유하고 동기화한다

앞서 기능 개선으로 인해 레거시 시스템에 코드 변경이 발생하면 언어전환 작업에 많은 영향을 미치게 된다고 이야기했습니다. 하지만 버그로 인해서 레거시 시스템에 코드의 변경이 불가피하게 발생하게 되었다면 어떻게 하면 좋을까요? 레거시 시스템의 변경사항을 파악해서 언어전환 작업 시 변경사항을 반영해야 합니다. 다만 이러한 변경사항을 각 작업자가 알아서 잘 적용해주길 바라기보다 작업한 개발자가 신규 프로젝트에 잊지 않고 잘 적용할 수 있도록 프로세스를 정해두면 좋습니다.

여러분이 프로세스를 새롭게 정한다고 가정하고 예를 들어보겠습니다. 버그 이슈가 발생했다면 그 내용이 담긴 작업(Task)이 생성되었을 것입니다. 이 작업을 처리하고 나면 관리자는 해당 작업과 연결된 신규 프로젝트에 동기화하는 작업(Task)을 새롭게 생성합니다. 해당 작업은 언어전환 프로젝트의 작업 목록에 함께 등록되며 작업 일정에 추가합니다. 만약, 수정된 기능에 대한 언어전환 작업이 진행되지 않았고 미리 생성한 작업(Task)이 있다면 이 작업과도 연결하여 함께 완료 처리될 수 있도록 하면 좋습니다.

이렇게 프로세스를 정립해 둔다면 혹시 버그로 인한 코드 변경 내용이 언어전환 프로젝트를 수행하면서 이미 전환 작업이 끝난 작업일지라도 잊지 않고 변경사항을 반영합니다. 만약, 전환 작업을 진행하지 않았더라도 작업이 연결되어 있다면 추후 이력추적에도 용이합니다.

협업 관리도구에 작업을 생성하고 연결하는 작업은 번거로울 수 있습니다. 하지만 이렇게 작업을 연결해 둠으로써 개발자가 수정사항을 누락하는 것을 방지하는 것이 나중에 수정사항을 누락해서 발생한 이슈를 처리하는 것보다 훨씬 적은 작업 공수를 들일 수 있으므로 번거롭더라도 이러한 프로세스를 잘 만들어두고 지키도록 노력하면 좋습니다.

3. 장애 대응

레거시 시스템이 운영 중이라면 언제든 장애상황은 발생할 수 있습니다. 100% 장애를 막는 것은 불가능하므로 장애가 발생한 경우 빠르게 대처한 다음 다음 번에도 동일한 장애가 발생하지 않도록 조치하는 것이 가장 이상적인 장애 대응 방법일 것입니다.

언어전환 프로젝트를 진행하고 있는 경우에도 이러한 장애 대응 방법은 변함이 없습니다. 일정이 촉박하게 진행되는 언어전환 프로젝트를 원활하게 수행하기 위해 효과적인 장애 대응을 수행하는 방법을 소개하겠습니다.

3.1. 장애 탐지

만약, 고객을 통해서 서비스가 정상적으로 동작하지 않는다고 문의가 들어오거나 운영부서에서 사용하고 있는 관리 서비스에서 정상적으로 동작하지 않는다는 문의가 들어오는 경우 서버는 훨씬 이전부터 장애가 발생하여 정상적으로 동작하지 않고 있었을 가능성이 높습니다. 그렇다면 그 사이 많은 고객이 불편을 느꼈을 것이고 제품에 대한 신뢰도가 상당히 추락했을 것입니다.

위와 같은 상황을 방지하기 위해서는 언어전환 프로젝트를 진행할 때뿐만 아니라 모든 상황에서 개발팀이 서버에서 발생하는 장애상황을 누구보다 빠르게 인지하는 것이 좋습니다. 하지만 개발팀이 서버의 상태를 매번 확인하기 위해 모니터링을 하고 있을 순 없습니다. 그래서 서버에 응답이 없는 경우, CPU나 메모리가 특정 임계치에 도달하거나 초과한 경우, API의 정상응답 비율이 일정 수준 이하로 떨어지거나 오류 응답 비율이 증가한다든지 등에 대한 자동화된 알림 설정을 통해서 서비스에 이상이 발생한 경우 빠르고 정확하게 인지할 수 있도록 미리 조치해 두면 좋습니다.

만약, 클라우드 서비스를 이용한다면 AWS, Azure, Google Cloud 등에서 제공해 주는 모니터링 시스템을 이용하거나 APM(Application Performance Management)을 이용하는 등 자동화된 설정을 통해서 서비스 모니터링을 통한 신속한 장애탐지를 할 수 있는 방법이 많습니다. 팀에 가장 알맞은 도구를 선택하여 사용하면 좋습니다.

3.2. 장애 공지

모니터링 도구를 통해 장애를 인지하고 서비스를 확인해본 결과 장애 발생 사실이 확인된다면 장애 공지 채널을 통해 장애 상황을 구성원에게 재빨리 알려야 합니다. 장애에 대한 공지는 구체적이고 자세할수록 좋지만 최초로 장애에 대한 내용을 공지할 때에는 빠르게 구성원에게 전달하는 것이 목적이므로 간단하지만 명확한 내용으로 공지하는 것이 좋습니다.

장애를 대응할 책임 있는 담당자들은 장애 공지에 대해 가장 민감하게 반응할 수 있도록 대비를 해 두어야 합니다. 메신저의 경우 모든 메시지에 대한 알림을 켜두거나 비상연락망을 구축해 두어서 언제든 신속하게 연락을 받을 수 있도록 하는 것입니다.

3.3. 장애 조치

장애 조치는 가장 빨리 대응할 수 있는 사람부터 대응에 나서서 빠르게 조치하는 게 좋지만 한 사람만 장애 대응에 대한 책임을 지지 않을 것이므로 여러 명이 하나의 조를 구성해서 대응하는 것이 가장 이상적입니다.

예를 들면 세 명의 개발자가 하나의 조로 구성해서 서버의 장애 상황을 대응해야 한다고 가정하겠습니다. 그렇다면 두 명이 장애 조치를 수행하고 한 명이 수행하는 내용을 지켜보며 대응에 대한 조치 사항을 기록하는 서기 역할을 하는 것입니다. 한 명이서 장애 대응을 수행하다 보면 급박한 상황으로 인해 실수가 생길 수 있고 가장 빠르고 적절한 대응책을 발견하기 힘들 수 있습니다. 하지만 함께 작업해 주는 조원이 있다면 서로가 놓칠 수 있는 부분을 보완해 주고 조치 내용을 기록하며 대응할 수 있기 때문에 정확한 조치 내용을 추후 보고서에 기록할 때 도움을 받을 수 있다는 장점이 있습니다.

장애에 대한 가장 좋은 대응은 현재 발생한 장애상황을 빠르게 복구하는 것입니다. 이상적인 방법으로 해결할 수 있는 방법이 당장 눈앞에 보이지만 시간이 다소 소요되는 해결 방법이라면 일단 가장 빠르게 장애상황을 복구한 후 조치를 해도 괜찮을 것입니다. 장애 상황이 길어지는 것이 가장 좋지 않은 상황일 것이니까요. 그러므로 장애를 대응하는 담당자들은 현재 상황을 가장 빠르게 해결할 수 있는 해결 방법을 모색하는 것에 초점을 두고 장애를 대응해야 합니다.

3.4. 재발 방지

앞서 장애는 100% 방지하는 것은 어렵기 때문에 발생한 장애에 대한 동일한 장애가 발생하지 않도록 대비하는 것이 중요하다고 이야기했습니다. 그래서 장애 상황이 종료된 후 재발 방지를 위한 장애 리뷰가 반드시 필요합니다.

장애 리뷰를 위해서는 장애 상황이 발생하고부터 종료되기까지의 기록과 장애 발생 원인, 조치 내용 등이 적힌 보고서 작성이 필요합니다. 장애 리뷰에 참가하는 구성원이 모두 장애 대응을 위해 참가하지 않았을 수 있고 전체 상황을 파악하지 못하고 있을 수도 있기 때문입니다. 보고서를 통해서 문제의 원인과 조치 내용을 파악하고 당시에 빠르게 장애 상황을 해결하기 위한 조치 내용을 보다 근본적으로 해결하여 동일한 장애 상황이 재발하지 않도록 재발 방지 대책을 마련하는 것이 좋습니다.

근본적으로 해결하기 위한 문제점을 파악하는 방법에는 5 whys[2] 기법을 활용하면 도움이 됩니다. 5 whys는 특정 문제의 기저에 깔린 인과관계를 탐색하는 데 사용되는 반복적인 질문 기법을 말합니다.

다음은 사례에서 소개한 장애에 대한 5가지 질문을 예시로 적은 것입니다.

1. 왜 장애가 발생했나요?

    데이터베이스의 Session이 부족했습니다.

2. 왜 데이터베이스의 Session이 부족했나요?

    이미지를 처리하는 쿼리가 느려서 Session이 부족해졌습니다.

3. 왜 이미지를 처리하는 쿼리가 느렸나요?

    이미지 처리를 위한 설계가 다량의 이미지 처리를 하기에는 부적합했습니다.

---

2 https://en.wikipedia.org/wiki/Five_whys

4. 왜 이미지 처리를 위한 설계가 다량의 이미지 처리를 하기에 부적합하게 만들어졌나요?

최초 개발 당시에 지금과 같이 다량의 이미지 처리를 할 것이라 예상하지 못했습니다.

5. 왜 다량의 이미지 처리를 할 것이라 예상하지 못했나요?

초기 개발 당시 해당 기능이 많이 사용될 것이라고 예상하지 못했고 다량의 이미지를 처리하기 위한 더 좋은 방법이 있는지도 알지 못했습니다.

이와 같이 발생한 장애에 대한 근본적인 해결 방법을 모색하여 추후 재발하지 않도록 조치할 실행 작업을 생성하여 장애 발생 빈도를 점점 줄여 나가는 것이 중요합니다.

Section 02

기술이슈

[이슈] 위기를 기회로

사례

이슈 1.

개발자 K는 언어전환을 진행하면서 레거시 시스템에서 사용하던 ORM인 SQLAlchemy[3]에서 Hibernate[4]로 전환하는 작업을 진행했습니다. 비록 언어와 제공하는 기능 및 문법에 대한 차이는 있을지 몰라도 ORM의 기본적인 특성은 동일하기 때문에 연관관계에 대한 로딩 전략이나 Cascade와 같은 영속성 전이, 조회 전략과 같은 방법들은 유사하기 때문에 전환 작업에 큰 어려움은 없었습니다.

하지만 그럼에도 SQLAlchemy에서 제공하는 Hybrid Attributes[5]나 Mapping Class Inheritance Hierarchies[6]와 같은 기능은 Hibernate에서는 제공하지 않으므로 전환 시 Hibernate에서 제공하는 기능으로 변환하여 코드를 작성해야 했기 때문에 전환 작업 시 어떻게 전환하면 좋을지 백엔드 개발자들과 논의를 통해 결정한 후 진행하도록 했습니다. 거기다 Hibernate에서는 SQLAlchemy에서 제공하는 기능을 지원하지 않는 경우도 있었는데요. 그런 경우 새롭게 기능을 만들어서 진행해야 했기에 해당

---

3 https://www.sqlalchemy.org/
4 https://hibernate.org/
5 https://docs.sqlalchemy.org/en/14/orm/extensions/hybrid.html
6 https://docs.sqlalchemy.org/en/14/orm/inheritance.html

부분이 발견될 때마다 미팅을 통해 어떻게 구현할지 결정했습니다.

이슈 2.

기존에 사용하던 마이그레이션 도구는 Alembic[7]을 사용했습니다. 사실 마이그레이션 도구는 언어나 프레임워크와는 독립적으로 사용할 수 있었기 때문에 새롭게 만드는 서버에 그대로 Alembic을 사용할 수 있었습니다. 하지만 개발팀은 새롭게 구성하는 프레임워크에 좀 더 손쉽게 통합기능을 제공하는 Flyway[8]를 사용하기로 결정했습니다. 그 이유는 구성원이 Alembic에 대한 지식이 부족한 것이 첫 번째였고, 앞서 말한 바와 같이 새롭게 구성하는 프레임워크인 Spring Boot에 통합이 손쉽다는 것이 두 번째, 그리고 Flyway로 변경할 때 데이터베이스의 버전을 관리하기 위한 테이블이 추가되기는 하지만 별도의 추가 변경작업은 수행하지 않아도 된다는 부분이 세 번째 이유였습니다.

사실 기존에 Alembic을 사용해 보면서 Flyway와 비교했을 때 특별히 부족한 점이 없었고 오히려 무료버전으로 사용했을 때 지원하는 기능이 많아 변경하지 않는 것을 고려하기도 했습니다. 하지만 구성원이 전문성을 가지고 있는 도구를 사용하는 것과 프레임워크와의 손쉬운 통합이 더 중요하다고 판단했기에 Flyway를 사용하기로 결정했습니다.

다만, 마이그레이션에 대한 버전관리를 새롭게 수행해야 하기 때문에 Flyway를 사용할 때 기존에 적용되어 있는 데이터베이스의 변경사항이 발생하지 않는지 테스트 서버와 QA 서버에 테스트를 진행하며 꼼꼼하게 체크를 했습니다.

---

7 https://alembic.sqlalchemy.org/en/latest/
8 https://flywaydb.org/

이슈 3.

언어전환을 하면서 자연스럽게 웹 프레임워크도 전환하게 되었습니다. 레거시 시스템에서는 Graphql 프레임워크로 Graphene[9]을 사용했고 새롭게 개발되는 서버의 Graphql 프레임워크는 DGS Framework[10]였습니다. 사실 Graphql은 스펙이 정해져 있기 때문에 두 라이브러리는 문법과 사용 방법이 조금씩 다를 뿐 Graphql의 스펙을 지원하는 기능은 크게 다르지 않았습니다.

하지만 Graphene은 Code-First로 Graphql 기능을 제공하므로 Graphql API에 대한 계약을 나타내는 스키마 파일이 프로그래밍 코드에 의해 정의되었습니다. 반면, DGS는 Schema-First로 Graphql 기능을 제공하므로 Graphql API에 대한 계약을 정의할 때 SDL를 사용하는 스키마 파일을 먼저 작성한 후 코드가 해당 스키마에 정의된 계약을 따르도록 작성하는 방식을 택했습니다.

그래서 자동으로 스키마 파일이 생성되어 이전에 제공했던 Graphql 스키마 파일에서 발견하지 못했던 문제점을, 스키마 파일을 새롭게 작성하고 코드를 작성하면서 발견하게 되었습니다. 예를 들어 nullable하게 사용하지 않아야 하는데, nullable하게 필드 속성이 정의되었다든지, 사용하지 않는 속성이 존재하는 것과 같은 것이 발견되었습니다. 비록 데이터베이스와 API 스키마는 변경하지 않기로 제약조건을 설정했지만 프런트엔드에서 사용하지 않거나 잘못 정의된 필드를 바꿔도 프런트엔드에 변경을 유발하지 않는다면 수정을 해도 괜찮겠다고 판단했습니다. 그래서 변경이 필요한 부분을 체크하여 목록화한 후 프런트엔드 개발자들에게 확인을 요청하여 변경 가능여부를 파악하는 작업도 추가적으로 진행했습니다.

---

9 https://graphene-python.org/
10 https://netflix.github.io/dgs/

이슈 4.

레거시 시스템은 인증 및 인가에 대한 구현을 라이브러리가 아닌 직접 구현하여 적용되어 있었습니다. 하지만 새롭게 변경하는 프레임워크에서는 Spring Security[11]라는 널리 알려진 인증 및 인가 기능을 제공하는 프레임워크와 손쉽게 통합해서 사용할 수 있기 때문에 해당 프레임워크를 사용하기로 했습니다.

그러면서 자연스럽게 복잡하게 설계되어 있었던 부분도 단순하고 명확하게 설계되도록 변경했는데, 그러다 보니 어쩔 수 없이 인증된 사용자의 토큰을 그대로 사용할 수 없게 되었습니다. 그래서 서버 전환 프로젝트가 마무리되고 전환된 서버의 코드가 배포되게 된다면 부득이하게 이전에 인증된 사용자의 인증 정보를 초기화하고 다시 로그인을 통해 인증 정보를 갱신하도록 강제해야 했습니다.

이 부분은 사용자가 서비스를 사용할 때 영향을 미치는 부분이므로 팀장님과 운영팀에 위 이슈에 대한 내용을 공유했고 다행히 재로그인에 대한 이슈는 큰 불편함이 없으므로 진행하기로 협의했습니다.

이슈 5.

프레임워크가 바뀌면서 테스트 프레임워크도 같이 바뀌게 되었는데, 그러다 보니 자연스럽게 테스트 방식도 바뀌게 되었습니다. 이전에는 대부분 통합 테스트로 테스트 코드가 작성되어 있었습니다. 별도로 컴포넌트별로 단위 테스트가 없다보니 통합 테스트 코드가 많이 복잡하고 커버리지도 높지 않는 문제가 있었습니다. 그래서 언어전환을 수행하면서 기존에 나누어져 있지 않았던 컴포넌트를 나누는 작업을 하면서 테스트 코드도 단위 테스트와 통합 테스트를 함께 섞어서 작성하기로 했습니다.

---

11 https://spring.io/projects/spring-security

기술이슈는 운영이슈와는 다르게 언어를 전환하면서 기존 언어나 프레임워크에서 지원하거나 개발되어 있던 기능을 새로운 언어나 프레임워크에서 지원하지 않거나 동일하게 제공해 주지 않으면서 발생하는 이슈를 말합니다.

사실 기술적인 이슈는 언어전환을 수행하면서 아주 많이 그리고 다양한 형태로 발생할 수 있습니다. 그렇기에 앞서 소개한 사례는 극히 일부이며 여러분이 언어전환을 수행할 때 참고하기 힘들 수도 있습니다.

그래서 여기서는 구체적인 기술 전환 시 발생하는 이슈보다는 기술이슈가 발생했을 때 어떻게 대응하면 좋을지에 대해서 소개하겠습니다.

1. 기술이슈에 대한 대응 자세

1.1. 완벽하게 예상할 수 없다

개발팀은 기술이슈가 언제든지 발생할 수 있음을 인지하고 있어야 합니다. 물론 언어전환 프로젝트를 준비하는 과정에서 이슈가 있음을 미리 발견하고 대비하면 가장 이상적이겠지만 프로젝트의 크기에 따라서는 개인이 레거시 시스템에 적용된 모든 기술을 파악하고 이해하면서 전환 시 새로운 언어나 프레임워크에 문제가 존재함을 파악하기란 쉽지 않습니다. 그러므로 개발팀은 언제든지 기술적인 이슈가 발생할 수 있음을 인지하고 있어야 합니다.

1.2. 적극적인 자세를 가진다

기술이슈가 발생할 수 있음을 인지했다면 여러분은 적극적인 자세로 기술이슈에 대한 해결방안을 모색해야 합니다. 기술이슈를 맞이한 개발자에게 해결에 대한 책임을 모두 전가해버리면 개발자들은 기술적인 이슈가 발생해도 공유하지 않고 개인이 알아서 처리해 버리거나 이슈를 처리하지 못할까봐 숨기고 있다가 더 이상 숨기지 못할 때가 되어서야 이슈를 이야기하거나 자신이 아닌 다른 사람이 발견할 때까지 기다리는 상황이 발생할 수 있습니다. 그러므로 관리자는 기술적인 이슈가 발생했을 때 모두가 적극적으로 함께 해결하려는 노력을 보임으로써 기술이슈가 더 이상 숨겨지지 않도록 노력해야 합니다.

1.3. 이슈를 잘 공유하기 위해 노력한다

기술이슈를 발견한 당사자는 발생한 이슈에 대해 정확하고 이해하기 쉽게 공유하기 위해 노력하면 좋습니다. 프로젝트를 진행하면서 모두가 개발 내용을 전부 이해하고 개발할 수는 없습니다. 그렇다 보니 기술이슈가 발생해도 내용을 잘 이해하지 못해 적극적으로 문제 해결을 위해 나서기 어려울 수 있습니다. 그래서 기술이슈를 발견한 당사자는 최대한 다른 개발자와 해당 이슈에 대해 잘 이해하고 도와줄 수 있도록 문서화 또는 샘플 코드, 자료 등을 준비해서 공유하면 좋습니다.

1.4. 이슈를 통해 학습한다고 생각해야 한다

기술이슈를 발견하고 이를 해결하는 과정에서 개발자는 많은 지식을 습득하게 됩니다. 이전에 알지 못했던 사실을 알게 된다든지 이슈를 해결하면서 노하우를 습득하는 것과 같은 지식들이 있을 것입니다. 그래서 이슈가 발생했을 때 단순히 임시방편으로 해결하려고만 하지 말고 근본적으로 기술이슈를 해결하기 위한 노력을 통해 앞으로 발전해 나간다는 마음을 가지면 좋습니다.

2. 기술이슈를 해결하기 위한 전략

2.1. 되도록 즉시 해결방안을 모색한다

기술이슈는 대부분 작은 범위에서 발생하기보다 시스템 전반적으로 적용될 수 있는 부분에서 발생하는 경우가 많습니다. 그렇다보니 한 명의 개발자가 이슈를 발견했고 이슈를 한 번에 모아 다룬 후 해결하기 위해 작업을 미뤄두더라도 다른 개발자가 동일한 이슈를 맞이하게 되고 똑같이 작업이 미뤄지는 현상이 반복될 수 있습니다. 그래서 개발팀은 기술적인 이슈가 발생하게 되면 되도록 다같이 가장 좋은 해결 방법을 모색하여 되도록 빠른 시간 내 해결하도록 노력하는 게 좋습니다.

2.2. 기존과 동일한 방법으로 해결하려고만 하지 말자

레거시 코드에서 제공하던 기능을 새로운 언어나 프레임워크에서 제공하지 않는다고 억지스럽게 동일한 기능을 만들어서 사용하려고 하지 않았으면 좋겠습니다. 기존에 제공하던 기능을 오히려 좀 더 나은 방향으로 또는 나은 방향은 아니더라도 우회해서 다른 방법으로 풀어낼 수 있는 방법은 많습니다. 차라리 새로운 언어나 프레임워크에서 억지스럽게 동일하게 구현하려고 하는 것보다 우회하더라도 동일한 결과를 내도록 하는 것이 더 명확하고 좋은 방향으로 해결할 수 있는 코드를 작성할 수 있습니다. 그러므로 기존에 제공하던 기능을 제공하지 않더라도 동일하게 해결하려고만 하지 말았으면 합니다.

2.3. 제약조건을 위반해야 한다면 영향범위를 파악하자

기술적인 이슈로 프로젝트를 진행하기 전 설정한 제약조건을 부득이하게 위반해야 하는 상황이 발생할 수도 있습니다. 예를 들면 API의 스키마를 변경한다든지 데이터베이스를 변경해야 한다든지와 같은 상황이 발생할 수 있는데,

부득이하게 변경할 수밖에 없는 상황이라면 그 영향범위를 꼼꼼하게 챙겨야 합니다.

제약조건을 설정한 이유가 변경에 따른 영향범위를 파악하기 힘들어서라고 앞서 설명한 바 있습니다. 좀 더 엄밀히 말하면 영향범위를 완전하게 파악하기는 어렵지만 노력 여하에 따라 영향범위를 최대한 확인해서 발생할 수 있는 이슈를 최소화할 수는 있습니다. 다만 이 노력에 비해 가져갈 수 있는 이점이 크지 않기 때문에 제약조건을 설정함으로써 프로젝트의 성공적인 완료를 꾀하는 것입니다.

하지만 기술적인 이슈로 부득이하게 제약조건을 위반할 수밖에 없는 상황이라면 그 영향범위를 최대한 파악해서 변경했을 때 발생할 수 있는 이슈들을 최소화하기 위한 노력을 해야 할 것입니다.

Section 03

작업 생산성

〔이슈〕 위기를 기회로

사례

개발자 K는 프로젝트를 진행하면서 팀원들의 생산성에 영향을 미치는 요소가 없는지를 주기적으로 파악할 수 있도록 해서 프로젝트가 안정적으로 마무리될 수 있도록 하기 위한 노력을 많이 했습니다. 그래서 개발자들이 개발하는 데 조금은 번거로울 수 있지만 협업 관리도구 사용 규칙을 정하여 개발자들이 이 규칙을 잘 따르도록 항상 요청했는데요. 개발자들이 잘 노력해 준 덕분에 개발자 K는 아래와 같은 일정 확인을 통해 개발자들이 프로젝트를 진행하는 데 있어 문제가 없는지 잘 파악할 수 있었습니다.

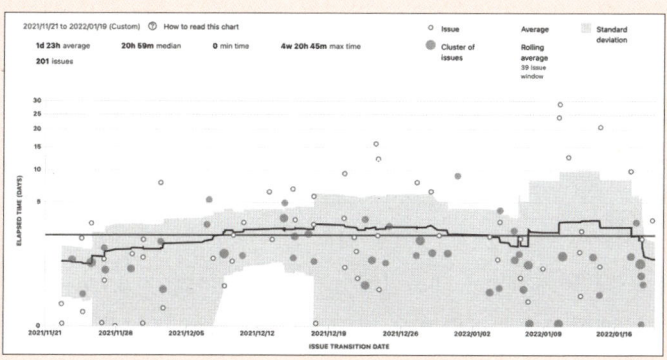

그림 4-3 프로젝트 진행 확인

이는 회고에서도 사용되었습니다. 전체적인 평균 작업 시간은 큰 문제가 없다고 판단하여 작업 시간에 대한 내용으로 이야기를 이어가기보다는 특

> 정 작업의 작업 시간이 다른 작업에 비해 오래 소요된 작업이 있는데, 이 작업들이 어떤 이유로 오랫동안 완료되지 않았는지, 이와 같은 작업이 발생하지 않도록 하기 위해서 어떤 노력을 할 수 있는지를 알아보았습니다.

관리자가 언어전환 프로젝트를 수행할 때 정량적인 수치를 통해 각자 생산성을 측정하려 하는 것은 좋은 방법이라고 생각하지 않습니다. 개발자들의 생산성을 정량적으로 수치를 측정하는 방법은 어쩌면 불가능할지도 모릅니다. 개발자 개개인의 역량에 따라 혹은 작업의 난이도에 따라서 하나의 작업이 2~3시간만에 완료될 수도, 일주일이 소요될 수도 있기 때문입니다. 물론 이슈 관리도구에서 생성된 작업(Task)의 차이가 크다면 그 작업 단위를 나누는 것이 가장 좋습니다. 하지만 더이상 쪼갤 수 없는 작업이면서 설계에 대한 고민이나 구현을 위한 자료수집을 하는 데 많은 공수를 투입해야 한다면 작업의 크기가 클 수도 있습니다.

그렇다면 작업의 건별로 이슈를 처리한 수를 계산하여 작업의 생산성을 측정하는 것이 좋은 방법일까요? 또는 작업의 소요시간을 합산하여 생산성을 측정하는 것이 좋은 방법일까요? 많은 관리자는 이러한 생산성 측정을 통해서 현재 팀의 생산성이 어느 정도인지 수치값을 통해 확인하고 싶어 합니다. 그리고 이 생산성을 토대로 앞으로 개발할 기능에 대한 완료 예상일도 측정하고 싶어 합니다.

하지만 소프트웨어 개발은 제조업에서 사용되는 '8시간 × 23일 = 1개월 공수'와 같은 방법을 적용하기 어렵습니다. 이와 같은 방법은 항상 정해져 있는 요구사항에 맞게 기계적으로 반복되는 작업을 수행했을 때 적용할 수 있을 것입니다. 하지만 소프트웨어를 개발하는 일은 이렇게 하기 어렵습니다. 요구사항은 제품이 완성되기까지 언제든지 바뀔 수 있습니다. 어쩌면 제품을 "완성한다"라는 표현이 힘들지도 모르겠습니다. 여러분이 제공하는 서비스는 고객의 필요에 의해 언제든지 변경되고 발전해 나갈 것이니까요.

그렇기 때문에 소프트웨어 개발에서는 정확한 공수 측정에 초점을 맞추기보다 프로젝트를 진행함에 있어서 개발자들이 평균적으로 작업을 어떻게 진행하는지, 그리고 이 평균적인 작업 공수에 대한 추이를 지켜보면서 일반적이지 않은 상황을 빠르게 발견하고 빠르게 대처하는 데 그 초점을 맞추는 것이 좋아 보입니다.

1. 생산성에 영향을 미치는 요인들

추이를 볼 때 눈여겨봐야 하는 부분은 특정 작업의 병목이 발생하는 부분을 발견하는 것입니다. 병목은 여러 가지 이유로 발견될 수 있습니다. 어떤 것이 있는지 살펴보겠습니다.

1.1. 기술적 이슈

작업을 하다가 기술적으로 어려운 부분이 있거나 해결하기 어려운 상황이 생기는 경우 작업의 속도가 현저하게 떨어질 수 있습니다. 이런 경우는 주변 동료 개발자들에게 기술적 이슈를 적극적으로 공유하도록 함으로써 병목을 해소할 수 있습니다. 그래서 관리자는 이러한 상황을 조기에 발견해서 개발자들이 적극적으로 기술이슈를 공유할 수 있도록 노력해야 합니다.

1.2. 개인적 이슈

다른 이유로는 개발자의 건강이나 개인적인 사유로 인해 업무에 집중할 수 없거나 연차사용 등을 통해 해당 개발자가 부재한 경우를 들 수 있습니다. 이 부분은 관리자가 사전에 예상할 수 없는 부분이기 때문에 해당 개발자가 작업하기로 했던 업무를 다른 개발자에게 이관하는 방법으로 해결할 수 있습니다.

하지만 한 명의 개발자가 특정 도메인을 맡아서 처리하고 있는데, 해당 개발자가 아닌 다른 개발자가 작업을 이어 받아 처리하게 되면 아무래도 구현방향을 파악하거나 도메인에 대한 지식을 습득하는 데 상당한 시간을 소비할 수 있습니다. 결국 이러한 상황이 생길 때마다 팀 전체 혹은 특정 개발자의 생산성이 떨어지는 상황이 생기게 됩니다.

그래서 관리자는 이러한 병목을 미연에 방지하기 위해서 코드 리뷰를 활성화하는 한편 페어 프로그래밍의 활성화, 즉 주기적으로 기술적인 내용을 공유하거나 작업 시작 전에 전반적인 설계를 함께 진행하여 개발자끼리 도메인에 대한 동기화가 잘 이루어져 있도록 해두면 좋습니다. 이렇게 대비를 해 둔다면 위와 같이 특정 개발자가 부재한 상황이 생길 경우 다른 개발자가 보다 쉽게 해당 작업을 이어받아 작업을 할 수 있을 것입니다.

1.3. 품질 이슈

품질에 대한 이슈도 작업의 생산성에 영향을 미칠 수 있습니다. 예를 들어 개발팀이 구현해야 할 기능이 완성되어 QA를 진행했는데, 구현한 기능의 절반 이상이 정상적으로 동작하지 않아 다수의 버그 이슈가 생겼다고 가정하겠습니다. 기능에 대한 버그는 언제든 생길 수 있다고 생각합니다. 하지만 이러한 구현한 기능에 대한 완성도가 50% 미만이고 계속해서 버그가 발견되는 상황이 지속되는 것은 생산성이 좋지 않다고 말할 수 있습니다. 완성된 그 기능들은 완성되었다고 볼 수 없고 예측해두었던 작업의 완료 시간은 버그 수정에 대한 작업 시간으로 인해 점점 더 늘어나게 될 것이기 때문입니다.

2. 생산성을 높이기 위한 노력

그렇다면 좀 더 생산적으로 작업을 하기 위해 어떤 노력을 할 수 있을까요? 여러 가지가 있겠지만 제가 생각하는 몇 가지를 소개하겠습니다.

2.1. 테스트 코드 작성

앞서 테스트 코드 작성에 대해 자세하게 내용을 다루었습니다. 테스트 코드를 작성하면 전체적으로 제품의 품질이 좋아집니다. 테스트 코드를 작성하면서 개발자들은 예외 케이스에 대한 고민을 함께 하게 되고 예외 케이스를 대비하기 위한 코드를 작성하게 되면서 품질을 높일 수 있기 때문입니다.

그리고 자동화된 테스트는 개발자가 코드를 수정해도 기능이 변경되지 않음을 보장해 주기 때문에 적극적인 리팩터링 활동을 유발할 수 있습니다. 그래서 지속적으로 품질을 향상할 수 있도록 도와줍니다. 높은 품질이 유지될수록 개발자들은 버그가 생김으로 인해 추가되는 작업공수에 대한 고민거리를 많이 줄일 수 있습니다. 결국 품질이 좋아지면서 개발자들은 좀 더 좋은 설계 및 코드를 작성하기 위한 노력을 적극적으로 할 수 있게 되고 이렇게 만들어진 제품은 기존에 제공하던 기능에 이슈가 적기 때문에 새로운 기능 개발에 집중할 수 있는 선순환이 이어지게 됩니다. 결국 전체적인 기능 개발에 대한 작업 공수가 짧아지기 때문에 생산성이 높아질 수 있습니다.

2.2. 작은 단위, 자주 검증

테스트 코드가 있다면 새로운 기능이 생길 때마다 자동화된 테스트에 의해 바로바로 검증이 가능합니다. 다만 QA팀에서 하는 테스트는 사용자 입장에서 테스트를 하는 것과 차이가 있기 때문에 QA를 할 수 있는 단위로 배포하여 작은 단위로, 그리고 자주 검증을 수행하여 제품의 품질에 이슈가 없는지 확인하는 것이 이상적입니다. 이렇게 작은 단위로, 자주 검증을 수행하다보면 발견되는 버그 대부분은 그 범위를 파악하기 쉽거나 간단하게 수정할 수 있는 범위로 생길 가능성이 높습니다. 그렇다면 여러분은 프로젝트 막바지에 구현해 놓은 기능을 부랴부랴 수정하느라 강도높은 작업을 수행하면서 전체 프로젝트 일정을 지키지 못해 일정을 변경해야 하는 상황을 미연에 방지할 수 있습니다.

2.3. 학습

"가장 부족한 실력을 가진 팀원의 실력이 곧 그 팀의 실력이다"라는 말이 있습니다. 만약, 기능을 개발할 때마다 버그 이슈가 수없이 생성되는 개발자가 있다고 가정하겠습니다. 그러면 여러분이 제공하고 있는 서비스의 제품은 이때 생기는 버그들로 인해 품질이 결정됩니다. 생산성도 결국 그 개발자로 인해 전체 팀의 생산성이 떨어지게 됩니다.

그렇기 때문에 여러분이 "팀의 실력향상을 통해 생산성 향상을 바라고 있다"라고 하면 앞서 말한 '가장 부족한 실력'을 가진 팀원의 실력을 높이기 위한 노력을 하는 것이 팀의 실력을 향상하는 데 도움이 될 것입니다. 그래서 팀원들이 실력을 향상할 수 있도록 정기적이고 반복적인 학습 방법을 모색하고 기술적인 이슈나 논의사항을 적극적으로 공유함으로써 특정 누군가가 부족함이 생기지 않고 팀원 전체가 평균적으로 실력이 향상되도록 노력하면 좋습니다.

2.4. 공유

개발자들이 코드 리뷰를 하는 이유는 무엇일까요? 페어 프로그래밍을 하고 코드 리뷰를 하는 이유는 개발자들이 자신이 가진 지식을 다른 개발자에게 공유함으로써 더 좋은 제품을 개발하기 위한 활동이라 말할 수 있습니다. 기능 설계리뷰나 기술전파도 이러한 관점에서 동일하다고 볼 수 있습니다.

앞서 생산성에 영향을 미치는 요인을 이야기하면서 특정 개발자가 부재한 경우 다른 개발자가 이 부재를 메우기 위해서 상당한 노력이 들어감을 이야기했습니다. 개발자 간의 지식 공유는 개발 팀원들 모두 도메인에 대한 지식을 모두 공유할 수 있도록 해 주기 때문에 특정 개발자가 부재하다고 해서 해당 기능을 구현하지 못하거나 구현하는 데 상당한 시간이 소요되는 것을 미연에 방지할 수 있습니다.

Section 04
이슈 공유

[이슈] 위기를 기회로

사례

개발자 K가 속한 개발팀은 협업 관리도구로 Jira를 활용하고 있습니다. 운영이슈를 처리하기 위해서 별도의 칸반 보드를 운영하고 있으며 운영팀은 고객 요청사항이나 운영 중 발생하는 이슈, 버그 등이 발생하게 된다면 Jira의 작업으로 등록해서 개발팀에게 처리 요청을 하고 있습니다.

개발자들은 언어전환 프로젝트를 진행하면서 이번 주에 계획했던 업무를 모두 처리했다면 그 다음으로 칸반 보드에 쌓여있는 이슈 중 우선순위가 높은 작업을 가져와서 이슈를 처리했습니다. 그리고 이슈를 처리했다면 작업의 상태를 변경하고 해당 이슈를 보고했던 보고자에게 처리되었음을 알리고 확인 요청을 합니다. 보고자는 처리된 이슈를 확인한 후 해당 작업을 완료처리를 함으로써 이슈를 종료합니다.

개발자 K는 언어전환 중 ORM Entity와 관련해서 기술적인 이슈를 만나게 되었고 팀원들과 공유하면 좋겠다고 판단해서 기술적인 이슈가 발생한 원인과 해결 내용에 대해 아래와 같이 문서로 공유했습니다.

문서

JPA Entity isNew 이슈

배경

우리 팀에서는 JPA Entity에서 PK를 UUID로 사용하고 있습니다. 여기서 Entity 생성 시 null이 아닌 random 값으로 생성하여 사용하고 있습니다. 이때 JPA의 ID 생성 방식 규칙에 따라 아래와 같은 이슈가 있어 원인과 해결 방법을 공유하고 의견을 주고받고자 합니다.

이슈

- 기본적으로 isNew가 false로 판단합니다.

AbstractEntityInformation#isNew 함수를 보면 아래와 같이 null 또는 0이면 isNew를 true로 판단합니다.

```
01  public boolean isNew(T entity) {
02      ID id = getId(entity);
03      Class<ID> idType = getIdType();
04
05      if (!idType.isPrimitive()) {
06          return id == null;
07      }
08
09      if (id instanceof Number) {
10          return ((Number) id).longValue() == 0L;
11      }
12
13      throw new IllegalArgumentException(String.
            format("Unsupported primitive id type %s!", idType));
14  }
```

- isNew를 false로 판단하면 저장할 때 성능이 좋지 않습니다.

SimpleJpaRepository#save 함수를 보면 isNew가 false면 merge를 실행합니다.

```
01  @Transactional
02  @Override
03  public <S extends T> S save(S entity) {
04
05      Assert.notNull(entity, "Entity must not be null.");
06
07      if (entityInformation.isNew(entity)) {
08          em.persist(entity);
09          return entity;
10      } else {
11          return em.merge(entity);
12      }
13  }
```

- isNew를 false로 판단하면 CASCADE 시 PERSIST가 동작하지 않습니다.

연관 entity를 root에서 생성해 주는 방법으로 CASCADE를 사용하곤 하는데, 새로운 연관 entity를 생성해서 root entity에서 함께 저장하면 CASCADE가 되지 않는 현상을 발견했습니다. 즉, ID값이 이미 존재하도록 entity를 생성하면 persist event가 아니라 merge event가 발생되고 cascade도 cascadeOnMerge 함수가 실행됩니다.

```
01  // SessionImpl.java
02  private Object fireMerge(MergeEvent event) {
03      try {
04          // 생략 ...
05          fastSessionServices.eventListenerGroup_MERGE.
06                  fireEventOnEachListener( event,
07                  MergeEventListener::onMerge );
08          // 생략 ...
09      }
10      // 이하 생략 ...
11
```

```
12      return event.getResult();
13  }
```

```
01  // DefaultMergeEventListener.java
02  protected void cascadeOnMerge(
03      final EventSource source,
04      final EntityPersister persister,
05      final Object entity,
06      final Map copyCache
07  ) {
08      final PersistenceContext persistenceContext = source.getPers
09              istenceContextInternal();
10      persistenceContext.incrementCascadeLevel();
11      try {
12          Cascade.cascade(
13                          getCascadeAction(),
14                          CascadePoint.BEFORE_MERGE,
15                          source,
16                          persister,
17                          entity,
18                          copyCache
19          );
20      }
21      finally {
22          persistenceContext.decrementCascadeLevel();
23      }
24  }
```

- isNew를 true로 강제하면 delete가 동작하지 않습니다.

CrudRepository에서 delete 함수를 호출할 때 isNew가 true면 리턴 해버리는 코드가 있습니다. 이는 아마 같은 Transaction 내에서 entity 를 생성했다가 삭제하는 경우 flush할 필요가 없기 때문에 최적화 또는 데이터베이스 오류 방지를 위한 동작이라는 생각이 듭니다. 하지만 '등록하자마자 삭제하는 사람이 있을까?' 싶기는 합니다.

```
01  @Override
02  @Transactional
03  @SuppressWarnings("unchecked")
04  public void delete(T entity) {
05
06      Assert.notNull(entity, "Entity must not be null!");
07
08      if (entityInformation.isNew(entity)) {
09          return;
10      }
11
12      Class<?> type = ProxyUtils.getUserClass(entity);
13
14      T existing = (T) em.find(type, entityInformation.
            getId(entity));
15
16      // if the entity to be deleted doesn't exist, delete is
            a NOOP
17      if (existing == null) {
18          return;
19      }
20
21      em.remove(em.contains(entity) ? entity:
            em.merge(entity));
22  }
```

해결 방안

delete를 재정의하는 방법은 cascade로 인해 수행할 수 없습니다. 그렇다고 ID를 nullable한 값으로 주는 것은 Entity의 가장 중요한 값을 더럽히는 근시안적인 방법입니다. 그리고 ID의 생성을 Generated에 맡기는 것은 데이터베이스에 의존적인 코드를 양상할뿐만 아니라 Test

시 flush를 염두해 두고 해야 하기 때문에 좋은 방법이 아닙니다.

그래서 Jpa Entity Lifecycle Events[12]를 활용해보기로 했습니다.

- before persist is called for a new entity - @PrePersist
- after persist is called for a new entity - @PostPersist
- before an entity is removed - @PreRemove
- after an entity has been deleted - @PostRemove
- before the update operation - @PreUpdate
- after an entity is updated - @PostUpdate
- after an entity has been loaded - @PostLoad

등록 시에는 isNew가 true이고 조회된 Entity는 isNew가 false가 되어서 삭제가 정상 동작하게 하려면 @PostLoad를 사용하면 됩니다. persist 후 1차 캐시가 된 상태에서 delete 시 isNew가 true인 상태여서 삭제가 안 되는 문제가 있었습니다. 그래서 @PostPersist를 추가하여 persist 후 isNew를 false로 변환하도록 변경했습니다.

```
01  @MappedSuperclass
02  abstract class PrimaryKeyEntity(
03      @Id
04      private val id: UUID = UlidCreator.getMonotonicUlid().
            toUuid(),
05  ): Persistable<UUID>, Cloneable {
06      @Transient
07      private var _isNew = true
08      override fun getId(): UUID = id
09      override fun isNew(): Boolean = _isNew
10
```

[12] https://www.baeldung.com/jpa-entity-lifecycle-events

```
11    @PostPersist
12    @PostLoad
13    protected fun load() {
14        _isNew = false
15    }
16  }
```

주간회의에서 위 문서와 함께 기술적인 이슈가 발생한 원인 및 해결 방법에 대해 논의했고 팀원 모두가 JPA에 대해 좀 더 깊이 이해하게 되는 계기가 되었습니다.

이슈가 발생하면 해당 이슈를 빠르고 정확하게 공유하고 모두가 해당 이슈를 인지하고 처리할지 고민하여 이슈가 최대한 올바르게 처리되도록 하는 것이 이슈 처리의 이상적인 방향입니다. 이슈를 제때 올바르게 처리하도록 하기 위해서 무엇보다 중요한 것은 이슈가 발생했을 때 적절한 시점에 정확한 내용으로 필요한 사람에게 공유되는 것인데요. 이러한 이슈 공유가 잘 되도록 하기 위한 실천사항을 살펴보겠습니다.

1. 협업 관리도구 활용

작업 공유와 마찬가지로 이슈 공유도 협업 관리도구를 활용하면 아주 유용합니다. 만약, 협업 관리도구 없이 이슈를 처리하는 사례를 보겠습니다.

> **사 례** 사례협업 관리도구 없이 이슈를 처리하는 경우
>
> 이슈가 발생했을 때 보고자들이 직접 담당자에게 찾아가서 이슈를 설명하고 담당자는 이를 문서로 정리합니다. 그런 다음 담당자는 개발팀원들에게 이슈에 대한 내용을 설명한 후 어떻게 처리할지 논의하는 등 이슈 처리를 위한 계획을 수행하게 됩니다. 개발팀은 논의 끝에 어떻게 처리하게 될지 결정하게 되었고 담당자는 이슈 보고자에게 어떻게 처리할지와 예상 처리 완료시점을 알려주게 됩니다. 전달한 처리 완료시점이 되자 이슈 보고자는 담당자에게 이슈의 완료 여부를 확인하게 되고 담당자는 처리가 완료되었음을 알려주었고 보고자는 해당 이슈가 완료되었음을 다시 한 번 확인하게 되었습니다.

만약, 이 사례에서 개발자에게 중간에 긴급한 이슈가 발생하게 되면 어떻게 될까요? 약속했던 완료 일정을 미루어야 하기 때문에 보고자에게 예상 완료시점이 변경되어야 함을 알려야 하고, 보고자는 해당 완료시점을 기억해두었다가 담당자에게 완료 여부를 확인하거나 담당자가 완료되었음을 알려주기까지 기다려야 합니다. 혹여나 작업자가 긴급한 이슈를 처리하느라 다른 이슈 처리가 늦어짐을 공유하는 것을 잊어버리게 되면 이슈가 끝나기만 기다리고 있던 보고자는 업무에 차질을 겪게 될 것입니다.

다음으로 개발팀을 관리하는 관리자 입장에서 협업 관리도구를 활용하지 않았을 경우 이슈 관리를 하는 사례를 보겠습니다.

> **사 례** 관리자 입장에서 협업 관리도구를 활용하지 않았을 경우
>
> 개발팀을 관리하고 있는 관리자는 운영팀에서 이슈가 발생하면 개발자 중 누가 이슈를 몇 개 처리하고 있고 이슈의 경중을 모두 파악하기가 쉽지 않아 직접 개발자들에게 이슈를 몇 개 처리하고 있고 난이도가 어느 정도인지 확인하면서 이슈를 할당해 주고 있습니다. 그러다 보니 이슈에 대한 파악이 제대로 되지 않아 특정 개발자에게 이슈가 몰리게 되는 상황이 발생하기도 했습니다.

위 사례들은 이슈를 처리할 때 협업 관리도구를 활용하지 않는다면 발견할 수

있는 불편함 중 일부분에 불과합니다. 만약, 첫 번째 사례에서 협업 관리도구를 활용했다면 보고자는 이슈가 언제 처리될지 현재 어떤 상태로 진행되고 있는지를 협업 관리도구의 작업 상태를 통해 언제든지 손쉽게 확인할 수 있습니다. 그렇기 때문에 작업자에게 매번 작업의 진행여부를 확인하지 않아도 될 것입니다.

두 번째 사례의 경우에도 개발팀의 관리자는 팀 내 모든 개발자가 어떤 이슈들을 처리하고 있는지 보고서 기능을 통해서 혹은 칸반 보드를 통해서 확인할 수 있습니다. 그래서 특정 개발자에게 작업이 몰리지 않도록 적절하게 이슈를 분배할 수 있을 것입니다.

이렇듯 협업 관리도구는 작업을 관리하는 것뿐만 아니라 이슈가 발생했을 때 해당 이슈를 할당하고 처리하고 공유하는 것까지 다양한 장점을 가져갈 수 있습니다.

2. 문서 활용

이슈가 발생했을 때 정확하고 이해하기 쉬운 이슈 공유는 이슈 관리의 중요한 요소 중 하나입니다. 발생한 이슈에 대해 정확하게 전달되어야 처리할 담당자가 이슈 원인을 좀 더 정확하게 파악할 수 있고 근본 원인을 해결할 수 있을 것이기 때문입니다.

이렇게 이슈를 정확하게 공유하기 위한 효과적인 방법 중 하나가 바로 문서를 활용하는 것입니다. 잘 작성된 문서는 구두로 전달하는 것보다 훨씬 정확하고 이해하기 쉽게 이슈를 전달할 수 있습니다. 구두로 전달하면 이슈의 내용이 휘발되기 때문에 전달하는 당시에는 작업자가 이해했지만 다른 업무를 한 후 이슈를 처리하려고 할 때 기억이 나지 않는다면 다시 보고자에게 이슈의 내용을 확인해야 하는 상황이 발생할 수 있습니다. 하지만 문서로 잘 정리하여 이슈를 전달한다면 작업 담당자는 언제든 이슈에 대한 내용을 확인하고 해당 내용을 기반으로 이슈 처리를 위한 계획을 수립할 수 있습니다. 또한 나중에 동일한 이슈가 발생했을 때 이미 작성한 문서가 있다면 이 문서를 재활용하거나 이력을 위한 용도로 사용할 수 있습니다.

비록 문서를 작성하는일이 번거롭고 이슈를 처리하는 데 공수와 시간을 많이 소모한다고 생각할지도 모르겠지만 실제로는 문서를 작성하고 공유한 후 작업을 처리할 때 참고하는 일련의 과정을 거치다보면 결과적으로는 문서의 작성이 이슈를 더욱 빠르게 처리할 수 있도록 해주었음을 깨닫게 될 것입니다.

한편 이슈 문서는 작성하는 그 자체만으로도 중요하지만 필요한 내용을 정확하고 간결하게 작성하는 것 또한 중요한데요. 이렇듯 이슈를 잘 공유할 수 있는 문서를 작성하는 방법은 무엇일까요?

2.1. 최대한 명확하고 간결하게 작성한다

업무를 진행하면서 여러분은 수많은 문서를 읽게 됩니다. 그래서 문서를 읽을 때 내용이 장황하면 그 글에 대한 집중력이 상당히 떨어지게 됩니다. 그러다 보면 해당 문서를 다 읽은 뒤에도 무엇을 전달하려고 했는지 혹은 무엇이 문제라고 하는지에 대한 내용을 명확하게 파악하기 어려운 경우가 있습니다. 그런 문서는 이슈를 공유할 때 도움이 되기보다는 오히려 불필요한 의사소통 비용을 유발하게 되므로 좋은 문서라 할 수 없을 것입니다.

문서를 간결하게 적는 방법은 누가 읽어도 이해하기 쉽게 작성하는 것입니다. 내용이 짧다고 간결한 것이 절대 아니라고 생각합니다. 너무 함축되어 있는 표현은 오히려 읽는 사람이 내용을 이해하기 위해 더 많은 자료를 찾거나 질문을 하게 만듭니다. 그렇기 때문에 내용이 짧고 이해하기 어려운 문서는 간결하다고 볼 수 없습니다. 오히려 읽는 사람의 지식 수준에 맞게 쉬운 단어와 명확한 내용으로 문서가 작성된다면 공유된 문서를 읽는 사람은 손쉽게 문서를 이해하고 전달하고자 하는 바를 파악할 수 있습니다.

2.2. 요약본을 제공한다

'TL;DR'이라는 단어가 있습니다. "Too Long; Don't Read"라는 표현의 약어인데요. 소셜미디어에서 자주 볼 수 있는 표현입니다. 즉, 내용을 모두 읽지 않아도 전체적인 내용을 파악할 수 있도록 요약한 내용을 전달하기 위한 용도로 사용합니다.

업무를 하면서 여러분을 포함한 수많은 개발자가 수많은 문서를 공유받고 읽게 됩니다. 그렇기 때문에 자신이 시간을 투자해서 읽어야 할 문서인지 아닌지 파악하여 내용을 깊게 파악하지 않아도 될 문서는 전체적인 맥락만 파악하고 좀 더 깊이 이해하고 살펴봐야 할 문서에 집중하는 것이 효율적으로 일하는 방식일 것입니다. 그래서 이슈 문서를 공유할 때 되도록 상단에 'TL;DR'과 같이 요약한 내용을 손쉽게 읽어볼 수 있도록 제공한다면 여러분의 동료가 소중한 시간을 절약할 수 있을 것입니다.

2.3. 문서 내 링크를 적극 활용한다

100마디 말보다 적절한 문서 링크가 훨씬 더 효율적일 수 있습니다. 물론 문서 내에 링크된 콘텐츠의 내용을 적어주는 것이 훨씬 편리할 수 있습니다. 만약, 여러분의 회사가 여전히 종이로 된 문서를 공유하고 있다면 문서의 링크보다는 내용을 해당 문서에 옮겨 적어 주는 것이 더 나을 수 있을 것입니다. 이러한 경우가 아니라면 문서에 링크를 연결해 주는 것이 문서를 장황하게 만들지 않고도 내용을 풍부하고 이해하기 쉽도록 해 줄 수 있습니다.

그렇다고 문서의 절반 이상이 링크들로 도배되어 있다면 그 문서를 읽는 독자는 문서의 링크를 찾아다니느라 정작 공유된 문서의 맥락을 파악하는 데 어려움을 겪을 것입니다. 그러므로 적절한 위치에 적절한 수의 링크를 연결하는 것이 필요합니다.

2.4. 객관적인 사실을 전달한다

이슈 공유 문서는 사실을 전달하는 문서입니다. 즉, 최대한 객관적이고 사실만 전달되어야 근본적인 원인 파악과 함께 보다 나은 해결방안을 모색할 수 있을 것입니다.

만약, 문서를 작성하는 작성자가 이슈 공유 문서에 본인의 생각과 해결 방법을 예측하는 내용을 적는다거나 이슈로 인해 자신이 겪은 어려움을 어필하는 내용이 담겨져 있다면 해당 글을 읽는 담당자는 어떻게 대처할 수 있을까요? 위로의 말을 전해줘야 할까요? 팀원끼리의 원만한 관계를 가지는 것이 물론 중요하긴 하지만 이슈를 제대로 해결하고 난 후 팀원과의 원만한 관계를 위한 활동을 해도 늦지 않을 것입니다. 앞선 방식과 같이 문서을 작성한다면 이슈를 처리해야 할 담당자는 감정적인 내용들로 인해 정확한 이슈의 원인을 파악하기 힘들 것이고 이슈를 처리하는 데 어려움을 겪게 될 것입니다. 그렇기 때문에 이슈 보고자가 이슈 공유 문서를 작성할 때는 최대한 자신의 감정이나 의견을 지양하고 사실을 기반해서 객관적인 관점에서 공유 문서를 잘 전달할 수 있도록 노력해야 합니다.

2.5. 찾기 쉬워야 한다

이슈 공유 문서뿐만 아니라 다른 모든 문서도 마찬가지입니다. 문서는 찾기 쉬운 위치에 있어야 합니다. 도서관을 한번 상상해보기 바랍니다. 수많은 책들이 뒤죽박죽 섞여서 책장에 꽂혀 있다면 여러분이 원하는 책을 쉽게 찾을 수 있을까요? 여러분이 책의 제목을 알든 모르든 원하는 책을 찾는 것은 아주 어려울 것입니다.

온라인상에서 관리하는 문서도 마찬가지입니다. 적절한 위치에 문서를 위치해놔야 문서를 찾을 때 용이합니다. 특히 발생한 이슈들을 관리하는 문서는 그 카테고리가 명확하기 때문에 적절한 위치에 두기 아주 좋은 문서가 될 수 있습니다.

제목을 정확하게 안다면 위치는 중요하지 않을 수 있습니다. 최신 문서 관리 도구들은 아주 좋은 검색기능을 제공해 주기 때문에 여러분이 찾고자 하는 문서를 찾을 때 제목을 알고 있다면 그 문서를 찾는 데는 큰 어려움이 없을 것입니다. 하지만 제목을 모르고 내용 중 일부분의 단어만 알고 있는데 하필 해당 단어가 수많은 문서에서 사용되고 있다면 어떻게 할까요? 결국 직접 찾아다녀야 합니다. 그럴 때 문서의 적절한 위치는 아주 중요합니다. 그러므로 여러분은 이슈 공유 문서를 작성하는 것뿐만 아니라 적절한 위치에 두는 것을 항상 염두해 두어야 합니다.

3. 정기 회의 활용

정기적으로 이루어지는 회의도 이슈를 공유하기 좋은 선택지가 될 수 있습니다. 협업 관리도구나 문서를 이용한 이슈 공유는 이슈에 관련이 있거나 관심 있는 담당자 또는 관리자에게는 공유가 잘 될 수 있겠지만 업무에 관련이 없는 다른 개발자들은 해당 이슈에 관심이 없다면 이슈에 대한 내용을 확인하기가 어려울 것입니다. 그래서 정기적인 회의에서 자신이 겪었거나 해결하기 어려운 이슈들을 공유함으로써 동료 개발자들의 의견을 듣거나 해결 방법을 함께 찾음으로써 보다 나은 방법으로 이슈를 해결하고 다음에 이슈가 생겼을 때 원만하게 해결할 수 있을 것입니다.

3.1. 스탠드 업 회의

만약, 여러분이 매일 팀원들과 스탠드 업 회의를 진행하고 있다면 간략하게 현재 자신이 처리하고 있거나 처리해야 할 이슈를 공유할 수 있습니다. 스탠드 업 회의는 15분 내외의 짧은 시간으로 회의를 진행하기 때문에 이슈 내용을 이 시간에 모두 설명하기에는 무리가 있습니다. 대신 짧은 요약으로 이슈를 공유하고 만약, 해당 이슈에 대해서 좀 더 자세히 다루어볼 필요가 있다면 그 이슈만을 다루기 위한 회의 시간을 따로 정하여 이슈를 자세히 다루어야 합니다.

언어전환 프로젝트를 진행하면서 각자 자신이 처리해야 할 업무가 많은 상황에서 개발자 개개인이 가지고 있는 이슈가 공유되지 않는다면 다른 팀원이 알기는 어렵습니다. 그래서 스탠드 업 회의에서 이슈의 요약 내용을 공유함으로써 팀원들이 모르는 이슈를 공유하고 간단하게나마 이슈 내용을 파악할 수 있다면 혹시나 다른 팀원이 비슷한 이슈를 만나게 되었을 때 보다 쉽게 해당 이슈를 처리할 수 있게 될 것입니다.

3.2. 주간 또는 월간 회의

매주 또는 매달 열리는 정기 회의는 앞서 말한 스탠드 업 회의보다는 자세한 내용으로 이슈를 공유할 수 있습니다. 정기 회의에서는 현재 진행 중이거나 앞으로 처리해야 할 이슈에 대해 간략하게 설명하는 것도 좋지만 지난 번에 처리한 이슈에 대해 어떤 이유로 발생했고 어떻게 처리했는지에 대해 다룬다면 좀 더 유익한 시간이 될 수 있습니다. 정기 회의는 주기적으로 열리므로 매 회의마다 안건을 모으고 정리한 문서를 작성하게 될 것입니다. 그래서 정기 회의 때 팀원들이 좀 더 잘 이해할 수 있도록 이슈 내용을 공유할 문서를 준비하면 좋습니다.

프로젝트를 진행함에 있어 이슈없이 진행하면 참 이상적이겠지만 현실적으로 아무리 사전준비가 철저하더라도 이슈없이 마무리되는 프로젝트는 찾아보기 힘듭니다. 그렇다면 여러분이 선택할 수 있는 가장 이상적인 선택지는 이슈가 발생했을 때 좀 더 적은 영향으로 원활하게 이슈를 해결하는 것입니다.

앞서 소개한 여러 이슈에 대한 대응 방법은 결국 이슈에 대한 빠른 공유와 모두가 적극적으로 이슈를 해결하기 위한 노력으로 귀결됩니다. 어쩌면 당연할 수 있는 이야기지만 상황에 맞게 잘 대처할 수 있는 방법을 숙지해둔다면 어떠한 이슈가 생기더라도 원만하게 해결할 수 있을 것입니다.

자, 이제 여러분의 긴 여정의 마무리를 향해 다음 장으로 넘어가겠습니다.

[종료] 하얗게 불태웠어

5장

Language Change Project Management

프로젝트의 시작도 중요하지만 마무리도 아주 중요합니다. 열심히 개발해서 달려온 프로젝트가 잘 마무리될 수 있도록 QA 과정에서 여러분이 숙지하면 좋을만한 내용과 프로젝트를 배포할 때 고려해야 할 항목에 대해 이야기하겠습니다.

Section 01
QA 준비

[종료] 하얗게 불태웠어

사례

언어전환 프로젝트가 점점 마무리 단계에 접어들기 시작하자 개발자 K는 QA팀에게 QA를 입고할 수 있는 예상 일정을 전달하고 QA를 위한 준비를 부탁했습니다. 이에 QA팀은 개발팀의 요청에 따라 QA를 위한 준비를 하기 시작했습니다.

QA팀에서는 QA를 진행하기 전에 세너티 테스트(Sanity Testing)[1]를 먼저 진행해 줄 것을 요청했습니다. 세너티 테스트는 QA팀이 아닌 제작부서에서 제품이 최소한의 품질을 만족하는지 QA 전에 신속하게 테스트를 진행하는 테스트를 말합니다. 이를 통해서 QA팀은 Blocking 이슈를 최대한 방지하여 QA 사이클 시간을 최소한으로 줄일 수 있기 때문에 QA 기간을 효율적으로 설정하고 관리할 수 있다는 장점을 가질 수 있습니다.

다음으로 QA 이슈에 대한 워크플로우(workflow)를 설정했습니다. A 스타트업에서는 Jira를 사용하고 있기 때문에 Jira의 워크플로우를 설정했습니다. 워크플로우의 내용은 아래와 같습니다.

---

1 https://en.wikipedia.org/wiki/Sanity_check

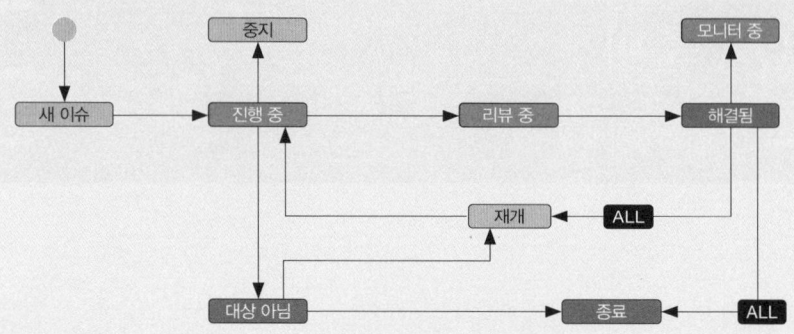

그림 5-1 Jira QA 버그 이슈 워크플로우

QA 이슈 처리 워크플로우

- **새 이슈(New)**: QA 담당자는 테스트 케이스에 부합하지 않는 제품의 기능이 발견되면 해당 내용을 입력하여 버그 이슈를 등록합니다. 이때 예상되는 담당자를 해당 이슈에 할당합니다.

- **진행 중(In Process)**: 이슈를 처리할 담당자는 자신에게 할당된 이슈를 먼저 검토합니다. 그리고 처리가 가능하다면 상태를 '진행' 상태로 변경한 후 작업을 처리합니다. 이때 목표 일정을 이슈에 적어준다면 보고자가 언제까지 처리할지 기대하고 업무에 참고할 수 있기 때문에 많은 도움이 됩니다.

- **담당자 이관**: 자신이 처리하기 힘들거나 자신의 분야가 아닌 부분에 대한 이슈라면 적절한 담당자로 이슈를 이관합니다.

- **중지(Holding)**: 이슈의 심각도가 높지 않지만 처리하기에 까다로운 작업이라면 보고자와 협의를 통해 해당 이슈를 추후에 처리하기 위한 상태로 변경하고 이슈를 중단합니다.

- **대상 아님(Rejected)**: 담당자가 이슈 내용을 검토했을 때 보고자가 이슈라고 생각했지만 이미 협의가 되었거나 의도된 기능이라서 버그로 판단할 수 없는 경우라면 '대상 아님'으로 처리합니다. 보고자는 해당 내용을 다시 한번 확인한 후 해당 이슈가 진짜로 버그가 아닌지 혹은

담당자가 오판한 것인지에 따라 이슈 상태는 '종료' 또는 '재개'로 변경합니다.

- **리뷰 중(In Review)**: 담당자가 해당 이슈에 대한 작업(코드 작업 또는 데이터 처리 등)을 완료했다면 처리한 작업에 문제가 없는지 팀원들에게 확인하는 작업을 수행하게 됩니다. 개발자라면 보통 코드 리뷰가 이런 상태일 것이고 디자이너라면 디자인 리뷰가 이런 상태일 것입니다.

- **해결됨(Resolved)**: 리뷰가 끝난 이슈는 담당자가 '해결됨' 상태로 변경합니다. 이슈 처리 담당자는 여기서부터 다시 보고자에게로 넘어가게 됩니다. 보고자는 해당 이슈가 해결되었는지 확인하는 과정을 거치게 되며 확인 결과에 따라 '재개' 또는 '종료'로 상태를 변경하게 됩니다.

- **모니터 중(Monitoring)**: 이슈에 따라서는 담당자가 처리한 이슈가 잘 처리되었는지 확인하는 시간이 오래 걸릴 수도 있습니다. 그런 경우 이슈의 상태를 '모니터 중'으로 변경하고 보고자가 해당 이슈를 확인 중에 있음을 공유함으로써 협업을 좀 더 원활하게 진행할 수 있습니다.

- **종료(Closed)**: 이슈를 보고한 보고자는 이슈가 해결된 것을 확인했다면 해당 이슈를 '종료' 처리함으로써 해당 이슈의 워크플로우를 종료하게 됩니다. 만약, 이슈가 '대상 아님'으로 처리되었을 때에도 보고자는 해당 이슈가 진짜 이슈가 아님을 확인한 후 이슈를 '종료'로 처리하게 됩니다.

- **재개(Reopened)**: 작업 담당자가 이슈를 처리했다고 판단해서 해당 이슈를 '해결됨' 상태로 변경한 후 보고자에게 확인을 요청했으나 보고자가 확인을 해보니 이슈가 해결되지 않고 재발하는 것을 발견하게 된다면 보고자는 담당자에게 이슈를 다시 확인하고 처리해줄 것을 요청하게 됩니다. 이러한 상태가 '재개'입니다. 또한 담당자가 해당 이슈가 '대상 아님'으로 판단하여 보고자에게 확인을 요청했을 경우에도 보고자가 확인 후 '대상 아님'이 아니라 '버그'라고 판단했다면 이 또한 '재개' 상태로 이슈를 변경하고 담당자에게 다시 처리를 요청합니다.

다음으로 QA팀은 버그 이슈를 생성할 때 작업자들이 좀 더 쉽게 내용을 파악하고 이슈 처리를 할 수 있도록, 그리고 팀 내에서 버그 이슈를 잘 분류하고 관리하기 위해서 아래와 같이 내용을 작성하고 이슈에 필드들을 추가하여 필수적으로 값을 설정하도록 했습니다.

그림 5-2 QA 버그 이슈

QA 이슈의 입력 항목

- **제목:** 이슈를 할당받은 담당자가 가장 먼저 보게 되는 내용이기 때문에 이슈의 내용을 가장 잘 요약해서 대략적인 이슈의 상황을 빠르게 인지할 수 있도록 적어주도록 했습니다.

- **내용:** 이슈를 확인하고 담당자에게 보고하는 보고자는 최대한 담당자가 버그 이슈를 재현하여 원인을 파악하기 쉽도록 구체적이고 명확하게 이슈 내용을 전달할 수 있도록 내용을 작성하도록 했습니다. 내용에는 버전을 기입하여 이슈가 발생한 코드 형상을 빠르게 추적할 수 있도록 했고, 담당자가 버그 이슈를 재현해 볼 수 있도록 재현을 위한 절차, 그리고 예상되는 결과와 현재 이슈라고 판단되는 결과를 보여줌으로써 버그 내용을 빠르게 인지할 수 있도록 했습니다.

- **관련 이슈:** 현재 발생한 이슈가 다른 버그 이슈와 관계가 있다면 이슈 간에 연결해서 관련 이슈 추적을 좀 더 원활히 하고자 했습니다.

- **첨부파일:** 이슈 내용을 좀 더 잘 전달하기 위해서 필요하다면 영상 첨부나 이슈를 재현하기 위해 필요한 파일을 첨부하기도 했습니다.

- **결함 유형:** 버그 유형을 둠으로써 추후 버그 이슈에 대한 보고서를 생성할 때 활용하고자 했습니다. 기능, 디자인, 기본 오류, 개선사항 등으로 결함 유형을 두고 사용했습니다.

- **재현 빈도:** 담당자가 버그 이슈를 처리할 때 큰 요소로 작용하게 됩니다. 만약, 버그 발생이 매번 재현된다면 원인을 파악하기가 오히려 쉬울 것이고 간헐적이거나 한 번만 발생하고 그 이후에 재발하지 않는다면 담당자는 원인 파악이 쉽지 않을 것입니다. 그래서 QA팀은 이슈 입력 항목에 '재현 빈도'를 둠으로써 이슈에 대한 처리 작업 난이도를 조금이나마 쉽게 판단할 수 있도록 했습니다.

- **우선순위:** 버그 이슈에 대한 심각도에 따라 우선순위를 줌으로써 한정된 리소스를 효율적이고 제품의 품질에 영향을 미치지 않는 선에서 합리적으로 이슈를 처리할 수 있도록 했습니다.

다음으로 QA팀은 QA를 진행할 때 형상관리를 위해 QA 라운드마다 Release Candidate(RC)[2] 버전을 두고 관리하기로 결정했습니다. RC 버전은 최종적으로 릴리즈되거나 출시 될 후보 버전으로 개발팀이 설정한 버전에 RC 버전을 추가하고 QA 라운드마다 RC 버전을 증가해서 QA 진행 시 형상을 관리하는 방법으로 사용했습니다.

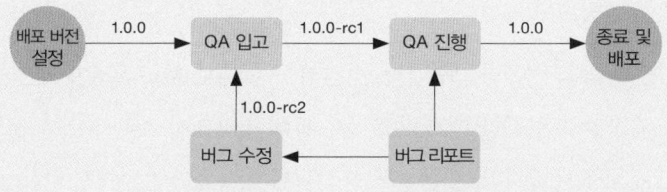

그림 5-3 QA 라운드 진행에 따른 버전 변화

---

2 https://en.m.wiktionary.org/wiki/release_candidate

> 마지막으로 QA팀은 앞에서 설정한 QA 프로세스 및 정책을 문서로 정리해서 개발팀 및 다른 제품팀에게 전달하여 모두가 QA 프로세스를 숙지하고 원활하게 QA를 진행할 수 있도록 했습니다.

여기서는 언어전환 프로젝트를 마무리하기 위해 QA 프로세스를 진행하는 내용에 대해서 이야기하려고 합니다. 언어전환 프로젝트를 성공적으로 마무리 짓기 위해서는 제품의 품질을 높일 수 있는 효과적이고 전략적인 QA 프로세스가 필요합니다. 이 책은 QA 엔지니어보다 개발자에게 초점이 맞춰져 있지만 개발자도 대략적인 QA의 개념과 테스트를 위한 전반적인 지식을 가지고 프로젝트에 임하면 상당한 도움(개발자가 테스트 코드를 작성하는 등)이 되기에 간단하게나마 소개하려고 합니다.

1. QA란 무엇인가

제품을 개발함에 있어 QA는 왜 필요할까요? QA는 Quality Assurance[3]의 머리글자로 고객에게 전달될 제품의 기능, 디자인, 신뢰성, 유지보수성 등의 품질을 검증하고 관리하는 일련의 활동을 말합니다. 여기서 말하는 품질은 넓은 의미로는 고객 만족을 달성하기 위한 것이고, 좁은 의미로는 요구사항을 충족하는 것을 말합니다.

QA 활동 중에는 개발된 제품을 테스트하는 활동도 포함되지만 테스트뿐만 아니라 품질 보증을 위한 관리 및 측정을 통해서 지속적으로 양질의 제품 품질을 고객에게 전달하기 위한 활동도 포함됩니다. 즉, 개발팀에서 만든 소프트

---

[3] https://en.wikipedia.org/wiki/Quality_assurance

웨어가 좀 더 높은 품질로써 고객에게 전달되기 위해서 QA 활동이 필요하게 됩니다.

그렇다면 QA팀은 양질의 제품을 고객에게 전달하려고 어떤 활동을 할까요?

1.1. 프로세스 수립 및 관리

QA팀은 제품 개발에 참여하는 모든 구성원과 원만하게 협업하고 프로젝트가 잘 진행되어 양질의 제품을 고객에 전달하기 위해 기획에서부터 개발, QA 및 배포까지의 프로세스를 만들고 각 프로세스 단계마다 품질에 영향을 미치는 요소가 존재하지 않는지 등을 모니터링하여 지속적으로 더 나은 프로세스를 유지하기 위해 노력합니다. 또한 프로젝트 진행뿐만 아니라 운영 중인 환경에서도 발생하는 제품 결함 및 문제점과 같은 리스크를 관리하는 전반적인 활동도 함께 합니다.

1.2. 테스트 전략 수립

QA팀은 제품의 특성을 정확하게 이해하고 각 프로젝트 상황에 맞는 테스트 전략을 계획하고 테스트 케이스를 수립하여 테스트를 수행합니다.

제품의 특성을 정확하게 이해하고 분석하기 위해서는 프로젝트 구성원과 긴밀하게 협업하고 기획에서부터 개발에 이르기까지 적극적으로 프로젝트 진행과정에 참가하게 됩니다. 이를 통해 제품에 대한 특성을 잘 이해하고 나면 프로젝트에 맞는 테스트 전략을 수립하게 되고 그에 맞게 테스트 케이스를 설계하여 QA 진행 시 테스트를 수행하게 됩니다.

1.3. 테스트 데이터 수집 및 피드백

QA팀은 테스트 결과 데이터를 수집하여 품질 지표를 설정하고 취약점을 식별하여 안정적인 서비스를 제공하는 데 기여함으로써 사후 관리 비용을 최소화하는 것을 목표로 합니다.

테스트를 수행하고 나면 테스트 리포트 및 버그 이슈와 같은 산출물이 나오게 됩니다. 이 데이터를 기반으로 평가 및 피드백을 통해서 좀 더 나은 품질을 유지하기 위한 지표 설정 및 개선 활동을 이어갑니다.

1.4. 그 외의 활동

그 외에도 QA 팀에서는 제품을 배포하기 위한 배포전략을 수립하여 개발팀과 함께 지속적 통합 및 배포 설정을 하기도 합니다. 그리고 더 나은 품질을 지속적으로 유지하기 위해 회사 내에서 품질 유지를 위한 문화 활동 및 협업을 하기도 합니다. 즉, 제품 품질을 향상시키기 위해 자사 상황에 맞게 정형화되지 않은 넓은 범위의 활동을 이어가기도 합니다.

2. QA를 위한 준비사항

QA가 품질 보증 및 관리를 위한 전반적인 활동을 한다는 것을 알아보았는데, 그렇다면 여러분이 언어전환 프로젝트를 진행하면서 언어전환 프로젝트를 진행하기 이전의 제품의 품질을 유지 또는 향상시키기 위해 어떠한 준비를 할 수 있을까요?

2.1. 개발 및 QA 프로세스 수립

사실 언어전환 프로젝트에서는 일반적인 프로젝트와는 다른 프로세스를 수립하게 됩니다. 왜냐하면 일반적인 프로젝트의 경우 기획 단계에서부터 QA 팀이 참가하여 새롭게 개발되는 기능에 대한 리스크 평가 및 품질 관리를 위한 논의를 진행하게 되는데 언어전환 프로젝트에서는 이미 현재 제품이 제공하는 기능의 변경은 없기 때문에 기획 단계부터의 프로세스 수립은 수행하지 않아도 됩니다.

대신 기존 형상에서 제공하던 기능이 언어전환 프로젝트 후 새롭게 변경되는 형상에서 그대로 보장하는지를 잘 검증하기 위해 개발자들과의 긴밀한 협업 및 검증을 위한 프로세스 수립을 진행하게 됩니다. 언어전환 프로젝트의 진행 방법에 따라서 QA 프로세스 수립 전략도 달라지게 됩니다. 가령 언어전환을 점진적으로 수행한다고 하면 전환 단위로 잡은 도메인 또는 컴포넌트, 모듈 단위로 테스트 전략 및 품질 보증을 위한 프로세스를 수립하게 될 것이고 서버 전체를 한번에 전환하는 방식으로 언어전환을 수행하는 경우 그에 맞게 전체 적인 테스트 케이스 설계 및 검증을 위한 프로세스를 수립하게 될 것입니다.

어떤 방식이 되었든 프로세스를 수립하는 목적은 정해진 언어전환 프로젝트 기간 동안에 이전에 제공하던 품질을 언어전환 프로젝트 이후에도 동일하게 유지하는 것이라는 것을 다시 한번 인지하면 좋습니다.

2.2. 테스트 전략 수립

개발팀이 언어전환을 위한 개발을 마무리하고 QA 입고를 위한 준비를 모두 마쳤다고 가정하겠습니다. 이때 QA팀에서 QA를 진행함에 있어서 가장 우려 되고 문제가 발생했을 때 QA 일정 관리에 가장 큰 걸림돌이 되는 것이 무엇일 까요? 바로 Blocker 결함이 발생하는 것입니다.

Blocker 이슈는 여러분이 제공하는 제품의 품질의 기본적인 수준을 충족하지 못하여 다음 테스트 진행을 막고 가장 우선적으로 처리해야 할 이슈를 말합니 다. 해당 이슈가 발생하게 되면 다음 테스트 프로세스를 진행할 수 없기 때문 에 전체적인 QA 일정에 영향을 미치게 됩니다. 그래서 QA팀 입장에서는 이 러한 Blocker 이슈가 테스트를 진행하는 도중에 발생하지 않도록 준비하는 것이 중요한데요. 이러한 이유로 개발자들에게 Blocker 이슈를 최대한 줄이 기 위해 아래와 같은 활동을 요청하기도 합니다.

2.2.1. 새너티 테스트[4]

새너티 테스트(Sanity Testing)란 앞으로 배포할 제품의 형상이 주요 테스트 업무를 수행하기에 적합한지를 판단하기 위해서 사전에 수행하는 테스트를 말합니다. 주로 제품을 개발한 개발팀 또는 제품 개발 부서에서 테스트 주체가 되어서 테스트를 수행하며 테스트 케이스는 따로 두지 않고 주요한 기능을 테스트합니다.

QA팀 입장에서는 주요 기능이 잘 동작하는지 확인을 해 주는 새너티 테스트만 잘 수행이 되어 QA에 입고된다면 Blocker 이슈를 상당히 줄일 수 있기 때문에 QA 일정 관리에 큰 도움이 됩니다.

2.2.2. 테스트 코드 작성

개발자들이 테스트 코드를 작성함으로써 좀 더 나은 유지보수성과 코드 품질을 높이기 위한 노력은 QA팀에게도 큰 도움이 됩니다. 새너티 테스트와는 성격이 다르지만 개발자가 테스트 코드를 작성해서 수행하는 자동화된 테스트는 빠른 피드백과 함께 기능이 추가되거나 버그로 인해 기능을 수정하는 경우 이전에 제공하던 기능이 정상적으로 수행하는지를 검증하는 회귀 테스트에서 유용하게 작동할 수 있기 때문입니다.

앞서 QA팀은 품질 문화를 전파하는 역할을 하기도 한다고 언급했는데요. 만약, 개발자들이 테스트 코드를 작성하지 않는다면 개발자들이 테스트 코드를 작성하도록 유도함으로써 좀 더 높은 품질을 앞으로도 제공할 수 있도록 함과 동시에 테스트 프로세스를 진행할 때 좀 더 예상 가능한 일정 관리를 할 수 있을 것입니다.

---

[4] https://en.wikipedia.org/wiki/Sanity_check

2.2.3. 테스트 범위

언어전환 프로젝트를 좀 더 성공적으로 수행하기 위한 방법 중 하나가 점진적으로 전환을 수행하는 것이라고 앞서 이야기했습니다. 전환할 도메인 또는 모듈을 최대한 나누어서 작업의 범위 및 크기를 최소화하면 제품에 발생할 수 있는 리스크를 최소화할 수 있고 좀 더 예측 가능해질 것이기 때문입니다.

언어전환을 나눠서 하지 않고 서버 전체를 한 번에 변경한다고 하더라도 테스트 범위를 줄일 수 있는 방법을 모색하는 활동은 계속되어야 합니다. 개발자들이 언어전환 프로젝트를 계획하고 목표를 설정할 때 QA팀에서도 적극 참여하여 최대한 작은 단위로 사전에 QA를 진행할 수 있는 방법을 함께 모색하고 의견을 제시하면 좋습니다.

2.3. 버그 이슈 관리

개발자들이 작업한 코드를 QA에 입고한 후 테스트를 진행하다 보면 제품에 대한 결함을 공유하고 수정을 요청하기 위해 버그 이슈를 생성하게 됩니다. 개발자들이 작업을 관리하고 공유하기 유용한 도구로 협업 관리도구를 소개했었는데요. 버그 이슈를 관리하고 공유하기에도 아주 유용한 도구가 바로 협업 관리도구입니다.

QA팀에서는 테스트 프로세스를 진행하기 앞서 언어전환 프로젝트의 테스트 결과 및 이슈 관리를 위한 이슈 관리도구를 설정하고 이를 작업자들에게 공유하여 원활하게 테스트 프로세스를 진행할 수 있도록 준비하게 될 것입니다.

아래는 Jira를 예로 들어서 QA 진행에 필요한 이슈 관리의 준비사항을 다루어 보겠습니다. 세세한 설정 방법이나 용어는 차이가 있을 순 있겠지만 크게는 이슈 관리도구들 모두 비슷한 기능을 제공하므로 설정에 대한 목적 달성에는 큰 문제가 없을 것입니다.

2.4. 워크플로우

Jira의 워크플로우(workflow)는 이슈가 생명주기 동안 이동하는 상태 및 전환의 집합을 의미하며 조직 내에 프로세스를 나타냅니다. 회사마다 다를 수 있겠지만 대체로 버그 이슈에 대한 전반적인 관리 주체는 QA팀에 있으며 버그 이슈의 워크플로우 관리 또한 QA팀에서 설정하고 관리합니다.

아래 그림은 버그 이슈가 생명주기 동안에 이동하는 상태를 나타낸 것입니다.

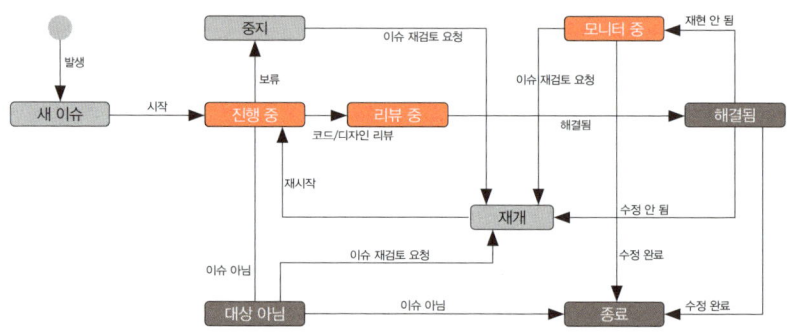

그림 5-4 버그 이슈 상태 생명주기

2.4.1. 새 이슈(NEW)

이슈를 생성하는 Repoter 또는 Assigner는 주로 QA 엔지니어가 됩니다. 그리고 담당자 또는 할당자는 주로 해당 이슈를 처리해야 할 개발자가 될 것입니다. QA 엔지니어가 테스트 도중 테스트 케이스에 부합하지 않는 기능이나 결함이 발견되면 이슈를 새롭게 생성하게 되고 해당 이슈의 상태는 '새 이슈' 상태가 됩니다.

2.4.2. 새 이슈(NEW) > 진행 중(IN PROGRESS)

이슈를 할당받은 개발자는 작업을 시작하게 되면 '새 이슈'에서 '진행 중'으로 상태를 변경하게 됩니다. QA팀이나 제품팀에서 협업 관리도구의 사용 정책에 따라 다르겠지만 '진행 중' 상태로 변경할 때 주로 예상가능한 목표일정 또는 작업 소요시간을 입력하여 해당 이슈와 관련된 동료들 또는 관리자가 이슈에 대한 작업 난이도 및 일정 파악을 보다 쉽게 할 수 있도록 설정할 수도 있습니다.

2.4.3. 진행 중(IN PROGRESS) > 중지(HOLDING)

작업을 할당받은 개발자는 이슈의 경중에 따라서 혹은 정해진 일정으로 인해 우선순위가 높은 이슈를 먼저 처리하기 위해, 또는 근본적으로 해당 문제를 처리하기에는 너무 많은 공수를 투입해야 하는 경우 제품의 품질을 담당하는 모든 구성원과의 협의를 통해 '중지' 상태로 변경하고 버그 이슈 처리를 나중으로 미룰 수 있습니다. '중지' 상태인 이슈는 지속적으로 관리해야 할 대상이기 때문에 언제든 우선순위가 올라가게 된다면 다시 이슈를 재개하여 진행할 수 있습니다.

2.4.4. 진행 중(IN PROGRESS) > 대상 아님(REJECTED)

할당받은 버그 이슈가 잘못 보고되었거나 결함이나 버그라고 판단했던 이슈가 내부 정책상 정의되었던 기능이라면 이슈를 할당받은 개발자는 '대상 아님' 상태로 변경한 후 이슈를 보고한 QA 엔지니어에게 담당자를 이관합니다. 이 때 개발자는 QA 엔지니어가 '대상 아님'을 확인한 내용을 공유받고 다시 해당 이슈를 분석할 수 있도록 이슈의 코멘트나 별도의 문서링크를 걸어줌으로써 불필요한 커뮤니케이션 비용을 줄이기 위해 노력하면 좋습니다.

2.4.5. 진행 중(IN PROGRESS) > 리뷰 중(IN REVIEW)

할당받은 이슈를 확인하고 수정 작업을 완료한 개발자는 개발 동료들에게 작업한 내용을 리뷰하는 시간을 가지게 될 것입니다. 예를 들면 Git을 사용한다면 Pull Request후 리뷰를 진행하는 프로세스가 이에 해당됩니다. 리뷰를 진행하는 시간은 작업을 진행하는 시간으로 판단해도 되겠지만 엄밀히 따지자면 작업을 진행하는 상태와 리뷰를 진행하는 상태는 다르므로 구분되어 사용할 수 있습니다. 다만, 자동화를 위한 통합기능을 통해 Git의 Pull Request 시 자동으로 이슈의 상태를 '리뷰 중'으로 바뀌도록 설정한다면 상태를 수동으로 바꿔줘야 하는 번거로움을 많이 줄일 수 있습니다.

2.4.6. 리뷰 중(IN REVIEW) > 해결됨(RESOLVED)

리뷰 과정을 마친 개발자는 다시 테스트 프로세스를 거치기 위해 코드를 테스트 서버에 병합할 것이고 이슈의 상태를 '해결됨'으로 변경한 후 담당자를 이슈를 보고한 QA 엔지니어로 이관합니다. 이러한 이슈의 상태전환도 앞서 말한 진행 중(IN PROGRESS) > 리뷰 중(IN REVIEW) 상태전환과 마찬가지로 Git과의 통합기능과 함께 Automation 설정을 해 둔다면 수동으로 직접 상태 변경 및 담당자 이관작업을 할 필요가 없어 반복적인 업무를 많이 줄일 수 있습니다.

2.4.7. 해결됨(RESOLVED) > 재개(REOPENED)

개발자가 이슈를 해결하여 '재개' 상태로 변경된 이슈를 이관받은 QA 엔지니어는 다시 테스트 프로세스를 거치게 됩니다. 해당 이슈가 정말로 해결되었는지 확인하기 위해 테스트를 진행했는데, 동일한 이슈가 재발하게 된다면 QA 엔지니어는 해당 이슈의 상태를 '해결됨'으로 변경하고 다시 개발자에게 이슈를 이관하게 됩니다.

2.4.8. 재개(REOPENED) > 진행중(IN PROGRESS)

QA 엔지니어로부터 버그 이슈를 다시 할당받은 개발자는 작업을 진행하게 되면 상태를 '진행 중'으로 변경하고 해당 이슈를 해결하기 위한 작업을 다시 진행하게 됩니다. 이후 워크플로우는 최초 이슈가 '새 이슈' 상태에서 '진행 중'으로 변경되었을 때와의 흐름과 동일합니다.

2.4.9. 대상 아님(REJECTED) 〉 재개(REOPENED)

개발자가 자신이 할당받은 이슈가 대상 아님으로 판단되어 '대상 아님'로 상태를 변경하고 이슈를 이관받은 QA 엔지니어는 해당 이슈가 정말로 이슈가 아닌지 다시 한번 확인하는 과정을 거칩니다. 만약, 개발자가 잘못 판단하여 실제로 결함이나 기능에 대한 오류가 있는 것이 맞다고 판단된다면 QA 엔지니어는 이슈의 상태를 '재개'로 변경하고 해당 개발자에게 이슈를 이관합니다.

2.4.10. 대상 아님(REJECTED) 〉 종료(CLOSED)

대상 아님(REJECTED) 〉 재개(REOPENED)와는 반대로 개발자로부터 '대상 아님'으로 처리된 이슈를 이관받은 QA 엔지니어가 해당 이슈가 진짜 이슈인지 다시 한번 확인했고 진짜 이슈가 아닌 것으로 결론지었다면 QA 엔지니어는 해당 이슈를 종료하기 위해 이슈의 최종 상태인 '종료'로 변경하게 됩니다.

2.4.11. 해결됨(RESOLVED) 〉 모니터 중(MONITORING)

개발자로부터 이슈가 해결되었음을 전달받은 QA 엔지니어는 이슈를 확인하기 위한 테스트를 다시 진행하게 됩니다. 하지만 모종의 이유로 이슈를 바로 확인할 수 없거나 일정 기간 재발하는지 여부를 확인해야 한다면 QA 엔지니어는 이슈의 상태를 '해결됨'으로 두지 않고 '모니터 중' 상태로 변경하여 결함이나 버그가 해결되었는지를 확인하는 과정을 거치고 있음을 관리자나 담당자에게 공유할 수 있습니다.

2.4.12. 해결됨(RESOLVED) 〉 종료(CLOSED)

해결된 이슈를 할당받은 QA 엔지니어는 새롭게 배포된 형상에서 테스트를 진행하게 되고 문제가 해결됨을 확인하게 되면 버그 이슈의 마지막 상태인 '종료'로 상태를 변경함으로써 해당 이슈를 종료합니다.

이와 같은 워크플로우의 설정이 자칫 크게 중요하지 않고 암묵적으로 다들 행하고 있기 때문에 따로 워크플로우를 설정하지 않고 QA 과정을 진행해도 무방하다고 생각할 수 있습니다. 하지만 잘 정의된 워크플로우는 여러분이 품질 검증을 위한 QA 과정을 진행함에 있어 아래와 같이 많은 도움을 줍니다.

2.5. 워크플로우의 효율성

2.5.1. 업무 흐름의 정형화

통상적인 업무의 흐름을 정형화해 둔다면 여러분은 업무 흐름에 대한 고민을 더 이상 하지 않고 진짜로 집중해야 할 문제 해결에 집중할 수 있습니다. 업무 흐름을 설정하고 관리하는 이유는 여러분이 만들고 관리해야 할 제품에서 발생하는 여러 이슈를 잘 처리하고 잘 만들어가기 위함입니다. 만약, 업무 흐름이 정해져 있지 않고 그때그때 담당자마다 판단을 요구한다면 정작 중요한 문제 해결보다 업무흐름에 시선을 둠으로써 비효율적인 업무를 반복하게 되는 결과를 낳게 될 수 있습니다.

2.5.2. 효율성

업무 흐름을 잘 정해두고 이에 맞게 이슈들을 처리하다보면 반복적인 활동이 발견되거나 자동화할 수 있는 활동을 발견할 수 있습니다. 이러한 요소가 발견된다면 최대한 자동화를 통해서 전체적인 업무를 효율적으로 흐르도록 개선할 수 있습니다. 하지만 만약, 잘 정의된 워크플로우가 없다면 이렇게 업무를 개선할 수 있는 요소를 발견할 가능성이 상당히 낮아지게 됩니다.

2.5.3. 의사 소통

잘 정의된 워크플로우는 동료 간의 의사 소통 비용을 상당히 줄여줍니다. 처음에는 워크플로우를 습득하기 위한 시간과 함께 워크플로우에 익숙해질 때까지는 이슈의 상태가 변경되고 상태가 변경됨을 공유하고 변경된 이유를 설명하기 위해 여러 의사 소통이 이루어질 수 있습니다. 하지만 지속적으로 워크플로우를 수행하다보면 좀 더 효율적으로 이슈 내용을 공유하고 상태 변경만으로 어떻게 처리했는지 따로 공유하지 않고도 알 수 있는 수단이 개발되면서 작업자 간의 의사 소통 비용을 상당히 줄일 수 있게 됩니다.

워크플로우는 한번 정해졌다고 해서 절대 바꾸지 않고 계속해서 사용해야 하는 것은 아닙니다. 일정 기간 수행한 후 평가와 합의를 통해 지속적으로 개선해 나갈 수 있으며 이를 위해 구성원 모두가 워크플로우에 대한 피드백을 적극적으로 수행하면 좋습니다. 다만, 지나치게 특정한 상황에 맞춰서 워크플로우를 자주 그리고 큰 틀에서 변경하는 것은 자칫 구성원이 워크플로우를 익히고 관리하는 데 어려움을 느낄 수 있으므로 주의해야 합니다.

2.6. 버그 이슈 포함 항목

QA 엔지니어가 버그 이슈를 생성할 때 어떠한 항목을 구성하는지에 따라 이슈를 할당받은 개발자는 보다 적은 커뮤니케이션으로 빠르게 이슈의 원인을 파악하고 조치하여 결함을 해결할 수 있을 것입니다. 또한 QA팀 내부적으로도 결함관리 및 품질 지표를 위한 관리 항목을 추가하여 버그 이슈 생성 시 해당 항목들을 입력하여 관리할 수 있습니다. 그럼, 버그 이슈에 함께 기입하면 도움이 될만한 항목을 살펴보겠습니다.

2.6.1. 사전 조건

앱 기종이나 서버나 웹의 버전 정보와 같이 테스트 수행 시 설정한 사전 조건을 기입합니다. 이슈를 할당받은 개발자는 문제를 재현하기 위해 가장 먼저 결함이 발생한 앱 기종이나 서버 버전 혹은 데이터 상태 등을 확인하려고 합니다. 이러한 정보를 버그 이슈 내에 미리 기입해 둔다면 개발자가 QA 엔지니어에게 버그 이슈를 할당받았을 때 사전 조건을 확인하는 등의 커뮤니케이션 비용을 상당히 줄일 수 있습니다.

2.6.2. 재현 경로

재현 경로 또한 사전 조건과 같이 커뮤니케이션을 줄이기 위한 정보로 활용됩니다. QA 엔지니어가 테스트를 수행한 경로를 기입해 둔다면 개발자가 해당 이슈를 다시 확인하고 디버깅하기 위해 버그를 재현하려고 할 때 상당히 도움이 될 것입니다. 만약, 재현경로가 없어 개발자가 임의로 재현하려고 한다면 결함을 발견하지 못하거나 발견하기까지 상당한 시간이 소요될 수 있으므로 커뮤니케이션 비용뿐만 아니라 버그를 해결하는 데 시간도 많이 아낄 수 있습니다.

2.6.3. 실제 결과 및 기대 결과

사용자 스토리에 기반하여 QA 엔지니어는 기대한 결과가 있을 것이고 기대한 결과와 다른 실제 결과를 확인함으로써 버그 이슈를 생성하게 됩니다. 이때 실제 결과와 기대 결과를 적어주게 되면 이슈를 할당받은 개발자는 버그 이슈가 실제로 결함인지 아닌지 또는 어떤 결함인지 빠르게 파악할 수 있습니다.

2.6.4. 결함 유형

결함 유형은 아래와 같이 분류할 수 있으며 QA팀에서 제품의 품질관리를 위해 지표로 활용하거나 버그 이슈를 할당받은 담당자가 어떤 종류의 결함인지 손쉽게 파악할 수 있는 항목으로 활용됩니다.

- **Crash:** 시스템 또는 애플리케이션이 재부팅되거나 비정상적으로 종료되는 결함입니다.
- **Freeze:** 화면 또는 시스템 동작이 멈추는 결함입니다.
- **Do Not Function:** 기능 동작이 안 되는 결함입니다.
- **Missing Function:** 정의된 기능이 누락된 결함입니다.

- **Malfunction:** 잘못된 기능이 실행되거나 콘셉트와 다르게 동작하는 결함입니다.
- **Default Error:** 명세에 명시되어 있지 않지만, 기본적으로 수행되어야 하는 사항에 대한 결함입니다.
- **Display Error:** 화면 깨짐 또는 렌더링 결함입니다.
- **Style:** 디자인 요구사항을 만족하지 않는 경우의 결함입니다.
- **Typo:** 오타와 같은 문자열 관련 결함입니다.

2.6.5. 우선순위

우선순위는 발생한 결함이 얼마나 빠르게 조치되어야 하는지를 나타냅니다. 동일한 결함이라도 당시의 회사가 가장 중요하게 생각하는 가치에 따라 우선순위는 달라질 수 있습니다.

- **Critical:** 결함이 심각하여 수정 전까지 테스트를 더 이상 진행할 수 없어 즉시 수정되어야만 테스트를 계속할 수 있는 경우입니다.
- **High:** 사용자들에게 제공되어야 할 기능이 올바르게 동작하지 않아 제품의 품질에 큰 영향을 미치는 경우입니다.
- **Medium:** 주요 기능이 아닌 제품의 결함이 발생하는 경우입니다. 제품이 배포되기 전에는 수정되는 것을 권장하지만 상황에 따라서는 협의를 통해 결함의 수정 일정을 조정할 수 있습니다.
- **Low:** 드문 확률로 발생하는 결함이나 폰트나 사소한 디자인 결함 등의 경우를 말합니다.

2.6.6. 심각도

심각도는 발생한 결함이 우리의 제품에 얼마나 영향을 주는지를 나타냅니다. 우선순위에 비해 기술적인 관점으로 이슈를 판별하며 정의된 명세에 맞게 기능이 예상대로 동작하는지에 따라 분류됩니다.

- **Blocker**: 시스템이 멈추거나 비정상적으로 종료되는 경우, 또는 복구할 수 없는 데이터의 손실이 발생하는 경우, 그리고 해당 결함으로인해 테스트를 더이상 진행할 수 없는 경우를 말합니다.
- **Critical**: 진행 중인 프로젝트에 치명적인 영향을 끼치는 경우 또는 기본적으로 동작이 되지 않는 경우, 데이터가 불일치하여 해당 기능에 오류가 발생하는 경우, 해당 이슈로 인해 테스트가 중단되지는 않지만 주요 기능과 관련된 매우 중요한 이슈인 경우를 말합니다.
- **Major**: 중요한 기능이 동작하지 않는 경우 또는 고객 불만 발생 및 제품에 부정적인 영향을 끼치는 경우를 말합니다.
- **Moderate**: 기능 동작은 되나 고객이 문제로 인식할 수 있는 경우나 기능의 부분적인 문제로 인해 사용상의 개선이 요구되는 경우를 말합니다.
- **Minor**: 기능이 정상적으로 동작되지만 보완이 필요한 경우 또는 실사용 환경에서 발생 빈도 및 사용자 인식이 낮은 경우를 말합니다.
- **Trivial**: 단순 문구 수정 등 제품 사용에 영향을 미치는 정도가 매우 낮거나 없는 경우를 말합니다.

2.7. 품질 지표 설정

사용자 관점에서 제품에 대한 품질을 주기적으로 측정하고 그 결과를 토대로 서비스를 개선해 나가기 위해 품질 지표를 설정할 수 있습니다. 예를 들면 아래와 같은 지표를 설정할 수 있을 것입니다.

- Test Case Pass Rate: 95%
- Blocker, Critical 심각도를 가진 결함 없음
- Major 심각도를 가진 결함 최대 3개 이하

- 주문 전송 에러율 3% 이하
- 고객 불만 접수 건수 월 10회 이하
- 홈화면 랜더링 시간 최대 1초 이내

위 예시와 같이 제품의 품질 수준을 측정할 수 있는 지표는 회사마다 그리고 하나의 회사에서도 제품이 발전함에 따라 품질을 바라보는 관점에 따라 달라질 수 있습니다. 어떤 지표는 효율성과 관련해서 지표를 설정하기도 하고 효율성뿐만 아니라 안정성, 속도, 위험도 등을 섞어서 여러 지표를 설정하기도 합니다.

다만, 앞서 말한 바와 같이 회사의 제품이 고객에게 주려는 가치가 변할 수 있고 사업의 방향성에 따라서 품질 수준을 측정하는 지표가 달라질 수 있음을 인지하고 처음부터 과도한 지표설정으로 정작 제품이 고객의 요구를 충족시키는데 방해요소로 작용해서는 안 될 것입니다. 그래서 여러분이 품질지표를 처음 설정한다고 가정하면 가장 손쉬운 '테스트 커버리지 90% 이상'과 같은 지표를 설정하여 달성해 보고 다음 품질 지표를 설정하여 하나씩 충족시켜 가는 방식으로 단계적 확장을 계획하여 적용하면 좋을 것입니다.

2.8. 버전정책

회사마다 상황에 맞는 버전정책이 있겠지만 오픈소스 소프트웨어의 배포 생명주기[5]에 빗대어 보면 QA에 입고하는 단계는 출시 후보(RC, Release Candidate)로 생각하면 될 듯합니다. 즉, 제품이 출시되기 바로 전에 결함이나 제품의 품질에 영향을 미치는 요소가 발견되지 않는다면 출시할 준비가 되었다고 볼 수 있습니다.

---

5 https://en.wikipedia.org/wiki/Software_release_life_cycle

A 스타트업의 사례를 예로 들어보겠습니다. 개발자들이 제품의 출시 버전을 '1.0.0'으로 정했다고 가정하겠습니다. 그렇다면 QA에 입고하는 제품의 버전은 '1.0.0-RC1'과 같이 정할 수 있을 것입니다. RC 버전 뒤에 숫자는 QA 라운드의 수를 나타낸 것입니다. 그래서 만약, RC1에서 테스트를 수행한 결과 결함이 발견되었다면 다음 QA 라운드에서 RC2로 버전을 올린 후 QA를 진행하게 됩니다.

각 라운드는 QA 엔지니어가 설계한 테스트 케이스를 모두 수행할 때까지 진행되며 QA를 진행하는 동안 Blocker 이슈가 발생하여 더 이상 테스트를 수행할 수 없는 상황이 생긴다면 테스트 케이스를 모두 수행하지 않았더라도 해당 라운드는 종료됩니다.

각 라운드가 종료될 때까지 개발자는 QA 서버에 변경된 코드를 적용하지 않아야 합니다. 코드가 입고되어 있는 동안에 코드가 변경될 가능성이 존재한다면 테스트 결과에 대한 신뢰도가 떨어지기 때문입니다.

테스트가 모두 끝나고 결함이 발견되지 않았다면 처음에 개발자들이 정한 출시 버전인 '1.0.0'으로 코드가 배포됩니다.

이와 같이 버전정책을 통해서 QA 프로세스를 진행하게 된다면 테스트 과정에서 제품에 대한 결함이 발견되었을 때 버전으로 형상을 특정할 수 있어 협업 시 불필요한 커뮤니케이션 비용을 상당히 줄일 수 있고 형상관리도 보다 편리하게 할 수 있다는 점 등 많은 장점을 가져갈 수 있습니다.

2.9. 자동화

자동화된 테스트 환경의 장점은 앞서 이야기했지만 따로 말하지 않아도 누구나 알만큼 장점이 많습니다. 하지만 QA팀에서 진행하는 자동화된 테스트와 개발자들이 개발하면서 수행하는 자동화된 테스트는 그 성격과 테스트 방법, 테스트 도구 등에서 차이가 있습니다.

2.9.1. 테스트 종류

먼저 개발자가 수행하는 테스트는 대부분 단위 테스트(Unit Testing)와 통합 테스트(Integration Testing)입니다. 물론 E2E 테스트(End to End Testing)나 기능 테스트(Functional Testing)를 수행할 수 있지만 수행 방법이나 도구는 QA 엔지니어가 사용하는 것과는 조금 다릅니다. QA 엔지니어는 대부분 E2E 테스트(End to End Testing)을 수행합니다.

2.9.2. 테스트 도구

개발자들은 테스트를 수행할 때 대부분 자신들이 구축한 프레임워크에 잘 어울리거나 개발자에게 친화적인 테스트 프레임워크를 사용합니다. 자바의 JUnit, 자바스크립트의 Jest, .NET의 xUnit 등이 이에 해당합니다.

QA 엔지니어는 Appium[6]이나 Selenium[7] 등을 사용하여 최대한 실제 사용자가 사용하는 환경과 유사한 환경에서 테스트를 수행합니다.

2.9.3. 테스트 케이스

테스트 케이스에 대한 설계도 개발자 테스트와 QA 엔지니어가 테스트를 하는 것에는 차이가 있습니다. 개발자들은 주로 기능 단위로 요구사항을 충족하는지를 테스트한다면 QA 엔지니어는 실제 사용자의 사용 흐름에 맞게 기능 동작 및 UI의 변경사항 등을 중점적으로 체크하거나 특정 도메인의 생명주기 혹은 변화 등을 검증하기 위한 테스트 케이스를 설계하여 진행합니다.

테스트 자동화는 QA팀 입장에서 어떠한 장점들이 있을까요?

---

[6] https://appium.io/
[7] https://www.selenium.dev/

2.9.4. 테스트 커버리지 확대

사람이 수동으로 진행하는 테스트는 많은 시간과 인력을 필요로 합니다. 제품이 성장하면 할수록 기능이 많아지면 많아질수록 QA 엔지니어가 테스트해야 할 테스트 케이스는 점점 더 많아지고 복잡해지게 될 것입니다. 자동화된 테스트가 도입되어 단순하고 반복적인 작업들은 자동화된 테스트에게 맡기고 엣지한 케이스나 자동화하기 어려운 부분에 대한 검증에 집중한다면 테스트에 대한 커버리지를 확대해 나갈 수 있을 것입니다.

2.9.5. 테스트 일관성

사람이 하는 테스트는 테스트하는 날의 기분에 따라 집중력에 따라 테스트의 결과가 달라질 수 있습니다. 혹은 설계된 테스트 케이스에 대한 결과 판단이 그때마다 달라질 수도 있습니다. 하지만 자동화된 테스트는 항상 일관된 결과를 반환합니다. 테스트의 일관성은 회귀 테스트에서 큰 힘을 발휘합니다. QA 이슈를 수정하기 위해 변경된 코드가 기존에 작동하던 기능에 영향을 미치지 않는지 일관성 있게 검증해 주기 때문입니다.

2.9.6. 테스트 신뢰성

앞서 말한 일관성과도 연관되어 있는 장점입니다. 테스트를 수행할 때마다 일관된 결과를 주지 못한다면 테스트 결과에 대한 신뢰성을 보장하기 힘듭니다. 자동화된 테스트는 일관성을 보장해 주기 때문에 테스트 결과에 대한 높은 신뢰성을 줍니다.

2.9.7. 테스트 비용 절감

사람이 수동으로 하는 테스트는 시간과 노력을 많이 필요로 합니다. 제품이 성장하면서 테스트를 위한 리소스 투입이 증가한다면 결국 그만큼 비용이 증가한다고 볼 수 있습니다. 자동화된 테스트는 개발에 대한 비용이 발생하지만 한 번 잘 만들어두면 언제든지 재사용할 수 있고 불필요한 반복작업을 줄이면서 다른 더 중요한 작업에 집중할 수 있도록 해 주기 때문에 결국 테스트 수행에 대한 비용을 줄여줍니다.

2.9.8. 테스트 기간 단축

앞서 말한 장점들로 인해 결국 자동화된 테스트는 테스트의 기간을 단축해 줍니다. 이로 인해 QA 엔지니어는 자동화로 수행할 수 없는 좀 더 복잡하고 중요한 테스트를 위해 리소스를 집중할 수 있게 됩니다.

이러한 장점들만 본다면 QA팀에게 자동화된 테스트는 은탄환처럼 보일 수 있습니다. 하지만 자동화된 테스트가 가진 장점만큼이나 단점으로 작용할 수 있는 요소가 있어 자동화 테스트 구축 시 주의를 필요로 합니다.

2.9.9. 살충제 패러독스[8]

살충제 패러독스(Pesticide Paradox)란 같은 테스트 케이스를 가지고 테스트를 계속 반복하는 경우 어느 시점부터는 더 이상 결함을 발견하지 못한다는 이론입니다. 자동화된 테스트가 결함을 발견해 주지 못하는 경우를 말하는데, 이런 경우 자동화 테스트에 대한 신뢰도가 떨어지게 되면서 결국 자동화 테스트를 사용하지 않는 현상으로까지 번지기도 합니다.

2.9.10. 유지보수 비용

E2E 테스트는 테스트 구축도 어렵지만 환경변수나 사소한 이유로 인해 쉽사리 테스트가 깨지기 때문에 유지보수에도 상당한 비용이 발생합니다. 테스트의 False Positive가 발생하지 않으면서 주요 기능에 대한 커버리지를 충족시키기 위해 자동화 테스트 코드 설계에 상당한 주의를 기울여야 합니다.

---

[8] https://en.wikipedia.org/wiki/Test_automation

앞서 말한 단점들은 자동화 테스트가 가진 장점들을 상쇄시킵니다. 그래서 장점들을 좀 더 살리면서 단점들을 극복하기 위한 전략을 잘 세워야 합니다.

2.9.11. 자동 테스트와 수동 테스트의 조합

엣지한 케이스 또는 자동 테스트로 구축하기 어려운 상황을 위해 많은 시간과 노력을 쏟는 것은 효율적이지 못합니다. 오히려 자동 테스트에서 어려운 부분은 과감하게 포기하고 단순하고 반복적이며 쉽게 구축할 수 있는 테스트는 자동화하고 엣지하거나 자동화하기 어려운 테스트는 수동으로 테스트 하는 방법을 통해 효율적으로 테스트 하기 위한 전략을 세우면 좋습니다.

2.9.12. 테스트 코드의 리뷰 및 개선

앞서 말한 살충제 패러독스 현상이 발생하지 않도록 하기위해서는 지속적으로 테스트 코드를 리뷰하고 False Negative가 발생하지 않도록 테스트 케이스를 보완해 가야 자동화된 테스트에 대한 높은 신뢰성을 유지할 수 있을 것입니다.

Section 02
테스트 케이스

[종료] 하얗게 불태웠어

사례

A 스타트업의 QA팀에서는 언어전환 프로젝트가 막바지에 접어들었음을 전달받고 언어전환 프로젝트에 대한 테스트를 수행하기 위해 테스트 케이스를 준비했습니다. 테스트 케이스 설계는 유즈케이스 테스팅 기법을 채택하여 진행했는데, 그 이유는 다음과 같습니다.

1. 유즈케이스에 기반한 테스트 케이스는 실제 사용자의 관점에서 테스트를 수행하기 때문에 제품의 전체적인 프로세스 파악과 해당 흐름에 대한 결함을 발견하기 쉽습니다.

2. 실제 사용자의 관점에서 테스트를 수행하기 때문에 테스트를 수행하면서 정의된 유즈케이스의 결함도 발견할 수 있습니다.

3. 언어전환 프로젝트는 이미 정의되어 있는 유즈케이스가 존재하기 때문에 해당 명세를 기반으로 테스트 케이스를 설계하기가 용이합니다.

4. 유즈케이스 테스트는 실제 사용자가 사용하는 디바이스를 이용하여 테스트를 수행하기 때문에 특정 컴포넌트에 대한 커버리지만 제공하지 않으므로 테스트 케이스의 커버리지가 좀 더 넓습니다.

그리고 테스트 케이스를 설계한 자료는 다음과 같습니다(일부 테스트 케이스만 예시로 적었습니다).

카테고리	화면	심각도	사전 조건	이벤트	예상결과
로그인	로그인 화면	Blocker	• 회원 가입이된 사용자 • 로그인하지 않은 사용자	소셜 로그인 버튼을 클릭하여 로그인을 시도한다.	로그인에 성공하여 홈 화면으로 이동한다.
로그인	로그인 화면	Blocker	• 회원 가입이 되어 있지 않은 사용자	소셜 로그인 버튼을 클릭하여 로그인을 시도한다.	로그인 실패 메시지와 함께 회원가입 페이지로 이동한다.
주문	주문 화면	Critical	• 로그인한 사용자 • 선택한 주문 품목의 재고가 존재함	원하는 주문 품목을 선택하여 주문을 제출합니다.	주문이 성공적으로 제출된다.
주문	주문 화면	Critical	• 로그인한 사용자 • 선택한 주문 품목의 재고가 존재하지 않음	원하는 주문 품목을 선택하여 주문을 제출합니다.	선택한 주문 품목의 재고가 부족하다는 메시지와 함께 주문 제출 실패를 확인한다.
주문	주문 화면	Major	• 로그인한 사용자 • 주문 가능 품목이 존재함	주문할 품목을 검색어를 입력하여 검색합니다.	검색어를 포함한 주문 품목 목록이 표시된다.
주문	결제 화면	Critical	• 로그인한 사용자 • 주문 제출에 성공한 사용자 • 주문 금액이 50,000원 이상 • 결제 가능한 카드 소지	결제할 카드를 선택한 후 결제를 제출합니다.	1. 배송비가 할인된다. 2. 결제에 성공한다.
주문	결제 화면	Critical	• 로그인한 사용자 • 주문 제출에 성공한 사용자 • 주문 금액이 50,000원 미만 • 결제 가능한 카드 소지	결제할 카드를 선택한 후 결제를 제출합니다.	1. 배송비가 추가된다. 2. 결제에 성공한다.

주문	결제 화면	Major	• 로그인한 사용자 • 주문 제출에 성공한 사용자 • 결제 불가한 카드 소지	결제할 카드를 선택한 후 결제를 제출한다.	결제 실패 메시지와 함께 주문 화면으로 이동한다.
이하 생략…					

표 5-1 테스트 케이스의 설계 자료

QA팀은 위 테스트 케이스를 기반으로 언어전환 프로젝트에 대한 테스트를 수행했습니다.

QA팀에서 제품에 대한 테스트를 수행하기 위해서는 테스트 케이스를 사전에 설계하고 테스트를 위한 준비를 수행해야 합니다. 여기서는 이 테스트 케이스에 대한 이야기를 해보겠습니다. 다만, 이 책은 QA의 전반적인 내용을 다루는 것이 아니기 때문에 테스트 케이스를 설계하거나 관리하는 내용에 대해서 깊이있는 내용을 다루지는 않습니다. 테스트 케이스를 설계할 때 고려하거나 참고하면 좋을만한 내용과 관리를 위한 내용 위주로 다루고 넘어가겠습니다.

1. 테스트 케이스 설계

테스트를 수행하는 이유는 무엇일까요? 소프트웨어도 결국 사람이 만드는 것이기 때문에 제품에 대한 결함이 존재할 수 밖에 없습니다. 테스트는 제품이 가진 결함을 최소화하고 고객에게 품질 높은 기능을 제공하기 위해서 수행하는 것입니다. 즉, 테스트는 제품의 결함을 밝히는 작업이라고 볼 수 있습니다. 여기서 주의해야 할 부분은 테스트에 결함이 발견되지 않았다고 해서 제품에 결함이 없다는 것을 보장하지 않는다는 것입니다.

그렇다면 제품이 가진 잠재적인 결함을 좀 더 잘 발견할 수 있도록 테스트 케이스를 잘 설계하는 것이 중요해 보이는데요. 아래에서 제품이 가진 잠재적 결함을 줄이기 위한 테스트 케이스를 설계하는 방법을 알아보겠습니다. 아래에서 말하는 설계 기법은 〈개발자도 알아야할 소프트웨어 테스팅 실무〉[9]에서 소개한 내용을 참고로 했습니다.

1.1. 명세 기반 기법

명세 기반 기법은 기획자 등이 작성해 놓은 요구사항 또는 기능 명세를 기반으로 테스트 케이스를 설계하는 기법을 말합니다. 시스템의 내부 구조를 참조하지 않고 오로지 명세를 기반으로 테스트 케이스를 설계하기 때문에 블랙박스 기법으로 분류됩니다. 그러므로 시스템에 대한 테스트 커버리지를 측정할 수는 있으나 앞으로 소개할 구조기반 기법의 테스트 커버리지에 비해 제한적입니다. 명세 기반 기법에는 동등 분할, 분류 트리 기법, 경계값 분석, 결정 테이블 테스팅, 상태전이 테스팅, 유즈케이스 테스팅, 원인-결과 분석 등이 있습니다.

1.1.1. 동등 분할

여러분이 학점 시스템을 만든다고 가정하겠습니다. 90점부터 100점까지를 A학점, 80점부터 89점까지를 B학점, 70점부터 79점까지를 C학점, 나머지를 F학점으로 표시하는 시스템을 만드는 것입니다. 동등 분할(Equivalence Partitioning)은 A학점을 위한 테스트 케이스, B학점을 위한 테스트 케이스, C학점을 위한 테스트 케이스, 그리고 F학점을 위한 테스트 케이스의 총 4가지 테스트 케이스를 작성합니다. 이렇게 테스트하는 기법이 동등 분할입니다.

---

[9] http://www.yes24.com/Product/Goods/4246457

학점	점수	대표값
A	90~100	95
B	80~89	87
C	70~79	74
F	0~69	38

표 5-2 동등 분할

동등 분할은 테스트 시 동등한 데이터로 간주되는 데이터 집합에서 하나의 대표값을 선정하여 테스트를 수행하기 때문에 전체 테스트 개수를 줄여준다는 장점이 있습니다. 하지만 경계값에서 결함이 발생하는 경우에 대한 테스트 커버리지를 가지지 못하는 경우가 있으므로 대표값을 선정할 때 주의를 기울여야 합니다.

1.1.2. 분류 트리 기법

여러분이 대·중·소 분류값을 가진 게시판을 생성하는 기능을 만든다고 가정하겠습니다. 대분류 값과 중분류 값에 따라서 소분류값이 결정되어 게시판을 생성할 수 있다고 한다면 이에 해당 하는 테스트 케이스를 설계할 때 분류 트리 기법(Classification Tree Method)을 사용하면 유용할 수 있습니다.

즉, 분류 트리 기법은 제품의 일부 또는 전체를 트리 형태로 테스트 케이스를 설계하는 기법을 말합니다. 트리 형태로 테스트 케이스를 시각화하여 설계할 수 있으므로 불필요한 중복을 줄이면서 테스트 케이스를 누락하는 실수를 줄일 수 있다는 장점이 있습니다.

이는 마인드맵으로 테스트를 설계하는 방식과 유사한 방법으로 테스트 케이스를 설계할 때 하나의 테스트 케이스를 설계한 후 해당 케이스에서 파생되는 테스트 케이스를 설계해 나가는 기법으로 불필요한 중복 및 누락을 회피할 수 있습니다.

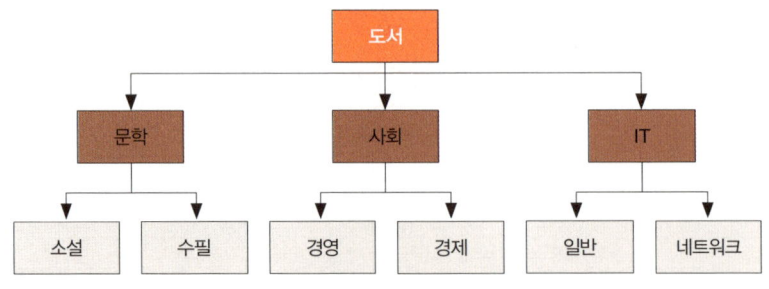

그림 5-5 분류 트리 기법

1.1.3. 경계값 분석

앞서 동등 분할에서 말한 단점 중 하나는 경계값에서 결함 발생율이 높다는 것입니다. 그래서 경계값 분석에서는 테스트 케이스를 선정할 때 임의의 대표값을 선정하기보다 경계 내에서 존재할 수 있는 테스트 케이스를 다수 선정해서 설계하는 기법입니다.

학점	점수	대표값	학점	점수	대표값
A	90~100	100	B	80~89	89
		96			86
		93			83
		90			80

이하 생략….

표 5-3 경계값 분석

다만, 설계가 복잡하거나 경계 범위가 큰 경우 테스트 데이터가 너무 많아질 수 있다는 단점이 있습니다. 이를 보완하기 위해 테스트 케이스를 몇 개까지 선정할지를 정해두고 케이스를 만들어가면 좋습니다.

1.1.4. 결정 테이블 테스팅

제품이 제공하는 기능이 가진 모든 입력 조건과 논리에 대한 결과를 테이블 형태로 정리하여 테스트 케이스를 작성하는 방법으로 복잡한 논리에 대한 테스트 케이스를 설계할 때 유용합니다.

예를 들어, 주문 시 주문 금액이 5만 원 이상이거나 VIP이면 배송비를 할인해 주고 VIP이면서 주문 금액이 5만 원 이상인 경우 배송비 할인과 함께 쿠폰까지 발급해 주는 제품의 기능이 있다고 가정하겠습니다. 해당 프로그램에 대한 결정 테이블을 만들면 아래와 같이 만들 수 있습니다

조건	주문 금액이 50,000원 이상	N	Y	N	Y
	VIP 회원	N	N	Y	Y
행동	배송비 할인	–	○	○	○
	쿠폰 발급	–	–	–	○

표 5-4 결정 테이블 테스팅

이 테이블을 토대로 테스트 케이스를 설계할 수 있습니다. 결정 테이블 테스팅 기법은 모든 조건에 대한 조합을 미리 생성하여 테스트 케이스를 작성하기 때문에 테스트를 수행하기 전에 테스트 케이스를 설계하는 과정에서 조기에 오류를 발견할 수 있다는 장점이 있지만 테스트 케이스 설계에 대한 노력과 시간이 많이 소요될 수 있기 때문에 복잡한 제품의 기능일수록 테스트 케이스 설계가 어렵고 논리적으로 실수할 가능성이 높아질 수 있습니다.

1.1.5. 상태 전이 테스팅

상태 전이 테스팅은 제품이 가진 모든 사전 상태를 나열하고 기능이 수행하고 난 후 기대하는 결과 상태를 확인하는 형식으로 테스트 케이스를 설계하는 기법으로 상태 테이블을 정의한 후 상태 전이 다이어그램으로 전환하고 테스트 케이스를 설계하는 방식을 사용합니다.

항목	CASE 1	CASE 2	CASE 3	CASE 4	CASE 5
시작 상태	주문 전송	주문 전송	주문 전송	주문 수정	주문 수정
이벤트	주문 마감	주문 취소	주문 전송	주문 취소	주문 마감
전이 상태	주문 마감	주문 취소	주문 전송	주문 취소	주문 마감

항목	CASE 6	CASE 7	CASE 8	CASE 9	CASE 10
시작 상태	주문 취소	주문 취소	주문 취소	주문 마감	주문 마감
이벤트	주문 전송	주문 취소	주문 마감	주문 수정	주문 취소
전이 상태	오류 발생 (주문 취소)	오류 발생 (주문 취소)	오류 발생 (주문 취소)	오류 발생 (주문 마감)	오류 발생 (주문 마감)

표 5-5 상태 테이블

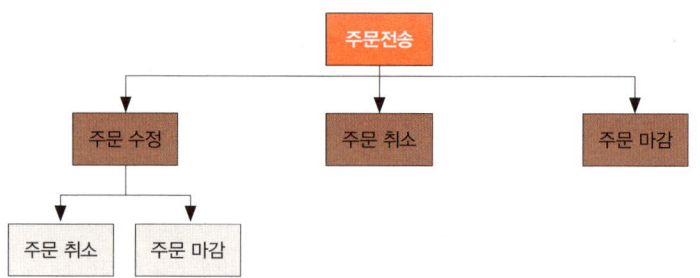

그림 5-6 상태 전이 다이어그램

상태 전이 테스팅은 제품에 따라 명확한 상태를 정의하기 어려운 경우 상태 전이 다이어그램이나 테이블을 정의하는 데 어려움이 있을 수 있습니다. 또한 복합적인 상태가 서로 연관되어 있는 경우에도 테스트 케이스 설계가 어려워질 수 있기 때문에 결국 테스트할 상태를 결정하는 것이 가장 중요한 요소로 작용할 수 있습니다.

1.1.6. 유즈케이스 테스팅

제품의 유즈케이스나 비즈니스 시나리오를 기반으로 테스트 케이스를 설계하는 방법으로 실제 사용자 관점에서 제품을 사용할 때 발견할 수 있는 제품의 결함을 발견하는 데 유용하게 사용될 수 있는 기법입니다.

시스템이 실제 사용되는 프로세스에 맞게 결함을 발견할 수 있기 때문에 인수 테스트 시 유용하게 사용될 수 있으며 발견되는 결함이 실제 사용자가 겪을 수 있는 유즈케이스에 대한 결함이기 때문에 결함에 대한 민감도가 높을 수 있습니다.

자판기 시스템의 유즈케이스의 예를 보면 아래와 같습니다.

번호	사전 조건	이벤트	예상결과
CASE 1	2,000원이 있다.	① 2,000원을 자판기에 넣는다. ② 1,200원짜리 콜라를 선택한다.	① 선택한 콜라를 반환한다. ② 거스름돈 800원을 반환한다.
CASE 2	3,000원이 있다.	① 2,000원을 자판기에 넣는다. ② 1,200원짜리 콜라를 선택한다. ③ 2,000원을 자판기에 넣는다. ④ 1,500원짜리 사이다를 선택한다.	① 선택한 콜라와 사이다를 반환한다. ② 거스름돈 300원을 반환한다.
CASE 3	1,000원이 있다.	① 1,000원을 자판기에 넣는다. ② 1,200원짜리 콜라를 선택한다.	① 금액이 부족하다는 메시지를 확인한다.

표 5-6 자판기 시스템의 유즈케이스

1.2. 구조기반 기법

구조기반 기법은 소프트웨어의 구현 정보를 기반으로 테스트 케이스를 설계하는 기법을 말합니다. 프로그램 내부의 구조나 복잡도를 참조하여 테스트 케이스를 설계하므로 화이트박스 기법으로 분류됩니다. 명세 기반 기법보다 테스트 커버리지를 측정하기 쉬우며 테스트 커버리지를 높이기 위해서 시스템적으로 테스트 케이스를 도출해 추가할 수도 있습니다. 구조기반 기법에는 구문 커버리지, 결정 커버리지, 조건 커버리지, 조건/결정 커버리지, 변경조건/결정 커버리지, 다중 조건 커버리지 등이 있습니다.

1.2.1. 구문 커버리지

구문 커버리지는 테스트에 의해 적어도 한번 수행된 구문이 몇 퍼센트인지를 나타냅니다. 즉, 전체 구문 수에서 수행된 구문의 수를 퍼센트로 나타낸 것입니다. 아래 코드를 보고 예를 들어보겠습니다.

```
01  fun discount(money: Int) {
02      println("exec 1")
03      if (money > 5000) {
04          println("exec 2")
05      }
06      println("exec 3")
07  }
```

만약, money가 3000이라면 **"exec 2"**는 출력되지 않을 것입니다. 그래서 구문 커버리지는 3 / 4 × 100 = 75%가 되는 것입니다. 구문 커버리지는 단순한 만큼 테스트 케이스에 대한 검증력이 가장 약하다는 단점이 있습니다.

1.2.2. 결정 커버리지

결정 커버리지는 테스트에 의해 실행된 전체 조건식이 최소 참/거짓이 한번씩 선택되었는지를 나타냅니다. 다시 동일한 예제 코드를 이용하여 예를 들어 보겠습니다.

```
01  fun discount(money: Int) {
02      println("exec 1")
03      if (money > 5000) {
04          println("exec 2")
05      }
06      println("exec 3")
07  }
```

만약, 파라미터가 3000으로 주어진다면 함수 내 조건식의 결과는 false로 실행될 것이고 파라미터가 6000으로 주어진다면 조건식의 결과는 true로 반환되어 "exec 2"가 실행될 것입니다. 즉, 두 개의 테스트 케이스를 작성할 수 있습니다.

결정 커버리지는 구문 커버리지보다 검증력이 높으며 테스트의 깊이가 깊어질수록 제품의 커버리지는 높아지나 테스트 케이스를 작성하는 비용이 급격하게 증가한다는 단점이 있습니다.

1.2.3. 조건 커버리지

조건 커버리지는 프로그램 내 전체 조건식의 결과가 참/거짓을 한번씩 반환하는지를 나타냅니다. 여기서 말하는 프로그램 내의 전체 조건식은 말그대로 프로그램 내의 모든 각각의 조건을 말합니다.

```
01  fun division(divisor: Int, dividend: Int) {
02      if (divisor > 0 && dividend > 0) {
03          println("do division")
04      }
05  }
```

위 코드에는 총 두 개의 조건식이 있습니다. 바로 divisor > 0과 dividend > 0인데요. 조건 커버리지를 충족하려면 divisor 값을 1과 –1을, dividend 값도 1과 –1을 각각 넣어준다면 각 조건에 대해 참과 거짓을 모두 충족하므로 조건 커버리지를 달성할 수 있습니다. 하지만 divisor 값이 1이고 dividend 값이 –1이거나 divisor 값이 –1이고 dividend 값이 1인 경우 두 조건식 모두 false를 반환하는 것을 볼 수 있습니다.

결국 각 조건식에 대한 참과 거짓을 모두 만족했기 때문에 조건 커버리지를 만족하는 조건은 달성했지만 구문 커버리지와 결정 커버리지를 만족하지 못하는 경우가 존재한다는 문제점이 있습니다.

1.2.4. 조건/결정 커버리지

조건 커버리지가 테스트할 프로그램이 가진 모든 개별 조건식의 참과 거짓을 갖도록 했다면 조건/결정 커버리지는 전체 조건식의 결과가 참/거짓을 반환하고 또한 개별 조건식도 참/거짓을 반환하도록 하는 것을 말합니다. 위 조건 커버리지의 코드 예제를 다시 한번 보겠습니다.

```
01  fun division(divisor: Int, dividend: Int) {
02      if (divisor > 0 && dividend > 0) {
03          println("do division")
04      }
05  }
```

해당 함수를 조건/결정 커버리지를 충족시키기 위한 케이스를 표로 나타내 보겠습니다.

divisor	dividend	divisor > 0 && dividend > 0	divisor > 0	dividend > 0
1	1	true	true	true
−1	−1	false	false	false

표 5-7 조건/결정 커버리지를 충족시키기 위한 케이스

[표 5-7]에서 각 조건에 대한 결과를 볼 수 있다시피 각 조건식의 결과를 참 한 번, 거짓 한 번을 갖도록 조합하는 것입니다.

1.2.5. 변경 조건/결정 커버리지

조건/결정 커버리지는 조건 커버리지와 분기 커버리지를 조합해서 만든 커버리지로 조건 커버리지와 분기 커버리지가 가진 단점을 보완하기 위한 커버리지로 볼 수 있습니다.

다시 한번 위 조건 커버리지의 코드 예제를 보겠습니다.

```kotlin
01  fun division(divisor: Int, dividend: Int) {
02      if (divisor > 0 && dividend > 0) {
03          println("do division")
04      }
05  }
```

해당 함수를 조건/결정 커버리지를 충족시키기 위한 케이스를 표로 나타내 보겠습니다.

divisor	dividend	divisor > 0 && dividend > 0	divisor > 0	dividend > 0	MC/DC
1	1	true	true	true	○
1	-1	false	true	false	○
-1	1	false	false	true	○
-1	-1	false	false	false	×

표 5-8 조건/결정 커버리지를 충족시키기 위한 케이스

변경 조건/결정 커버리지는 각 개별조건식의 결과가 다른 조건식에 영향을 받지 않고 전체 조건식의 결과에 독립적으로 영향을 줍니다. 테스트 케이스는 N + 1개를 가지는데, 전체 조건을 테스트하는 것은 비용상 문제로 수행하지 않고 의미 있는 테스트 케이스를 도출해서 테스트를 수행합니다.

1.2.6. 다중 조건 커버리지

변경 조건/결정 커버리지보다 높은 커버리지를 보장하는 다중 조건 커버리지는 테스트할 프로그램이 가진 모든 조건식이 가진 모든 논리적인 조합을 고려하여 테스트 케이스를 작성합니다. 그래서 100% 커버리지를 보장합니다. 100% 커버리지를 보장하는 것은 상당한 비용이 발생하므로 반드시 100% 커버리지를 달성해 결함을 제거해야 하는 경우에 사용합니다.

1.3. 경험 기반 기법

QA 엔지니어가 가진 지식이나 경험을 기반으로 테스트 케이스를 도출하는 기법을 말합니다. 테스트를 수행하는 이의 경험이나 능력에 의존하므로 결과에 대한 효율성의 정도가 달라 일관성이 낮아진다는 단점이 있습니다. 하지만 테스트할 도메인에 대한 전문적인 지식을 요구하거나 경험을 요구하는 경우 유용하게 사용될 수 있습니다.

1.3.1. 탐색적 테스팅

탐색적 테스팅은 기획 문서나 요구사항 정의서와 같이 주어진 명세가 잘 되어 있지 않고 부족한 경우 테스트 케이스의 작성을 효율적으로 수행하기 위해서 QA 엔지니어가 가진 경험, 지식 등을 활용해서 테스트를 설계하는 것을 말합니다.

테스트를 수행할 시간을 정해두고 해당 시간 내에 수립된 계획을 설계 및 실행하고 이에 대한 회고를 진행한 후 개선 또는 보완하여 앞서 실행한 절차를 반복 수행합니다. 정해진 시간이 되면 테스트를 종료하고 보고서를 작성하면서 테스트 세션을 마무리합니다.

1.3.2. 오류 추정

QA 엔지니어가 테스트할 대상을 완전히 이해하고 있다는 것을 전제로 적용되는 기법을 말합니다. 이미 식별된 취약점에 기반한 테스트를 수행하는 것을 말하며 주로 테스트의 마지막 단계에서 사용하는 것이 적절합니다. 경우에 따라서, 예를 들면 테스트 케이스를 설계할 명세가 충분하지 않거나 제품 출시를 위한 시간이 매우 부족한 경우에 사용하기도 합니다.

1.3.3. 체크 리스트

QA 엔지니어가 가진 테스트 경험과 노하우를 목록화해서 테스트에 사용할 목적으로 체크 리스트를 작성한 후 테스트를 수행하는 기법을 말합니다. 수행해야 할 테스트의 목록과 절차를 나열한 일반 체크 리스트와 제품에서 제공하는 기능을 나열한 기능 체크 리스트, 상위 레벨 서브 시스템이나 모듈이나 개인 구문이나 데이터 아이템 또는 서로 다른 레벨의 시스템 요소와 그룹을 나타낸 시스템 요소 체크 리스트 등이 있습니다.

지금까지 테스트 케이스를 설계하는 여러 기법을 알아봤습니다. 테스트 케이스를 설계하는 방법은 회사마다, 제품마다 다를 수 있습니다. 심지어 동일한 제품에 대해서도 프로젝트의 성격에 따라 제공하는 기능에 따라 테스트 케이스를 다르게 설계하기도 합니다.

단점 없이 완벽한 테스트 케이스를 설계하는 방법은 존재하지 않습니다. 테스트 케이스를 설계하는 이유가 결국 제품의 결함을 최대한 줄이는 것에 있으므로 상황에 따라 적절한 테스트 케이스 설계 기법을 선택하여 고객에게 제공하는 여러분의 제품이 좀 더 높은 품질을 유지할 수 있도록 하면 좋겠습니다.

Section 03
배포

[종료] 하얗게 불태웠어

사례

QA팀에서 개발팀이 수행한 언어전환 프로젝트로 개발된 서버의 테스트를 수행한 후 목표로 설정한 품질 수준을 충족한다고 판단하여 배포를 하면 좋겠다는 의견을 개발팀에 전달하게 되었습니다.

개발팀은 드디어 고대하던 배포를 수행할 수 있게 되어 기대반 우려반의 마음으로 배포를 위한 준비를 하게 되었습니다.

A 스타트업의 백엔드 개발팀은 모놀리식으로 서버를 개발하고 있기 때문에 새롭게 배포하게 될 서버는 하나밖에 존재하지 않았습니다. 다량의 트래픽을 감당할 수 있도록 Load Balancer를 두고 여러 대의 API 서버를 두고 있었기 때문에 Load Balancer를 교체하지 않고 API 서버만 교체하면 되었습니다. 다만, 기존 서버를 종료하기보다 배포 후 문제가 없는지 검증하는 사후 검증 단계를 수행한 후 치명적인 결함이 정말로 존재하지 않는다는 것을 확인한 후에 기존 서버를 종료하기로 하고 Load Balancer가 기존 서버가 아닌 새로운 서버를 바라볼 수 있도록 인프라 설정만 변경하도록 했습니다.

하지만 만약, 새로운 서버에 치명적인 결함이 발생하여 롤백을 수행해야 하는 경우 데이터베이스와 브레이킹 체인지를 유발하는 API의 변경이 존재한다면 단순하게 Load Balancer의 설정을 변경하는 것만으로는 간단하게 롤백을 수행할 수 없을지도 모릅니다. 하지만 A 스타트업의 개발팀이 수행한 언어전환 프로젝트에서는 데이터베이스와 브레이킹 체인지를 유발하는 API의 변경이 없었기 때문에 롤백에 대한 전략도 아주 단순하게 세울 수 있었습니다.

배포전략이 모두 수립되고 배포일이 결정되면서 제품팀에서는 배포를 위한 문서를 아래와 같이 작성했습니다.

문서

서버 언어전환 프로젝트 배포 문서

Tl;Dr

- 서버를 배포할 작업자들이 배포 작업에 필요한 내용을 숙지합니다.
- 서버 언어전환 프로젝트 배포 시 사전에 체크할 항목을 점검합니다.
- 서버 배포 작업 진행 절차를 정리합니다.

작업 항목

- 신규 서버 배포
- 인프라 설정 변경
- 사후 모니터링

배포 일시

- 2022년 02월 01일 06시 00분

예상 소요시간

- 약 1시간

참가 인원

- PO/PM
- 백엔드 개발자 전원
- QA 엔지니어 전원

체크 리스트

목록	체크 항목	비고
데이터베이스 변경	없음	-
API 변경	없음	-
인프라 변경	있음	-
다운 타임	없음	-
롤백 가능 여부	가능	'2022년 02월 01일 배포 롤백 전략 및 방법' 문서 참고

표 5-9 체크 리스트

배포 진행 절차

시퀀스	항목	내용
1	신규 서버 배포	신규 코드가 배포된 서버 인스턴스 추가
2	인프라 설정 변경	Load Balancer가 배포된 신규 서버를 바라보도록 변경
3	모니터링	배포된 내용이 정상 동작하는지 모니터링 진행
4	사후 검증	QA 팀에서 사후 검증 실행

표 5-10 배포 진행 절차

배포 후 작업 항목

- 7일 이후 기존 서버 인스턴스 종료

여러분이 작업한 코드가 QA 엔지니어의 테스트 과정을 무사히 거쳤다면 이제 드디어 배포를 위한 준비를 해야 할 차례입니다. 서버가 모놀리식으로 구성되어 있는지 MSA로 구성되어 있는지 또는 점진적으로 배포를 진행해 왔는지 한 번에 배포를 진행할 것인지 등에 따라 여러분이 열심히 작업한 언어전환 코드가 배포되는 방식은 달라질 것입니다.

개발팀에서는 QA 과정을 거치면서 배포를 위한 준비를 하게 될 텐데, 모든 상황을 나열할 순 없지만 일반적으로 배포전에 체크해야 할 항목을 나열해 보고 각 상황에 따른 전략을 살펴보겠습니다.

1. 배포 전 확인 항목들

1.1. 데이터베이스 변경 여부

앞서 언어전환 프로젝트를 진행하면서 프로젝트의 성공률을 높이고 불확실성을 줄이기 위해서 데이터베이스의 변경을 최소화하면 좋겠다고 얘기한 바 있습니다. 하지만 부득이하게 데이터베이스를 변경해야 할 수도 있을 텐데요. 여러분의 언어전환 프로젝트에서 데이터베이스가 변경되었다면 서버를 배포하기 전 또는 후에 데이터베이스라면 스키마를 변경하거나(관계형 데이터베이스인 경우) 데이터 마이그레이션을 수행해야 할 수 있습니다. 만약, 여러분이 사용하는 프레임워크에서 마이그레이션 도구를 통합해서 사용할 수 있다면 마이그레이션 코드에 데이터베이스 변경 내용을 작성해 주면 좋습니다.

1.2. API 변경 여부

부득이하게 API가 변경되어야 하는 경우에도 어떻게 변경되는지에 따라 대응 방법이 달라집니다. 새로운 API가 추가되거나 기존의 API에서 제공하는 필드가 추가되는 경우에는 클라이언트에서 특별하게 변경하지 않아도 앱이나 웹 애플리케이션이 실행되는 데 문제가 되지 않습니다. 추후 배포 버전에서 새롭게 제공하는 기능으로 개선하는 등의 방법으로 맞춰줄 수 있을 것입니다. 하지만 기존에 제공하던 API가 제거되거나 변경되어 부득이하게 앱이나 웹 애플리케이션의 변경을 요구하는 경우에는 앱과 웹 개발자의 협조가 필요합니다.

사실 이러한 상황에 대해서는 배포할 시점에 조율하는 것이 아니라 프로젝트를 진행하는 중에 미리 협의를 통해 조율을 해두고 진행하는 것이 좋습니다. 다만 사전에 이미 조율이 되어있더라도 API가 앱과 웹 애플리케이션을 호환하지 못해 변경을 유발한다면 다운 타임이나 앱 심사와 같은 상황을 고려하지 않을 수 없습니다. 다운타임에 민감한 제품이라면 API가 브레이킹 체인지를 유발하도록 설계를 하기보다 기존 API는 그대로 두고 새로운 API를 만들어서 호환할 수 있도록 하고 앱이나 웹 애플리케이션이 새로운 API로 다 전환되고 난 후 기존 API를 제거하는 형식으로 전략을 수립하는 게 좋을 수 있습니다. 대표적인 방법으로 API Deprecation[10]이 있습니다.

1.3. 인프라 변경 여부

여러분의 서버 구성에 따라서 인프라 리소스가 변경될 수도 변경되지 않을 수도 있습니다. 인프라가 변경되는 사유도 회사마다 팀마다 천차만별입니다. 그래서 이번에도 모놀리식 서버에서 인프라가 변경되는 사례를 예를 들어 소개하겠습니다. 다른 변경사항에 대한 사례와 마찬가지로 인프라의 변경도 기존 시스템에서 제공하던 환경이 변경되지 않는 것을 전제로 합니다.

만약, 여러분이 서버 언어전환의 리스크를 최소화하기 위해 점진적으로 운영 서버에 배포를 진행하며 언어전환을 수행하고 있다면 URL 경로 기반 라우팅

---

10 https://swagger.io/blog/api-strategy/best-practices-for-deprecating-apis/

[11]은 아주 탁월한 선택이 될 수 있습니다. URL 경로기반 라우팅은 흔히 Load Balancer 설정을 통해 진행하는 경우가 많습니다.

초창기 제품의 경우 간단하게 단일 API 서버를 구축하여 제품의 기능을 제공할 수 있을 것입니다. 하지만 제품의 크기가 점점 커져갈수록 하나의 서버만으로는 사용자의 트래픽을 감당하기 힘들어지는 시기가 올 것이고 다수의 서버를 통해 트래픽을 분산시키는 스케일 아웃[12] 전략을 채택하여 서버를 구성할 수 있을 것입니다.

스케일 아웃을 통해 여러 대의 서버를 두고 API를 제공하는 경우 아래 그림과 같이 하나의 End Point를 두고 네트워크 트래픽을 분산시키도록 Load Balancer 등을 두는 경우가 많습니다.

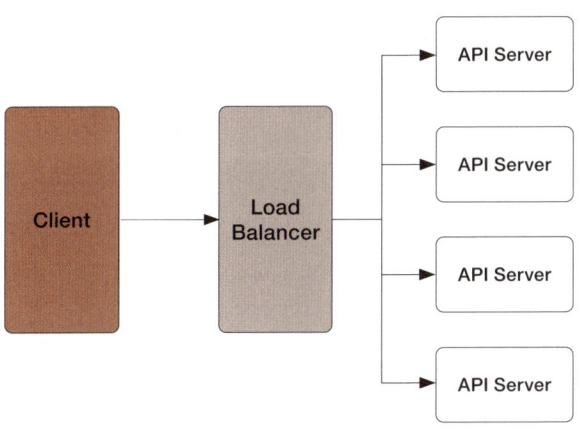

그림 5-7 Load Balancer를 이용한 서버 스케일 아웃

여기서 볼 수 있는 Load Balancer에서 특정 URL의 경우 특정 서버로 요청을 보내도록 할 수 있습니다.

---

11 https://learn.microsoft.com/ko-kr/azure/application-gateway/url-route-overview
12 https://en.wikipedia.org/wiki/Scalability

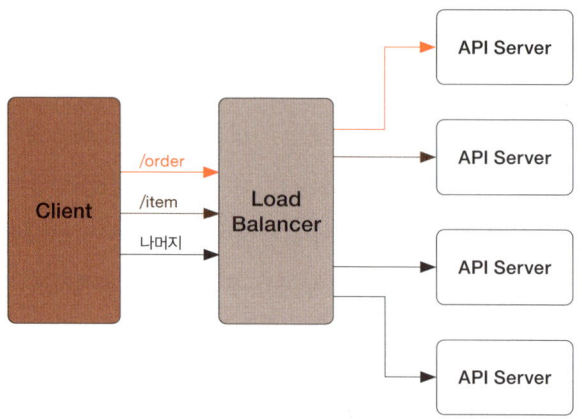

그림 5-8 URL path based routing

이러한 배포전략을 가지는 경우 Load Balancer의 설정을 해 줄 필요가 있습니다. 다만 이러한 설정을 하는 경우 특정 배포시점에만 인프라 설정을 하는 것이 아니라 전환할 API가 완성될 때마다 인프라 설정을 요구할 수 있습니다.

위와 같은 방법을 도입하기 힘들거나 한 번에 서버를 교체해야 하는 상황에서는 결국 Load Balancer를 사용하든, 단일 서버를 사용하든, 서버에 배포되어 있는 웹 애플리케이션을 교체하여 배포해야 합니다. 다만 한 번에 서버를 바꾸는 것은 아무리 QA 과정을 통해 검증되었다고 하더라도 위험성이 크다는 게 사실입니다. 그래서 만약, 배포한 후에 제품에 치명적인 결함이 발견된다면 빠르게 복구할 수 있는 복구전략을 수립하는 것이 좋습니다.

1.4. 롤백 전략

긴 기간 동안 모두가 열심히 노력하여 마무리한 프로젝트가 성공적으로 배포되어 유종의 미를 거두면 가장 이상적인 시나리오겠지만 그렇지 못할 수도 있습니다. QA과정을 꼼꼼하게 거쳤다면 그럴 가능성이 적겠지만 운영서버에서는 어떤 상황이 발생할지 모릅니다. 그러므로 운영서버 배포 후 치명적인 결함이 발생하여 배포 내용을 빠르게 이전 상태로 원상복구할 수 있도록 하는 전략을 세우면 좋습니다.

예를 들면 새로운 서버가 배포되어 기존 서버가 필요 없어졌다고 판단해서 서버를 그냥 종료하기보다 기존 서버를 그대로 둔 상태에서 새로운 서버가 안정되었다고 판단되는 시점에 기존 서버를 종료하도록 해서 혹시나 새로운 서버에서 치명적인 결함이 발견되었을 때 새로운 서버를 다시 기동하느라 시간과 리소스를 힘들게 사용하기보다 Load Balancer가 바라보는 API 서버를 간단하게 원래대로 교체해 줌으로써 문제 상황에 빠르게 대응할 수 있도록 계획할 수 있습니다. 다만, 이와 같은 방법을 사용하려면 데이터베이스나 API의 변경이 없거나 브레이킹 체인지를 유발하지 않아야 합니다.

1.5. 배포 문서 작성

개발자들 머릿속에 배포를 어떻게 진행할지 다 기억하고 있다고 하더라도 배포를 진행할 때 어떤 사전준비와 체크 리스트가 필요한지, 작업자들이 누구이고 어떤 절차를 통해 배포를 진행하게 될지를 문서로 작성해두고 모두가 해당 문서를 검토하고 진행하면 좋습니다. 해당 문서를 통해 혹시나 누락할 수 있는 작업항목이 존재하는지 두세 번 검토할 수 있으며 실수를 미연에 방지할 수 있기 때문입니다. 또한 배포를 진행할 담당자가 부득이하게 참가하지 못하더라도 다른 작업자로 손쉽게 대체해서 진행할 수 있기 때문에 리스크 관리에도 용이합니다.

1.6. 배포 후 할 일

언어전환을 완료한 코드가 성공적으로 운영서버에 배포되었다면 QA팀에서는 사후 검증을 수행합니다. 기존에 수행했던 TC를 기준으로 주요한 체크항목들 위주로 사후 검증을 수행하게 될 것입니다. 다만 운영서버를 기준으로 테스트를 수행하기 때문에 회사나 팀의 정책에 따라서 수행할 수 있는 테스트의 범위가 제한적일 수 있습니다. 최대한 고객의 데이터를 오염하지 않도록 주의하면서 테스트를 수행하면 좋을 것입니다.

개발팀도 배포를 완료했다고 끝난 것이 아니라 모니터링 도구를 통해 오류 로그가 발생하는지 혹은 특이한 로그나 트래픽이 존재하는지 등을 지속적으로 모니터링하며 이슈에 대해 **빠르게 대처할 태세**를 갖추어야 합니다. 그래서 배포 후 한 동안은 이슈에 민감하게 반응할 수 있도록 팀 운영방침을 잡으면 좋습니다. 다만, 새롭게 할 일이 생길 것이고 기한없이 모니터링만 할 순 없기 때문에 일주일 또는 한 달과 같이 특정 기한을 정해 두고 문제가 더 이상 발생하지 않는다면 안정적으로 전환이 완료되었다고 판단할 수 있는 기준을 QA팀과 조율하여 정책으로 세울 수 있습니다.

지금까지 QA 과정과 배포를 위한 준비사항을 알아봤습니다. 앞서 언급했다시피 QA를 위한 준비과정과 테스트 케이스 설정은 QA 엔지니어가 아니더라도 개발자가 숙지해 두면 언어전환 프로젝트가 아니더라도 모든 개발과제에서 제품의 품질을 향상시킬 때 큰 도움이 될 것입니다.

프로젝트를 진행함에 있어 개발을 잘 해내는 것도 중요하지만 QA 과정을 잘 거치고 배포까지 원활하게 수행해 내는 것이 개발자의 중요한 임무 중 하나입니다. 앞서 소개한 내용은 광범위한 QA에 대한 지식과 배포에 대한 프로세스 중 일부에 불과할 수 있습니다. 하지만 여러분이 진행하는 프로젝트에서 일반적으로 마주칠 수 있는 것일 수도 있습니다. 위 항목을 잘 숙지하여 마무리까지 깔끔한 프로젝트가 될 수 있도록 하면 좋겠습니다.

자, 여러분이 진행한 언어전환 프로젝트가 잘 마무리되었습니다. 이제 지난 시간동안 여러분의 노력을 되돌아보고 좀 더 발전하는 팀이 될 수 있도록 회고하는 시간을 가져보겠습니다.

[회고]
회고합시다

6장

Language Change
Project Management

회고란 무엇일까요? 사전적으로 '뒤를 돌아다봄' '지난 일을 돌이켜 생각함' 등을 의미하는 회고는 구성원이 지난 일을 되돌아보고 느낀 바와 배운 점을 기반으로 앞으로 성장하기 위해 앞으로 개선할 점을 찾아가는 활동을 말합니다.

언어전환 프로젝트 후 진행하는 회고에서는 언어전환 프로젝트를 수행한 후 지난 프로젝트 기간 동안 프로젝트 준비를 어떻게 했고, 어떻게 개발을 진행했으며, 어떤 이슈가 있었는지 돌아보고 이를 통해서 배운 점과 느낀 점을 토대로 앞으로 새로운 프로젝트를 진행할 때 좀 더 개선할 수 있는 방법들을 모색하게 됩니다.

이 장에서는 여러분의 개발팀이 지난 언어전환 프로젝트를 마무리한 후 앞으로 좀 더 성장하기 위해 좀 더 의미있고 발전적인 회고를 위한 여러 가지 이야기를 나누어 보겠습니다.

Section 01
회고를 위한 사전 계획

〔회고〕 회고합시다

사례

개발자 K는 언어전환 프로젝트를 계획하면서 언어전환 프로젝트에 대한 회고에 대한 계획도 함께 수립했습니다. 어렵게 진행하기로 결정난 프로젝트를 좀 더 성공적으로 마무리짓는 것도 중요하지만 프로젝트를 진행한 팀원들이 해당 언어전환 프로젝트를 통해 느끼고 배운 점들을 토대로 앞으로 제품을 개발할 때 좀 더 발전된 모습으로 수행할 수 있었으면 좋겠다고 생각했기 때문입니다.

회고의 사전준비는 우선 작업관리에 대한 정책을 잡는 것으로 시작했습니다. 팀에서 협업 관리도구로 Jira를 사용하고 있었기 때문에 작업의 생성부터 완료까지 작업 상태에 대한 규칙을 생성하고 팀원들이 이를 계속해서 지킬 수 있도록 문서화와 지속적인 모니터링을 실시할 계획을 세웠습니다.

반복적이고 변경 가능성이 적은 관리작업들은 최대한 자동화했습니다. 예를 들어, Git에 작업을 Push하여 Pull Request를 작성한다면 Jira의 작업 상태가 자동으로 Review로 바뀐다든지, 특정 작업의 경우 라벨을 강제하도록 제약조건을 설정한다든지 등을 설정하여 최대한 사람이 수동으로 관리할 수 있는 포인트들을 최소화했습니다.

언어전환 프로젝트의 회고는 총 두 번을 진행하려고 계획했는데, 언어전환 프로젝트는 크게 도메인 계층 작업과 응용 계층 작업, 그리고 인프라 작업들로 나뉘어 있습니다.

인프라 작업은 크게 많은 시간은 필요로 하지 않으므로 첫 번째 회고는 도메인 계층 작업이 끝나고 회고를 진행해서 지난 프로젝트 수행방식을 돌아보고 개선사항을 응용 계층 작업 시 반영해서 적용하도록 하면 좋겠다는 계획을 세웠습니다.

두 번째 회고는 프로젝트가 끝난 후 진행하도록 계획했는데, 앞서 수행한 회고에서 나온 Action Item들이 잘 실천되었는지, 그리고 프로젝트 전체 기간에 대한 좋았던 점, 아쉬운 점, 새롭게 시도해보고 싶었던 부분 등 개개인이 느낀 점들을 다루어보면 좋겠다고 생각했습니다.

한편, 총 두 번의 회고를 진행하다보니 긴 프로젝트 기간 발생한 사건을 기록하는 것도 중요했습니다. 개발자 K는 개개인이 사건들을 기록하고 관리하여 회고에 활용하는 방법은 개인의 성향에 따라 기록 관리에 영향이 클 것이라 판단하여 매주 열리는 주간회의에서 공유되는 이슈들을 기반으로 회고의 자료들을 미리 모아두는 방법을 채택했습니다.

해당 방법을 통해 추후 회고에서 어떤 사건들이 있었는지 돌아보고 팀원 개개인이 느낀 점이나 배운 점들을 이야기 해보면 좀 더 유익한 회고가 될 수 있으리라 생각했습니다.

최근 수많은 팀과 개개인이 회고의 중요성을 잘 인지하고 실천하고 있습니다. 개인이 수행하는 회고는 차치하고 팀 또는 스쿼드 등과 같이 여럿이서 행하는 회고에서 막상 회고를 위한 준비가 되어있지 않아 정작 회고 시간에 건설적인 느낌과 배운 점을 도출해내지 못하고 팀의 발전을 위한 향후 계획을 수립하지 못하는 경우를 많이 볼 수 있습니다.

특히, 짧은 주기의 회고보다 긴 프로젝트를 진행한 후 수행하는 회고의 경우에는 과거 당시의 느낌이나 사실을 기억하지 못하고 회고 당시 최근의 기억만으로 진행함으로써 정작 중요한 사건에 대한 이야기는 다루지 못하는 경우가 생길 수 있습니다.

그래서 여러분이 언어전환 프로젝트와 같이 짧지 않은 기간을 필요로 하는 프로젝트를 진행하게 된다면 좀 더 나은 회고를 위해 사전 계획을 수립하고 사건이나 정보들을 잘 기록하면 좋겠습니다. 회고를 수행하는 방식이나 양식은 회사마다 팀마다 다를 수 있기 때문에 사전 계획 또한 회사 또는 팀마다 천차만별일 것입니다.

앞으로 소개하는 내용을 참고로 활용하고 여러분의 회사 또는 팀에 맞는 계획을 수립하여 활용하면 좋겠습니다.

1. 작업 관리

앞서 작업자들의 작업 현황 관리를 위해 협업 관리도구를 활용하면 좋겠다는 이야기를 했습니다. 만약, 여러분의 팀원들이 작업을 생성하고 제때 상태를 잘 변경해 왔다면 협업 관리도구의 리포트 기능을 통해 여러분 자신과 팀원들이 어떻게 프로젝트 작업을 수행해 왔는지 한눈에 파악하기 쉽습니다. 또한 이를 회고에 활용할 수 있다면 좀 더 객관적이고 사실적인 자료를 기반으로 회고를 진행할 수 있기 때문에 좀 더 유익한 회고시간이 될 수 있을 것입니다.

작업(Task)의 생성과 관리에 대해서는 앞서 다루었기 때문에 여기서는 회고를 위한 작업 관리에서 다루어 보면 좋을만한 주제를 가지고 협업 관리에 사용되는 작업들을 어떻게 설정하면 좋을지에 대해서 알아보겠습니다.

1.1. 생명주기 정책

개발자가 할당받은 작업은 보고자가 작업을 생성하는 단계에서부터 개발자가 해당 이슈를 할당받고 처리하여 완료하기까지 상태 변경에 대한 생명주기를 가집니다.

만약, 여러분이 관리자이고 회고를 진행할 때 개발자들이 작업을 진행하고 완료하기까지 어떠한 패턴이 있는지, 특정 단계에서 부하가 있어 다른 작업을 진행하는 데 방해가 되지 않는지 등을 파악하고 싶다면 작업에 대한 생명주기 정책을 설정하고 프로젝트 기간 동안 이를 지킬 수 있도록 하면 좋습니다. 대부분의 협업 관리도구는 작업의 상태에 대한 보고서를 추출할 수 있으므로 이를 이용하여 회고에 활용하면 큰 도움이 됩니다.

1.2. 스토리 포인트 또는 작업 예상 시간 설정

각 개발자마다 작업의 수로 업무량을 판단하는 것은 작업자의 업무부하를 측정하는 데 부족함이 있습니다. 어떤 개발자는 하나의 큰 작업을 처리하기 위해 세세한 작업으로 나누어서 처리할 수도 있고 다른 개발자는 하나의 작업만 생성해서 기능을 개발할 수도 있기 때문입니다. 즉, 작업의 수는 작업자의 업무부하를 판단하는 데 도움을 받을 수 없기 때문에 각 작업마다 스토리 포인트나 예상 소요시간을 입력하도록 하여 개발자들이 특정 기간 동안 어느 정도 작업을 처리했는지 유추해볼 수 있습니다.

여기서 유추해볼 수 있다고 말한 이유는 정확한 공수측정은 거의 불가능에 가깝기 때문입니다. 그러므로 스토리 포인트나 작업 예상 시간을 정확하게 기입하도록 노력하기보다 작업의 크기를 잘 가늠할 수 있도록 작업들을 잘 분리하는 노력을 기울이면 좋습니다.

스토리 포인트나 작업 예상 시간을 입력하는 것은 자동화하기가 쉽지 않습니다. 팀원들이 필요한 기능에 대한 작업을 생성하고 작업을 시작하기 전에 예상되는 공수를 측정하여 입력하도록 해야 하는데요. 사실 예상공수를 기입하고 관리하는 것은 관리자에게 더 중요한 요소로 작용되기 때문에 개발자들이 스토리 포인트나 작업 예상 시간을 기입하는 것을 놓치는 경우가 많이 발생할 수 있습니다. 그렇기 때문에 관리자는 주기적으로 작업자들의 작업을 확인하며 스토리 포인트나 작업 예상 시간이 기입이 되지 않은 작업이 있는지 점검하여 추후 보고서를 추출할 때 좀 더 정확한 데이터를 볼 수 있도록 노력해야 합니다.

1.3. 작업 분류

작업마다 가지는 업무의 성격이나 특성을 묶어주기 위해 카테고리 설정이나 라벨을 설정해 준다면 설정된 라벨별로 작업을 분류하여 지난 프로젝트 업무를 회고하기에 용이합니다. 작업을 분류하는 것은 프로젝트를 시작하기 전부터 설정해둘 수도 있지만 프로젝트를 진행하게 되면서 여러 작업들에게서 나타나는 공통된 특징이 발견되어 프로젝트 진행 도중에도 추가될 수도 있습니다. 결국 중요한 것은 여러분이 회고에서 다루었으면 하는 주제에 맞는 분류를 통해 좀 더 유의미한 작업 보고서를 추출할 수 있도록 하는 것입니다.

2. 회고 주기

언제 회고를 진행할지에 대한 회고 시점을 정하는 것도 회고에 있어서 중요한 사항 중 하나입니다. 회고 시점에 따라서 다루어질 내용과 회고를 통해 도출되는 Action Item이 달라질 수 있기 때문입니다.

제품의 배포주기와 마찬가지로 회고도 짧은 주기로 진행하면 좋습니다. 회고가 길어지면 길어질수록 당시에 발생했던 이슈에 대한 사실이나 감정을 기억하지 못할 가능성이 높아지고 문제점을 빠르게 개선하고 적용하여 팀의 업무

방식을 발전시켜갈 수 있음에도 회고를 하기전까지 불편함을 감수하는 상황이 생길 수 있기 때문입니다.

그렇다고 회고를 너무 짧은 주기로 진행하는 것도 마냥 좋다고 말할 순 없습니다. 회고 시에 다룰만한 내용이 충분히 모이지 않았는데도 자주 회고하면 좋다는 이유로 일주일에 한번, 혹은 그보다 짧은 주기로 회고를 진행하다보면 지난 Action Item으로 도출된 사항을 제대로 적용하고 느껴보기도 전에 불편하다는 이유로 다른 방법을 적용하려고 할 수도 있습니다. 즉, 익숙하지 않음으로 인한 불편함을 좋은 해결방안이라 생각하지 않게 됩니다. 이로 인해 업무 방식을 지나치게 자주 바꾸는 상황이 생길 수 있습니다.

스크럼의 스프린트와 같이 시작과 끝이 명확한 경우, 혹은 1~2주 정도의 길지 않는 프로젝트를 진행한 후에 회고를 한다면 회고 시에 보다 풍부한 재료를 가지고 충분한 논의가 이루어질 것입니다.

그럼 언어전환 프로젝트의 회고에서는 어느 시점에 회고를 진행하면 좋을까요? 언어전환 프로젝트의 진행 방식은 회사마다 그리고 팀마다 다를 수 있습니다. 그렇기에 각자의 상황에 맞게 주기 설정을 하면 좋습니다.

사례의 경우에는 언어전환 프로젝트를 크게 도메인 계층과 응용 계층을 나누어서 작업하고 있기 때문에 도메인 계층의 작업이 마무리되고 난 후 회고를 1차로 진행하고 응용 계층 작업을 마치고 난 후 언어전환 프로젝트에 대한 전체 회고를 한번 더 진행하는 방식으로 진행했습니다.

이렇게 진행함으로써 긴 시간 동안 진행되는 언어전환 프로젝트를 한 번 정도 끊어서 프로젝트 진행 방식에 문제는 없는지 혹은 기술적 이슈 외에 다른 이슈는 없는지 되돌아보고 회고 이후 프로젝트 수행 방식을 좀 더 개선하여 자칫 동력이 빠질 수 있는 프로젝트 후반의 실행 동력을 계속해서 유지할 수 있도록 할 수 있습니다.

3. 사건 기록

회고를 진행할 때 중요한 요소는 프로젝트를 진행할 때 발생한 사건에 대한 당시 내용과 느낀 점 등을 잘 기억하여 다루는 것입니다. 사건이 일어났을 때에는 불편하거나 배운 점을 회고에서 다뤄야겠다는 생각으로 그냥 넘어갔는데 막상 회고에서는 당시 사건이 기억나지 않아 지나치는 경우가 종종 생길 수 있습니다. 회고에서 다루었다면 분명 팀이나 개인에게 도움이 되는 상황인데 말이죠.

그래서 프로젝트를 시작하면서 회고 주기를 결정할 때 팀원들이 마주칠 수 있는 사건들에 대한 기록을 하도록 주문할 수 있습니다. 물론 관리자 입장에서도 이러한 사건이 잘 기록될 수 있도록 관리하는 것 또한 중요합니다.

사건을 기록하는 방식은 다음처럼 다양합니다.

3.1. 개인 저장소

팀원 개개인이 마주치는 상황에 대해 느낀 바가 있다면 개인 저장소에 기록해 두어 회고 시 해당 기록을 바탕으로 진행할 수 있습니다. 각자가 편리한 방식으로 사건에 대한 기록을 할 수 있으므로 부담없고 가감없는 기록을 할 수 있다는 장점이 있습니다.

3.2. 개인 회고

개인 저장소에서 저장하는 방식을 좀 더 발전시켜서 개인적인 회고를 진행하도록 하는 방법입니다. 특정한 회고 방식을 따르기 때문에 나중에 진행할 언어전환 프로젝트의 회고 시에 활용하기 위한 정보를 미리 도출하기 쉽습니다.

3.3. 정기 회의

앞서 프로젝트를 진행할 때 발생하는 이슈나 진행사항 등을 파악하기 위해 주간 또는 월간회의를 개최할 수 있다고 했습니다. 이런 회의에서 다루어지는 내용을 잘 기록하여 정리해 둔다면 회고에서 활용할 수 있기에 유용할 수 있습니다.

팀원 개개인의 개인적인 느낀 점을 다루기에는 어려울 수 있겠지만 개인 저장소나 개인 회고와 같이 팀원에게 맡기는 사건 기록보다는 팀 차원에서 사건에 대한 기록을 다루기 때문에 기록 관리가 좀 더 용이하고 정기적인 회의의 주기가 회고 주기보다 자주 있을 수 있으므로 이슈에 대한 내용을 좀 더 잘 기록할 수 있다는 장점도 있습니다.

지금까지 더 나은 회고를 위해 여러분이 사전에 준비해 볼만한 것을 소개했습니다. 회사마다 팀마다도 회고의 방식과 준비사항이 다를 수 있으므로 여러분의 팀의 상황에 맞게 회고의 사전 계획을 세우기 바랍니다. 무엇보다 중요한 건 더 나은 회고를 위한 준비를 하는 것이니까요.

그럼 이제 회고를 진행하면서 살펴볼만한 것을 소개할 차례입니다.

Section 02
좀 더 유익한 회고를 위하여

〔회고〕 회고합시다

사례

A 스타트업의 백엔드 개발 챕터에서는 언어전환 프로젝트를 진행하면서 한 번 그리고 언어전환 프로젝트가 완료되고 난 후 한 번, 총 두 번의 회고를 진행했습니다.

첫 번째는 도메인 계층에 대한 전환 회고를 진행했는데요. 프로젝트 설정부터 도메인 계층 전환 작업이 끝날 때까지의 기간 동안 수행했던 업무를 돌아보고 업무 중 발생한 이슈나 그동안 느꼈던 감정을 돌아보고 Action Item들을 도출했습니다.

문서

도메인 계층 전환 회고

일정

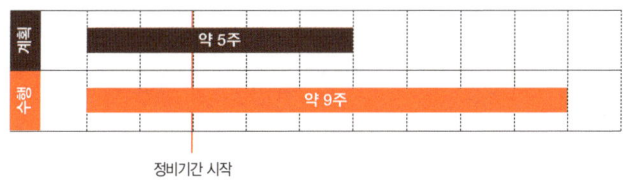

그림 6-1 최초 작업 계획

최초 작업에 대한 계획은 약 5주 정도로 예상했으나 실제 작업 시간은 9주가 소요되었습니다.

어떤 이슈에 의해서 작업 시간이 지연되었을까요?

작업	이슈 내용
운영이슈	언어전환 프로젝트를 진행하는 도중에 운영이슈가 다수 발생했습니다. 언어전환 계획 시 운영부서와 운영업무 발생 시 우선적으로 대응해 주기로 협의를 했기 때문에 운영이슈로 인해 정해진 일정을 정확하게 지켜내기는 쉽지 않았습니다.
채용	부족한 팀원을 보충하기 위해서 채용을 계속 진행하고 있는 상황입니다. 이력서 검토 및 과제 검토, 면접 준비 등 적지 않은 시간을 채용 업무에 투자해야 하기 때문에 지원자가 생기면 채용 업무로 인해 목표한 일정을 달성하기 어려운 상황이 생겼습니다.
행사 & 휴가	연말이다보니 사내 행사가 다수 생겼고 남은 휴가를 소진하기 위해 팀원들이 휴가를 사용했습니다.

표 6-1 일정 이슈(1차)

작업

작업당 평균 작업 시간은 2일 정도로 프로젝트를 설정하고 초반에 프로젝트에 익숙해지는 시간을 감안한다면 괜찮은 작업 시간을 보여주고 있다고 생각합니다.

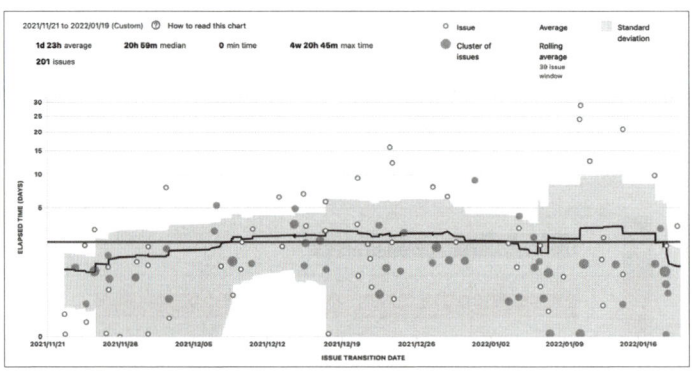

그림 6-2 작업 시간 분포

다만 도메인 계층 작업의 후반부로 갈수록 작업간 수행시간 편차가 큰 것을 볼 수 있습니다. 작업 시간이 길거나 짧았던 대표적인 이슈를 보면 아래와 같습니다.

작업 시간이 짧았던 이슈	작업 시간이 길었던 이슈
초기 설정 작업	검색엔진 작업의 경우 익숙하지 않아 작업 시간이 오래 걸림
Task 중 In progress로 변경하지 않고 작업한 이슈	비즈니스 로직이 다소 복잡한 기능 구현 • 영업 실적 동기화 • 계층 분리가 되지 않은 기능
단건 조회, bypass로 구현하는 기능	언어적 특성으로 인해 전환 시 전환하는 언어에 맞도록 기능을 새로 구현해야 하는 기능
	운영업무와 병행하면서 진행한 작업

표 6-2 작업 이슈(1차)

KPT

지난 도메인 계층 전환 작업을 하면서 Keep(계속 유지하고 싶은 점)과 Problem(변경하고 싶은 점), Try(새롭게 시도하고 싶은 점)에 대해 이야기 해보겠습니다.

Keep	Problem	Try
결정하기 힘든 모호한 부분이 있을 때 빠르게 회의를 개최하고 결정하는 모습이 좋았습니다.	작업 시작 시 Task를 In progress로 변경하지 않다 보니 작업에 대한 보다 정확한 소요시간 측정을 하기가 어려웠습니다.	PR의 본문을 좀 더 풍부하게 작성할 수 있도록 깃허브의 PR Template 기능을 적용해 보면 좋겠습니다.
작업의 단위를 작게 두고 진행한 부분은 계속 유지하고 싶어요.	작업과 코드 리뷰를 적절하게 배분하지 못했습니다.	모르는 부분이나 해결하기 어려운 이슈가 있는 경우 한 시간으로 기간을 정하고 그 이후까지 해결이 되지 않으면 동료들에게 물어보도록 하면 좋겠습니다.
미리 작업이 계획되어 있어 현재 진행률이 어느 정도인지 한 눈에 볼 수 있어 좋았어요.	모르는 부분에 대해서 너무 오랜 시간 고민하고 찾아보면서 작업에 대한 일정 관리를 제대로 못했습니다.	작업 시작 시 Task의 상태를 In progress로 변경하고 시작하도록 합니다.

이슈에 대한 적절한 문서화는 기억에 의존하지 않고 나중에 바로 찾아볼 수 있어서 좋았어요.	PR의 본문이 좀 더 풍부하면 좋겠어요.	-
페어 프로그래밍은 계속 했으면 좋겠습니다.	-	-

표 6-3 KPT 이슈(1차)

Action Item

회고를 기반으로 다음에 수행했으면 하는 구체적인 Action Item을 도출해 봅니다.

- 작업 시작 시 Task를 In progress로 변경하기
- 깃허브의 PR Template을 적용하기

도메인 언어전환 회고에서 도출된 Action Item은 다음 회고에서 평가하기로 하고 도메인 계층 작업 이후의 작업을 시작하면서 즉시 적용하여 수행했습니다. 2차 회고는 언어전환 프로젝트가 끝나고 정상적으로 운영서버에 배포되어 문제가 없는지 확인한 후에 진행했습니다.

문서

언어전환 회고

지난 회고의 Action Item 피드백

Action Item	진행 여부	의견
작업 시작 시 Task를 In progress로 변경하기	O	작업 시작 시 Task를 In-progress로 바로 작업하려고 다들 노력했습니다. 다만 In-progress로 직접 변경하는 것이 다소 번거로운 면이 있다는 의견이 많았습니다. 개발 Task인 경우는 상태 변경이 잘 되었으나 그 외 Task인 경우 상태 관리가 개발 Task에 비해 다소 미흡한 부분이 있었습니다. 계속해서 Task를 시작하는 경우 In-progress로 변경하는 작업은 유지했으면 합니다. 하지만 자동화를 모색하면 더욱 업무에 도움이 될 듯합니다.
깃허브의 PR Template 적용하기	O	깃허브 설정을 통해 PR Template을 적용했습니다. 해당 설정을 적용하고 나니 PR을 작성할 때 어떤 항목들을 적으면 좋을지 명확하게 알 수 있어서 많은 도움이 되었습니다. 그리고 PR을 읽는 사람도 일관된 PR 본문으로 내용이 작성되기 때문에 좀 더 가독성이 좋았다는 생각이 많았습니다.

표 6-4 Action Item 피드백

일정

최초 계획 시 약 3개월이라는 프로젝트 일정을 예상하고 진행했습니다. 하지만 실제 작업 기간은 약 5개월 정도로 기간만 보자면 예상보다 2개월 정도 더 소요된 것을 볼 수 있습니다. 어떤 이유들에 의해서 작업기간이 지연되었을까요?

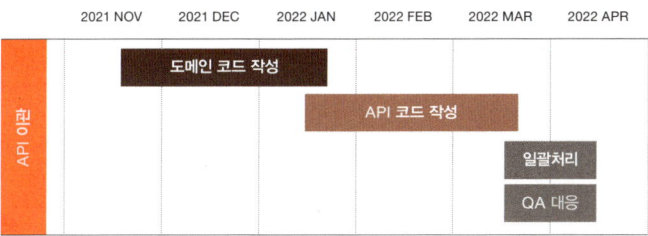

그림 6-3 최초 작업 계획

작업	이슈 내용
프로젝트 시작의 지연	언어전환 프로젝트를 시작하기 전 마지막 스프린트의 QA 이슈로 인해서 실무자들의 프로젝트 투입이 다소 늦어졌습니다. 그러다 보니 프로젝트의 시작은 빨랐지만 실제 작업은 그보다 몇 주 뒤에 시작되었습니다.
프로젝트 외 운영이슈 처리	언어전환 프로젝트를 진행하는 도중 운영이슈 및 장애 발생 등 프로젝트 외 작업이 적지 않게 생겼습니다. 프로젝트 작업 외에 운영이슈는 작업량은 크지 않았지만 해당 작업을 완료한 후 다시 프로젝트로 투입하기 위한 Context Switching 비용이 발생합니다. 그러므로 아무리 운영이슈가 큰 작업이 아니라고 해도 실무자들의 작업 공수는 예상한 공수보다 더 들었다고 볼 수 있습니다.
연휴 및 행사	연말/연초 연휴 및 회사 내 행사로 인해서 개발 작업을 수행하지 못하는 날이 다수 있었습니다.

표 6-5 일정 이슈(2차)

작업

작업의 평균 처리 시간은 2일 정도가 소요된 것을 볼 수 있습니다. 지난 도메인 계층 전환 작업 때보다 후반부인 응용 계층 전환 작업 때 좀 더 평균 작업 시간이 줄어들고 작업의 처리 속도도 빨라진 모습을 볼 수 있습니다.

이는 작업(Task)의 진행 중(In-progress)으로 제때 변경해준 것을 감안한다면 더욱 빨리 작업을 처리한 것이라 볼 수 있습니다.

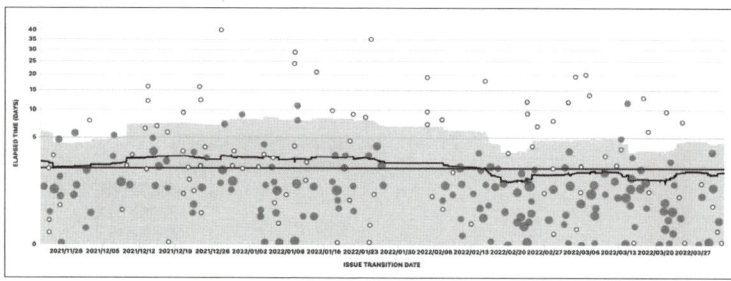

그림 6-4 최초 작업 계획

작업 시간이 짧았던 이슈	작업 시간이 길었던 이슈
Graphql Resolver 공통 코드를 작성함으로써 Resolver들의 작업 시간이 대폭 향상되었습니다.	기존 서버 코드에서 숨겨져있던 비즈니스 로직들을 작업하는 경우 작업 시간이 다소 길었습니다.
비즈니스 로직이 도메인에 대부분 존재하는 코드의 경우 전환 작업량이 많지 않아 작업 시간이 적었습니다.	기존 서버 코드에 리팩터링이 되어있지 않는 코드의 경우 도메인 전환 작업에서 누락되어 도메인 전환 작업과 병행해야 하는 경우가 있었습니다.
-	기존 서버와 다른 프레임워크를 사용함에 있어 설정해야 하는 코드들의 경우 작업 시간이 다소 소요되었습니다.

표 6-6 작업 이슈(2차)

KPT

Keep	Problem	Try
이슈가 발생할 때 즉시 문서화하고 이를 공유하는 문화는 계속해서 유지했으면 좋겠습니다.	작업 코드가 많아짐에 따라 CI가 수행되는 시간이 다소 길어졌습니다.	CI의 수행시간을 5분 이내로 줄이도록 조치합니다.
잘 이해가 되지 않거나 복잡한 도메인의 경우 페어 프로그래밍을 통해 문제를 해결했던 경험은 좋은 경험으로 남습니다.	통합 테스트로 하다보니 테스트로 커버하지 못한 부분에서 QA 이슈가 발생한 사례가 있습니다.	통합 테스트를 기능 테스트로 전환합니다.
-	모니터링 알림이 너무 많이 발생합니다.	-

표 6-7 KPT 이슈(2차)

Action Item

회고를 기반으로 다음에 수행했으면 하는 구체적인 Action Item을 도출해 봅니다.

- CI의 수행시간을 5분 이내로 줄이도록 조치합니다.

회고를 위한 사전준비를 잘 계획하고 프로젝트를 수행할 때 정해진 규칙을 잘 지켜왔다면 여러분이 진행하는 회고에서는 아마 수많은 자료를 기반으로 의미있고 유익한 이야기가 오고 갈 것입니다. 여기서는 여러분이 준비한 자료를 회고에서 어떻게 하면 좀 더 유익하게 활용할 수 있을지에 대한 방법을 소개하겠습니다.

애자일 방법론이 대두되면서 수많은 사람이 좋은 회고에 대한 고민도 많이 하게 되었습니다. 그러면서 어떻게 하면 좀 더 나은 회고를 진행할 수 있을지에 대한 방법이 생겨나게 되었는데요. 아래에 소개된 회고 방법을 알아보고 여러분에게 맞는 회고 방식을 선택하여 회고를 수행해보면 좋겠습니다.

소개된 방식 중에 여러분이 원하는 바를 충족시켜줄 만한 항목이 없을 수도 있습니다. 만약, 회고를 수행하는 것이 익숙하지 않은 분들이라면 아래 소개된 방식을 도입해서 경험을 쌓아가면 좋겠고 많은 회고를 수행해본 경험이 있다면 소개된 방법을 조합하여 자신만의 스타일을 가진 회고 방법을 사용하는 것도 좋아 보입니다.

1. 5F[1]

5F는 Fact, Feeling, Finding, Future Action, Feedback의 5가지 회고 단계를 나누어서 진행하는 방식을 말합니다. 5F 방법은 사건에 대해 5가지 단계로 나누어서 다루기 때문에 지난 일에 대해 사실과 느낌을 명확하게 분리해 주고 이를 기반으로 앞으로 자신이 어떤 행동을 할 것인지 그리고 시간이 지난 후 어떻게 되었는지를 돌아보기 쉽도록 해줍니다. 예를 들어 좀 더 자세히 알아보겠습니다.

---

[1] http://no-smok.net/nsmk/FiveFs

1.1. Fact

지난 사건에 대한 사실을 이야기합니다. 감정적인 요소를 배제하고 오로지 사실만 기입하는 것이 중요합니다. 예를 들어 다음 사실을 표현하는 것이 Fact입니다.

- 주문하기 기능에 대한 테스트에서 간헐적으로 거짓 양성이 발생하는 현상이 발견되었다.
- 원인은 주문하기 기능 내에 존재하는 비동기 코드에서 시점에 따라 의도와는 다르게 동작하는 로직이 있는데 이로 인해 발생한 것이다.
- 테스트에서 주문하기 기능을 실행할 때 비동기 코드의 시점이 달라져도 의도한 검증이 성공하도록 테스트 코드를 수정해서 해결했다.

1.2. Felling

지난 사건에 대한 사실을 통해 본인이 느꼈던 감정을 적습니다. 이미 사실에 대한 내용은 다루었기 때문에 느낀 점을 말할 때 사실 부분을 중복해서 말하지 않도록 해야 합니다. 예를 들어 보겠습니다.

- 테스트가 처음에 실패했을 때 놀라웠다. 분명 처음 주문하기 기능에 대한 테스트 코드를 작성하고 실행했을 때에 성공하는 것을 보았기 때문이다.
- 실패하는 테스트의 원인을 파악하고 고치는 데 어려움이 있어서 힘들었다.
- 어려움은 있었지만 비동기 코드를 테스트하는 방법에 대해 알게 되어서 좋았다.

Felling은 자신의 감정을 적는 것이기 때문에 자칫 지나치게 당시 감정에 몰입

될 수 있습니다. 회고에서도 감정적인 응어리를 해소하는 것도 물론 중요하지만 너무 감정적인 해소에만 치우치지 않도록 주의합니다.

1.3. Finding

지난 사건을 통해 배운 점을 적습니다. 예를 들어 다음과 같습니다.

- 기능에 대한 테스트 코드를 작성할 때 비동기 코드가 존재한다면 테스트 시점에 따라 테스트가 실패할 수도 있으니 테스트 코드 작성 시 유의해야 한다.
- 비동기 코드를 테스트할 때 Thread.sleep을 사용하는 방법은 좋지 못한 방법이다.

1.4. Future Action

지난 사건에 대한 배운 점을 토대로 앞으로 해야 할 구체적이고 실행가능한 행동을 적습니다. 되도록 명료하고 단순하며 실행 여부를 객관적으로 판단할 수 있도록 적는 것이 좋습니다. 예를 들어보겠습니다.

- 다른 개발자들도 비슷한 사례를 겪을 수 있으니 해당 사건을 문서화하고 팀에 공유하자.
- 비동기 테스트에 익숙해질 수 있도록 비동기 테스트 튜토리얼 코드를 개인 저장소에 업로드하자.
- 다른 기능들에도 비동기 코드가 있는지 확인하고 테스트 코드에 이상이 없는지 점검하자.

1.5. Feedback

Future Action에서 되도록 실행 여부를 객관적으로 판단할 수 있도록 적는 것이 좋다고 얘기한 이유는 바로 Feedback를 쉽게 하기 위해서입니다. 객관적으로 Feedback을 남길 수 있다면 다음에 실행할 회고에서 5F를 적용하여 진행하면서 조금씩 더 발전하는 모습을 그려 나갈 수 있습니다.

2. KPT

KPT 방법은 알리스테어 콕크번(Alistair Cockburn)[2]이 고안한 방법으로 Keep, Problem, Try의 머리글자입니다. 회고를 수행할 때 현재 유지하고 싶은 점과 문제사항에 대해서 이야기한 후 이를 기반으로 새롭게 시도할 만한 것들을 찾아내는 데 집중함으로써 실행 가능한 Action Item을 보다 용이하게 이끌어 내는 것에 목적을 두고 있습니다. 각 항목을 살펴 보겠습니다.

2.1. Keep

지난 기간 동안 업무를 수행해오면서 좋았다고 생각되어 계속해서 유지하고 싶은 프로세스, 문화 등을 이야기합니다. 예를 들자면 언어전환 프로젝트 기간 동안 수행했던 업무 방식이나 개발 문화 등 좋다고 느낀 점과 유지하고 싶은 부분 등을 이야기합니다.

2.2. Problem

지난 기간 동안 업무를 수행해 오면서 발생했던 문제 또는 개선사항 등을 이야기합니다. 주의할 점은 사람마다 발생한 문제를 대하는 관점이 다를 수 있기

---

2 https://en.wikipedia.org/wiki/Alistair_Cockburn

때문에 문제사항을 이야기할 때 논쟁이나 토론이 발생할 가능성이 높습니다. 회고를 진행하는 진행자는 논쟁이나 토론이 발생할 조짐이 보이면 Try 단계에서 해결책을 찾아보는 것으로 유도하고 빠르게 다음으로 넘어가도록 하는 것이 좋습니다.

2.3. Try

다음 업무기간 동안 Problem에 언급된 사항들을 해결하기 위한 여러 가지 방법을 이야기합니다. 중요한 것은 다음 회고에서 판별이 가능하고 피드백을 좀 더 쉽게 받을 수 있도록 구체적이고 당장 실행가능한 해결책을 제안하는 것입니다.

Try를 통해 구체적인 해결책이 도출되었다면 마지막 단계로 Action Item을 도출하는 단계가 남아 있습니다. Try의 개수는 많을 수 있겠지만 Action Item은 최대 세 가지만 채택하는 것으로 규칙을 정하고 있습니다. 다음 업무기간 동안에 당장 실행해 보고 피드백을 받을 수 있을 만큼만 채택하여 실행해 보는 것이 중요하기 때문입니다.

지금 당장 자신이 생각했던 Try가 선정되지 않았더라도 모두가 함께 중요한 문제라고 생각한다면 다음 회고에서 다시 언급될 것이고 채택이 될 가능성이 높기 때문에 Action Item의 채택 여부에 크게 개의치 않으면 좋겠습니다.

3. AAR[3]

미군에 의해 최초 개발된 AAR은 After Action Review 또는 After Action Report의 머리글자로 지난 업무기간 동안 수행한 업무에 대해 분석하고 유지

---

[3] https://en.wikipedia.org/wiki/After_action_report

하거나 개선해야 할 사항을 판별한 후, 반복해서 변경 사항을 적용하여 업무 과정을 개선해 가는 방법을 말합니다.

AAR의 목표는 문제라고 판단되는 것과 개선이 필요한 부분을 파악하고 해당 문제점에 대한 대책을 마련하고 실행결과에 대한 교훈을 얻는 것입니다. After Action Review/Report라는 단어가 말해주듯이 실행한 결과에 대한 배운 점들을 기반으로 향후 개선 또는 지속해야 할 사항을 파악하는 것이 목표이며 다른 방법에 비해 유연하고 편리하게 회고를 수행할 수 있다는 장점이 있습니다.

4. YWT

YWT는 일본 도요타에서 적용한 회고 방법으로 수행한 일(やったこと, Yatta Koto), 배운 것(わかったこと, Wakata Koto), 다음에 할일(つぎにやること, Tsugini Yaru Koto) 세 단어의 머리글자입니다.

지난 업무에서 자신이 경험했던 일을 되돌아보고 그 일을 통해 느꼈던 점이나 배운 점을 정리합니다. 그리고 Y와 W를 기반으로 앞으로 할 일을 도출해 냅니다.

KPT와 유사한 방식이나 KPT의 Problem이 타인의 공격이 되거나 자기 혐오 또는 내부 징벌의 표현으로 나타날 수 있다는 우려로 인해 일본의 정서에 맞게 변형된 방식[4]이라고 보는 시각도 있습니다.

---

4 https://qiita.com/ushirog/items/d317f24d94acb8f7ddaa

5. 4L[5]

4L 회고 방법은 Liked, Learned, Lacked, Longed For의 머리글자로 매리 거먼(Mary Gorman)과 엘렌 고테스디너(Ellen Gottesdiener)가 처음 개발했습니다. 객관적 사실보다 주관적인 느낌에 대한 성격이 강한 요소로 구성되어 있습니다. 그래서 각 요소 간 모호함이 있을 수 있다는 부분이 있지만 다른 방법에 비해 긍정적으로 회고를 풀어갈 수 있다는 장점도 있습니다.

5.1. Liked

지난 업무기간 동안 좋았던 점을 이야기합니다. 배운 점과 유사한 부분이 있기 때문에 배운 점과 혼동해서 적지 않도록 주의합니다.

5.2. Learned

지난 업무기간 동안 배웠던 부분을 적습니다. 과거 사건의 객관적인 사실을 기반으로 새롭게 배운 부분에 대한 내용에 집중해서 기입합니다.

5.3. Lacked

지난 업무기간 동안에 느꼈던 부족한 부분을 적습니다. 과거사건에 대해서 구체적으로 부족한 부분을 적음으로써 앞으로 개선해야 하는 점을 도출하는 데 도움을 줍니다.

5.4. Longed For

앞으로 바라는 점은 부족한 점과 유사하지만 미래지향적이라는 부분에서 차이가 있습니다. 그리고 좋았던 부분에 대해서도 계속해서 지속하길 원할 때에

---

5 https://www.ebgconsulting.com/blog/the-4ls-a-retrospective-technique/

도 앞으로 바라는 점에 적을 수 있습니다.

6. 진행자의 역할

회고는 진행자의 역할이 아주 중요합니다. 진행자가 참가자들이 가진 지난 업무기간의 느낀 점과 기억을 잘 이끌어내고 적극적으로 의견을 낼 수 있도록 도와줘야 좀 더 생산적이고 유익한 회고가 될 수 있습니다. 반대로 진행자가 참가자들의 의견을 잘 이끌어 내지 못하거나 논쟁이 발생한 경우 대처를 잘 하지 못하게 된다면 모두에게 소중한 회고 시간이 허무하게 지나가 버리는 참사가 벌어질 수도 있습니다.

진행자가 회고 시 어떤 역할을 수행할 수 있는지 좀 더 자세히 알아보겠습니다.

6.1. 회고 준비

회고의 진행자는 참가자들이 회고에 참가해서 지난 업무기간을 돌아보는 것에 집중할 수 있도록 회의시간과 장소를 정하고 네임펜, 포스트잇, 스티커 등 준비물을 챙기는 역할을 수행하게 됩니다. 회고의 방식은 조직이나 팀마다 천차만별입니다. 팀이 어떤 회고 방식을 수행하는지에 따라 알맞은 준비물을 챙기고 적설한 장소와 시간을 선정하여 모두가 편안하고 쾌적한 회고를 수행할 수 있도록 준비할 수 있습니다.

6.2. 회고 방식

회고 진행자는 이번 회고에 진행할 회고 진행 방식을 선정하고 공유합니다. 앞서 KPT, AAR, YWT, 4L 등 다양한 회고 방법을 공유했었습니다. 서로 유사해 보이지만 각각의 방식에 따라 회고를 진행하는 방식은 차이가 있으므로 회고 진행자는 진행할 회고에 대한 적절한 회고 방식을 채택하고 참가자들에게 공유함으로써 모두가 회고 진행방식을 숙지하고 오롯이 회고의 내용에만 집중할 수 있도록 합니다.

6.3. 회고 규칙

회고 진행자는 회고 참여자 전원에게 회고 시 지켜야 할 룰을 설명합니다. 예를 들어 5분 동안 자신이 겪었던 사건에 대한 좋았던 점과 개선하고싶은 점, 앞으로 시도해 보고싶은 점을 적도록 하고 5분이 지나면 적는 것을 멈추고 서로가 적은 내용을 확인하도록 한다든지, 좋았던 점은 초록색 종이로 개선하고 싶은 점은 분홍색 종이로, 새롭게 시도해 보고 싶은 점은 파랑색 종이로만 작성하도록 한다는 등의 것 등이 회고의 규칙이 될 수 있습니다.

비록 모두가 회고 규칙을 숙지하고 있더라도 회고를 개최할 때마다 이 규칙을 설명하는 것이 좋습니다. 모두에게 회고 규칙을 다시 한번 상기시켜 주는 것이 첫 번째 이유이고 새롭게 합류하게 된 팀원이 규칙을 숙지하지 않을 수도 있기 때문이 두 번째, 그리고 기존 멤버 중에서도 규칙을 잊어버렸을 수도 있기 때문에 이를 다시 숙지시켜 주기 위한 목적이 세 번째입니다.

6.4. 회고의 질

아마 회고 진행자는 팀 내 구성원 중에 가장 노련한 사람이 회고 진행자를 맡을 가능성이 높습니다. 회고를 많이 수행해 본 사람이 회고 내용을 채우는 데 익숙하여 주도적으로 이끌어갈 수 있지만 자칫 그 사람만 회고시간에 의견을 내는 상황이 생길 수도 있습니다. 노련한 사람이 회고 진행자가 된다면 모두가 회고에 적극적으로 참가할 수 있도록 유도할 수 있을 것입니다. 그리고 구성원의 집중력이 떨어져 회고 외 다른 일을 한다거나 논쟁에서 하지 말아야 할 행동을 하는 등 회고에서 지켜야 할 원칙을 위반하는 경우에 잘 대응하여 좀 더 질높은 회고를 이끌어갈 수 있습니다.

7. 데이터 활용

회고를 위한 사전계획에서 회고에서 이전에 수행했던 자료를 활용하면 좀 더 깊이 있고 유익한 회고를 수행할 수 있을 것이라는 이야기를 했습니다. 회고를 진행하면서 과거의 기억에 의존하여 좋았던 점과 부족했던 점, 그리고 새롭게 개선해야 할 점을 도출했던 경험이 많을 것입니다. 물론 과거 사건에 대한 기록을 잘 해두었더라면 좀 더 확실한 자신의 느낀 점을 기억해 낼 수 있을 것이고 개선점을 잘 도출해 낼 수 있을 것입니다.

다만 기억이나 과거 사건에 대한 있는 그대로의 기록은 새롭게 개선해야 할 점들을 도출해 내는 데 부족함이 있을 수 있습니다. 예를 들면 특정 개인이 프로젝트 기간 동안 자신에게 할당된 업무가 다른 사람에 비해 너무 많아 일정 압박이 심했다는 느낌을 이야기했다고 가정하겠습니다.

이 부분은 사실일 수도 사실이 아닐 수도 있습니다. 실제로는 다른 팀원들과 비슷하거나 업무 난이도 자체는 오히려 낮을 수도 있을 테니까요. 하지만 이러한 사실을 회고시간에 밝혀내고 분석하기에는 회고시간이 길지 않은 경우가 많습니다. 그렇기 때문에 여러분이 회고를 수행할 때 미리 데이터를 수집해두고 회고에서 이를 토대로 좀 더 유의미한 Action Item을 도출하기 위해 활용하면 좋습니다.

7.1. 사건 기록 정리

여러분이 만약, 회고의 진행자라면 혹은 팀의 관리자라면 회고가 개최되기 전에 과거 특정 업무기간 동안에 발생한 사건을 취합해서 회고 참가자들이 손쉽게 내용을 파악할 수 있게 미리 정리해 두면 아주 유익하게 활용할 수 있습니다.

장애가 발생했다면 장애 대응 문서가 있을 것이고 정기적인 회의시간에 다루었던 이슈도 있을 것입니다. 그 자료들을 회고가 열리기 전까지 잘 정리하여 회고 문서에 적어두고 참가자들이 읽어올 수 있도록 요청한다면 참가자들이 회고시간에 좀 더 많은 의견을 낼 것이고 적극적인 토론이 열리게 될 것이라 생각됩니다.

개인적으로 정리한 사건 기록도 회고 전, 미리 정리해서 회고에 얘기할 수 있도록 준비해 달라고 팀원들에게 요청하는 방법도 좋습니다. 회고의 사전 계획 시 팀원들에게 사건에 대한 기록을 개인적으로도 해달라고 요청했고 팀원들이 이 실천 계획을 잘 수행해 왔다면 각자가 가진 많은 이야기가 봇물처럼 쏟아져 나올 것입니다.

정리하자면 사건의 기록을 수집하는 것도 중요하지만 개인 혹은 팀에서 수집한 자료를 잘 정리해서 회고 시간에 해당 기록을 활용하여 좀 더 깊이 있고 의미있는 여러 안건이 도출되도록 하는 것이 중요합니다.

7.2. 협업 관리도구 활용

협업 관리도구인 Jira를 예로 들어보겠습니다. Jira에는 Report라는 기능이 있습니다. 과거 기간 동안 여러분과 팀원들이 수행해온 작업들을 원하는 형태의 보고서로 출력해 주는 기능입니다.

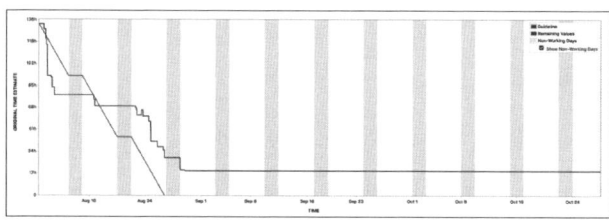

그림 6-5 Burndown Chart 예

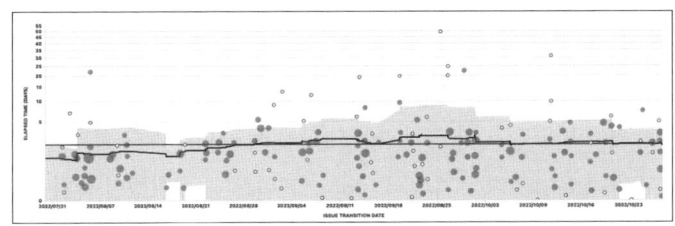

그림 6-6 Control Chart 예

그림 6-7 Time Tracking Report 예

위 이미지와 같이 표 형식으로 보거나 테이블 형태로 데이터를 직접 보는 등의 보고서를 볼 수 있습니다. 과거의 작업기간 동안 여러분이 어떤 작업을 어떤 형태를 가지고 수행했는지 한 눈에 볼 수 있다면 개개인이 느꼈던 감정이나 사실에만 치우치지 않고 팀 차원에서 좀 더 프로젝트의 수행방법을 개선해 나갈 수 있는 방법을 도출할 수 있는 기회가 생길 수 있습니다.

만약, 여러분이 스크럼 방식으로 업무를 진행한다고 가정하겠습니다. 스크럼 방식으로 업무를 진행한다면 특정 스프린트 기간을 정하고 해당 스프린트 기간 동안 수행할 수 있는 작업들을 목록화합니다. 스프린트 기간 동안 구성원은 수행해야 할 업무를 잘 수행했고 작업관리도 잊지 않고 잘 했다면 스프린트가 종료된 후 회고 시간에 스프린트 보고서를 뽑아서 회고 때 이야기를 나눌 수 있을 것입니다.

스프린트 기간에 모든 업무를 완수했지만 시간이 조금 넉넉해서 다음 스프린트 전까지 손이 비었다고 하면 작업에 대한 일정을 너무 보수적으로 잡았다는 것이 되고 반대로 일정이 모자라서 결국 스프린트 내 계획했던 작업을 다 완료하지 못했다고 하면 작업에 대한 일정을 잘못 책정한 것이 될 것입니다.

이렇듯 협업 관리도구에서 제공해 주는 보고서는 구체적이고 명확한 원인을 분석할 수 있도록 도와줍니다. 그래서 이를 토대로 여러분이 다음 Action Item을 도출할 때 보다 간단하면서 명료한 Action Item을 만들어 낼 수 있게 될 것입니다.

8. 피드백

회고를 하는 보다 근본적인 이유는 무엇일까요? 여러분이 프로젝트 기간에 느꼈던 힘듦과 고단함을 이야기하고 응어리진 감정을 풀기 위해서일까요? 지난 업무에서 경험했던 문제점을 공유하기 위함일까요?

물론, 앞서 말한 점도 회고를 할 때 중요한 요소입니다. 하지만 회고는 결국 여러분의 업무를 개선해나가면서 팀이 성장해가는 것을 목표로 하는 것입니다. 팀원 개인이 느꼈던 힘듦과 고단함을 회고를 통해 풀어줌으로써 향후 업무를 수행하는 데 좀 더 도움이 되었다면 그 회고는 목표를 달성했다고 볼 수 있을 것입니다.

앞서 소개한 여러 회고 방식을 통해 여러분은 회고 이후에 업무를 수행할 때 시도해 볼만한 여러 Action Item들을 도출했을 것입니다. Action Item들을 도출하고 시도하는 것도 아주 중요한 활동이지만 이 Action Item이 잘 수행했는지 돌아보고 개선해야 할 부분이 있었는지, 혹은 예상과 달리 잘 작동하지 않았는지 등을 다음 회고시간에 돌아보지 않는다면 자칫 Action Item이 도출만 되었지, 팀의 업무 개선에 도움이 되었는지 확인하지 못해 향후 계속해서 해당 Action Item이 유지되지 않을 수도 있습니다.

그래서 회고에서 Action Item을 도출하는 것뿐만 아니라 지난 Action Item에 대한 평가를 통해 좋았다면 계속해서 해당 Action Item을 지속할 수 있도록 다시 한번 상기하고 부족한 부분이 있다면 조금씩 Action Item을 개선해 나가도록 해보면 좋을 것 같습니다. 새롭게 도출된 Action Item은 새로운 업무방식이기에 팀원들이 새로운 업무방식에 익숙해지기까지 시간이 걸릴 수 있습니다. 그러므로 팀원들이 새롭게 도출된 좋은 Action Item들이 익숙해질때까지는 지난 Action Item들을 평가하고 지속적으로 개선해나가거나 유지하도록 노력하면 좋습니다.

지금까지 어떻게하면 좀 더 회고를 잘 할 수 있을 지 알아봤습니다. 회고를 통해 현재 진행하고 있는 여러분의 업무가 개선되고 발전할 수 있음을 팀원들 전체가 인지하고 다함께 명확한 목적을 가지 회고에 임하게 된다면 형식적이고 의무적인 회고가 아닌 모두가 성장하고 발전할 수 있는 회고가 될 것입니다.

언어전환 프로젝트를 진행하는 이유는 앞으로 더 좋은 방법과 효과적인 방법으로 더 좋은 제품을 개발하기 위해서입니다. 회고는 이러한 목적을 가진 언어전환 프로젝트를 잘 마무리하고 앞으로 여러분의 팀 전체가 더 나은 제품을 만들어 내는 추진력을 얻어낼 수 있는 좋은 땔감이 되어 줍니다.

'화룡점정(畵龍點睛)'이라는 말이 있습니다. 좋은 마무리가 없다면 시작이 아무리 거창해도 끝이 흐지부지 될 수 있습니다. 회고를 통해 일의 마무리를 완벽하게 하고 새로운 마음으로 앞으로 여러분의 제품을 더욱 발전시키기 위한 준비를 시작하면 좋겠습니다.

사례로 배우는
언어 전환
프로젝트 관리

: 개발자라면 누구나 꿈꾸는

Language Change
Project Management

[Q&A] 후일담

7장

Language Change
Project Management

지금까지 가상 사례를 통해 언어전환 프로젝트를 시작하고 끝날 때까지의 여러 이야기를 다루어 보았습니다. 사실, 가상 사례라고 했지만 제가 스포카[1]라는 회사에 재직하면서 직접 언어전환 프로젝트를 진행하게 되었고 이때 계획하고 겪었던 여러 이야기를 좀 더 일반적인 상황으로 풀어서 소개하기 위해 가상의 회사와 인물을 설정해 두고 소개한 것이긴 합니다.

단순하게 이 책을 읽는 독자들에게 "언어전환 프로젝트를 하려면 이렇게 하는 것이 좋습니다"라는 글을 작성하기보다 '사례를 기반으로 이야기하고 제가 생각하는 것을 전달한다면 좀 더 실무자들 입장에서 와닿는 부분이 많이 있지 않을까'라는 생각에서 이와 같은 방식을 채택하게 되었습니다.

다만 제가 겪은 경험을 기반으로 소개했기 때문에 특정 사례나 도구에 치우친 부분이 있다는 점은 아쉬울 수 있다고 생각합니다. 하지만 대부분의 도구나 언어, 업무방식은 저와 여러분이 해결하고자 하는 비즈니스 요구사항을 위해서 존재하기 때문에 그것들이 추구하는 바는 크게 다르지 않을 것이라고 생각합니다. 그래서 세세한 용어나 설정, 문법은 조금씩 다를 수 있겠으나 결국 크게 보았을 때 운영 방식은 다르지 않기 때문에 여러분의 회사나 팀에서 언어전환 프로젝트를 진행할 때 참고하기에는 무리가 없지 않을까 생각합니다.

하지만 여기에서 이 책의 내용을 마무리하기에는 다소 아쉽습니다. 그래서 여러분이 제가 겪은 가상의 사례가 아닌 직접 언어전환 프로젝트를 진행하면서 겪은 경험에 대해 궁금한 점이 무엇이 있을지 적어보고 그 질문에 대해 답했습니다.

---

1 https://spoqa.co.kr/

1. 언어전환 프로젝트를 시작하게 된 계기가 무엇인가요

제가 스포카에 입사할 당시 서버의 언어는 파이썬으로 되어 있었습니다. 1장에서 소개한 사례와 유사하게 파이썬은 제가 가진 개발 경력 중 개인 프로젝트가 아닌 회사 업무에서 사용한 경험이 없었습니다. 그래서 입사 후 거의 1년간은 기존 서버의 신규 기능 개발 및 유지보수를 진행하면서 파이썬을 익히고 도메인의 비즈니스 로직을 파악하는 데 주력했습니다.

지극히 개인 의견이지만 동적 언어가 주는 편리함과 장점도 분명히 있지만 서버가 점점 복잡해지고 비즈니스 요구사항이 커짐에 따라 정의한 변수에 예상치 못한 타입이 할당되어 발생하는 오류는 챕터의 유지보수성을 상당히 떨어뜨리는 요소로 작용한다고 생각했습니다. 또한 제가 주력으로 사용하지 않았던 언어이다보니 비즈니스 요구사항 이외에 의존관리, 라이브러리 등 기술적 깊이가 부족한 것도 유지보수성을 떨어뜨리는 요소 중 하나이기도 했습니다.

당시 제가 맡고있던 제품의 서버는 제가 생각하기에 이제 막 MVP 단계를 벗어난 서비스였습니다. 그래서 지난 1년간 도메인이 가진 비즈니스 로직을 대부분 파악할 수 있게 되었고 언어전환 프로젝트를 진행한다면 어림잡아 어느 정도 시간이 필요할지 가늠할 수 있었습니다. 그리고 무엇보다 1장에서 소개한 것처럼 기존 서버의 리팩터링을 지속적으로 진행해 왔기 때문에 더욱더 자신감을 얻을 수 있었습니다.

하지만 언어전환 프로젝트는 저의 결단과 의지만으로는 진행할 수 없었을 것입니다. 무엇보다 경영진과 팀장님의 지지를 얻어야 했고 챕터원들의 헌신적인 노력이 필요했습니다. 정말 감사하게도 경영진과 팀장님이 언어전환 프로젝트 진행을 허락했고 멋진 팀원들이 언어전환 프로젝트를 성공적으로 마무리 지어보겠다는 의지를 보였기 때문에 언어전환 프로젝트는 시작할 수 있었습니다. 이 글을 빌어 다시 한번 감사의 인사를 드립니다.

2. 진행한 언어전환 프로젝트는 성공했다고 생각하나요

이 글을 읽는 여러분의 개개인마다 프로젝트의 성공 여부를 어떤 기준으로 두는가에 따라 답변이 달라질 수 있을 것 같습니다. 제 기준으로 얘기하자면 프로젝트를 참가했던 챕터원들이 만족하고 언어를 전환한 후 서버에 큰 이슈가 없었다는 점, 그리고 언어전환을 진행한 후 생산성이 크게 향상되었다는 점에서 진행한 언어전환 프로젝트는 성공적이라고 말할 수 있을 것 같습니다.

하지만 무엇보다 언어전환 프로젝트를 진행하면서 저를 포함한 모든 백엔드 챕터원들이 현재 제품에 대한 비즈니스 로직을 대부분 숙지할 수 있게 되었고 이로 인해 이슈가 생기더라도 손쉽게 대응할 수 있게 되었다는 점에서 향후 제품의 기능을 추가하면서 발전시켜 나갈 때 이 부분이 큰 도움이 될 것이라 생각합니다.

3. 언어전환 프로젝트의 목표는 무엇이었나요

개인적인 욕심이 다소 포함되어 시작된 언어전환 프로젝트였지만 그 목표는 저뿐만 아니라 팀 전체가 동일했다고 생각합니다. 바로 '품질'과 '생산성'인데요. 아마 대부분의 회사에서 제품을 만들면서 제품팀에 바라는 바가 바로 '품질'과 '생산성'이라고 생각합니다. 언어전환 프로젝트가 끝난 다음에도 제품의 기능을 개발하는 데 시간이 오래 걸린다거나 품질이 현격하게 저하된다면 언어전환 프로젝트에 참가한 인원들이 만족한다고 하더라도 성공적인 프로젝트라 할 수 있을까요? 저는 아니라고 생각합니다. 아마 이런 상황이라면 참가 인원들이 만족하지도 않았을 거라는 생각도 됩니다.

비록 언어전환 프로젝트가 개발자들에게 영향을 많이 미치는 프로젝트라 할지라도 결국에는 제품의 품질과 팀의 생산성을 향상시키는 것에 목표를 두고 진행되어야 한다고 생각합니다. 단순히 기술적 호기심 혹은 화려한 아키텍처를 위한 프로젝트라면 이는 진행하지 않아야 한다고 생각합니다.

팀원 모두가 전문성을 발휘할 수 있는 언어와 검증된 프레임워크 사용, 그리고 누가 코드를 작성해도 챕터원 모두가 코드를 유지보수하기 쉽도록 하기 위한 노력은 앞서 말한 더 나은 '품질'과 높은 '생산성'의 목표를 달성하기 위한 노력이라고 보면 좋겠습니다.

4. 다른 개발자에게도 언어전환 프로젝트를 추천할 건가요

아마도 많은 개발자분들이 특히 백엔드 개발자분들이 언어전환 프로젝트를 꿈꾸고 있을 것이라 생각합니다. 다만 언어전환 프로젝트는 그 특성상 상당히 큰 프로젝트가 될 가능성이 높고 운영업무와 기능 개발을 함께하기 어렵다는 어려움이 있습니다. 그만큼 위험부담이 크고 성공을 담보하기 어려운 게 언어전환 프로젝트라고 생각합니다.

그래서 2장에서 소개했다시피 언어전환에 필요한 공수 및 일정에 대해 대략적인 파악이 필요하고 철저한 준비와 계획을 수립하지 않는다면 언어전환 프로젝트를 섣불리 시도하지 않는 게 좋겠다고 얘기하고 싶습니다. 차라리 기존 서버 코드를 리팩터링하면서 점진적으로 개선하는 방향으로 진행하는 것이 좀 더 제품을 발전시키는 데 합리적인 선택이 되지 않을까 생각합니다.

5. 언어전환 프로젝트 진행 중 기억나는 에피소드가 있나요

앞서 진행했던 언어전환 프로젝트가 성공적인 프로젝트였다고 말했지만 마냥 순조롭게 진행되지는 않았습니다. 프로젝트를 진행하는 도중에 기존 서버에서 장애가 발생하여 부랴부랴 장애 대응을 하는 경우도 있었고, 백엔드 챕터원들 중 일부 인원이 교체되면서 한동안 언어전환 프로젝트의 동력이 떨어진 적도 있었습니다. 하지만 무엇보다 기억에 남는 에피소드는 바로 옆 팀의 제품이 다른 회사로 양도되는 일이었습니다.

언어전환 프로젝트를 진행하면서 회사 내 제품이 다른 회사에 양도되는 사건은 그리 쉽게 겪을 수 있는 이벤트는 아니라고 생각합니다. 그래서 언어전환 프로젝트의 일정을 계획할 때 이 부분에 대한 일정은 전혀 고려되지 못했습니다. 그래서 더욱 해당 소식을 전해 들었을 때 당황했던 것 같습니다.

사실 제가 속한 팀의 제품이 양도되는 것은 아니어서 언어전환 프로젝트 일정에 큰 차질이 있을 만큼 영향을 미치지는 않았지만 우리 팀에서도 해당 제품의 특정 기능을 사용하는 것이 있었고, 인프라적으로도 함께 사용하는 것이 있거나 양도하지 않음으로 인해 관리 인수 인계를 받아야 하는 등 여러 가지 작업을 필요로 했습니다.

기한 내에 양도 작업을 마무리해야 했기에 우선순위도 언어전환 프로젝트보다 높아 한동안은 언어전환 프로젝트를 중지하고 타 팀의 제품 양도 작업을 도와주는 데 작업 시간을 많이 할애했던 기억이 있습니다.

6. 언어전환 프로젝트와 제품 개발 프로젝트의 차이를 느꼈나요

제품을 개발하고 서비스하는 회사에 몸담고 있다보면 크고 작은 수많은 프로젝트를 참가하게 될 것입니다. 여러분이 제품을 개발할 때 어떤 프로젝트에 참가하고 있는가에 따라서 프로젝트의 진행 방법은 조금씩 다를 순 있지만 크게 보았을 때 제품 개발 프로젝트에서는 비슷한 모습을 보일 것이라 생각됩니다. 하지만 언어전환 프로젝트는 프로젝트 진행 방법이 조금 다릅니다.

제품의 기능 개발을 위해 PM, 디자이너, 프런트엔드 개발자 등 다양한 이해관계자들이 각자의 전문성을 발휘하기 위해 프로젝트에 참가하게 됩니다. 각자 맡은 바 역할이 다르기 때문에, 그리고 전문 영역이 다르기 때문에 의사소통에도 큰 비용이 들어가게 됩니다. 그래서 협업을 잘하기 위한 여러 가지 수단들이 동원되고 오해와 실수를 줄이기 위해 부단히 노력하게 될 것입니다.

그리고 제품 개발 프로젝트는 제품이 제공하는 여러 기능을 보완하기도 하지만 새로운 기능을 만드는 요구사항을 가지고 진행되는 경우가 많습니다. 새로운 기능의 가치를 고객에게 좀 더 잘 전달하기 위해 수 많은 고민과 의사소통을 필요로 하게 됩니다.

반면 서버의 언어전환 프로젝트는 백엔드 개발자들이 대부분 주도하게 됩니다. 물론, 프로젝트의 진행 중 필요에 의해서 다른 챕터의 도움을 필요로 할 순 있지만 아마 주된 역할은 백엔드 개발자들일 것입니다. 하나의 직군으로 이루어진 프로젝트에서는 의사소통 비용을 상당히 줄일 수 있습니다. 같은 영역을 다루기에 서로의 지식 수준이 비슷하고 말하지 않아도 이해할 수 있는 부분이 많기에 이러한 요소들이 의사소통에 큰 도움을 줄 수 있습니다.

또한 이미 정의된 기능들이 존재하기 때문에 정해진 요구사항에 충족하기 위한 노력만 이어가면 되기에 의사소통 비용은 더욱더 줄어들 수 있습니다. 개발자들은 이미 만들어진 기능을 새로운 언어로 잘 전환하기 위한 기술적인 고민들을 주로 할 것이고 기존의 기능에서 모호한 부분들로 인해 타 챕터와 소통하는 경우가 아니라면 주로 개발자들과 협업을 수행해 나갈 것입니다.

이와 같은 차이로 인해 언어전환 프로젝트에서는 일정에 대한 압박이 높고 기술적인 고민은 더욱 많이 했지만 개인적으로 이미 정의되어 있는 기능에 대해 개발적인 부분만 고민하고 개발자들과 기술적 소통만 진행하다보니 제품 개발 프로젝트보다 덜 어렵게 다가왔던 것 같습니다.

7. QA 과정에서 발생한 버그 이슈 중 기억에 남는 이슈가 있나요

언어전환 프로젝트를 진행하면서 백엔드 챕터에서는 단위 테스트와 통합 테스트를 혼합한 형태로 개발을 진행했습니다. 단위 테스트는 TDD 방식으로 진행하면서 각 컴포넌트를 새롭게 만들어갈 때 진행했고 API에 대한 기능을 테스트할 때에는 통합 테스트 방식으로 진행하게 되었습니다.

API에 대한 기능 테스트를 할 때 커버리지가 더 높은 기능 테스트를 진행하지 않고 통합 테스트를 진행한 이유는 테스트의 난이도의 영향이 가장 컸었는데요. 당시 백엔드 챕터에서는 테스트 코드를 실무환경에서 작성해본 개발자가 많지 않아 다들 테스트 코드 작성 방법을 배우면서 개발하는 상황이었고 단위 테스트는 다른 테스팅 기법 중에 쉬운 방법이므로 그럭저럭 잘 작성되었지만 기능 테스트는 데이터의 설정부터 테스트 종료 후 데이터의 정리까지 수행하는 프로세스가 다소 복잡하고 서로 다른 테스트가 데이터로 인해 영향을 미치는 이슈가 발생하는 등 여러 이슈를 겪게 되면서 개발자들이 종종 기능 테스트를 수행할 때 어려움을 보이는 상황이 반복되었습니다. 그래서 저는 기능 테스트를 과감하게 포기하고 커버리지가 다소 떨어지더라도 저장되는 데이터를 독립적으로 다루기 쉬운 통합 테스트로 API를 테스트하는 방향으로 전환하게 되었습니다.

언어전환 프로젝트를 진행하면서 코드의 전환은 대부분 테스트 코드를 통해 검증하고 전환 작업이 대부분 진행된 시점이 되어서 개발자 테스트를 수행하기 위해 본격적으로 서버를 실행시켜 기능이 정상적으로 동작하는지 확인했습니다. 다만, 개발자 편향 때문인지, 개발자 테스트 시에도 발견되지 않았던 버그가 QA 과정에서 몇몇 발견되었습니다.

이때 발견된 버그들은 재미있으면서도 아쉬웠던 부분이 있었는데요. 통합 테스트에서 커버해주지 못했던 부분에서만 버그가 발생한 것이었습니다. 만약,

기능 테스트를 진행했더라면 해당 이슈는 아마 개발 과정에서 발견되어 조치된 상태에서 QA에 입고되었을 것입니다. 그래서 아직도 기능 테스트에서 통합 테스트로 테스트 방식을 전환한 것은 조금 아쉬움으로 남습니다. 하지만 그렇다고 기능 테스트를 고집했더라면 개발자들이 테스트 작성에 어려움을 많이 느꼈을 것이고 개발 진행 속도에도 상당한 영향을 미쳤을 것이라는 생각이 들기도 합니다.

8. 가장 뿌듯했던 순간은 언제인가요

앞서 언어전환 프로젝트를 진행하면서 코드의 전환은 대부분 테스트 코드를 통해 검증하고 전환 작업이 대부분 진행된 시점이 되어서 개발자 테스트를 수행하기 위해 본격적으로 서버를 실행시켜 기능이 정상적으로 동작하는지 확인했다고 얘기했습니다.

언어전환 프로젝트를 진행하면서 개발 일정의 5분의 4 정도 일정이 지난 시점에 테스트 서버 배포를 위해 서버를 처음 실행해 보았던 걸로 기억합니다. 테스트 서버가 잘 배포되고 주요 기능을 개발자들이 테스트했을 때 우려와는 달리 정의된 기능이 잘 수행되는 것을 보고 언어전환 프로젝트를 진행할 때 테스트 코드를 작성하기로 마음을 먹었던 것이 잘한 선택이었다고 생각했습니다. 테스트 코드 작성이 익숙하지 않은 챕터원들도 테스트 코드로만 확인하던 기능들이 직접 서버를 실행한 후에도 정상적으로 잘 동작하는 것을 보고 신기해 하기도 했습니다.

만약, 여러분이 언어전환 프로젝트를 계획하고 있다고 가정한다면 저는 테스트 코드 작성이 익숙하지 않더라도 꼭 도입하여 진행해보면 좋겠다는 의견을 주고 싶습니다.

9. 회사나 다른 팀에서 바라본 언어전환 프로젝트는 어떤 것이었나요

사실 언어전환 프로젝트는 회사에서 준 정비 기간에 진행된 프로젝트였습니다. 당시 서비스하고 있었던 제품은 처음 서비스한 이후 약 2년 정도 지난 제품이었는데, 그동안 많은 기능을 만들어 시도해보고 테스트하면서 기술부채가 많이 쌓여있는 상태였고 회사 대내외적인 이슈로 인해 제품팀에 일정 기간 정비 기간이라는 이름으로 코드의 기술부채를 청산할 수 있는 기회를 준 기간이었습니다.

그래서 회사 및 다른 팀에서는 언어전환 프로젝트를 있는 그대로 바라보기보다 내부적으로 정비를 하는 기간으로 보았던 것 같습니다. 물론 회사나 운영부서 입장에서는 제품팀의 정비기간이 마냥 좋게만 느껴지진 않았을 것이라 생각합니다. 앞으로 제품을 더욱 발전시켜서 더더욱 성장해야 하는 상황에서 정비 기간을 가짐으로인해 제품의 발전을 잠시 멈추어야 했을테니까요.

그런 부분에서 인내심을 가지고 잘 기다려준 운영부서에 감사의 인사를 전하고 싶습니다.

10. 왜 코틀린과 스프링인가요

좋은 제품을 만드는 데 있어 개발 언어 및 프레임워크는 중요하지 않다는 부분은 전적으로 동의합니다. 다만 리스크가 있어서 특정 도구를 선택하거나 선택하지 않아야 하는 것이 아니라면 자신에게 가장 익숙하고 잘할 수 있는 도구를 선택하는 것이 가장 합리적이라고 생각합니다.

코틀린과 스프링 프레임워크는 그동안 저의 개발경력 기간 동안 가장 많이 사용해 왔던 도구입니다. 또한 백엔드 챕터원 중 과반수 이상이 스프링 프레임워크에 익숙한 개발자들이었습니다. 그래서 어떻게 코드를 작성하고 프레임워크를 사용하는 것이 좀 더 나은지 어떤 부분이 위험하므로 하지말아야 하는지를 잘 알고 있다고 자신했습니다.

CTO님에게 해당 기술 스택을 설득할 때에는 채용적인 부분도 함께 어필했습니다. 최근에는 다른 언어로 서버 언어를 선택하는 사례가 많이 증가하고 있는 추세이긴 하지만 여전히 국내 많은 기업이 스프링 프레임워크를 사용하고 있고 좋은 교육프로그램이 있어 앞으로 제품이 커짐에 따라 개발자를 채용할 때에도 큰 이슈가 없을 것이라는 부분도 스프링 프레임워크를 선택하는 요소로 작용했습니다.

11. 언어전환 전후 프로젝트 진행에서 차이가 있나요

언어전환 프로젝트를 진행하면서 얻었던 이점은 여러 가지가 있습니다. 프레임워크와 언어가 익숙한 것으로 바뀌었으니 당연히 생산성이 올라갔고 이전에 비해서 보다 나은 기술적 선택을 할 수 있게 되었다는 점을 들 수 있습니다. 하지만 무엇보다 가장 와닿았던 이점은 바로 도메인에 대한 지식과 코드에 대한 이해 수준이 증가했다는 것입니다.

제품을 처음부터 개발하는 것이 아니라면 아무리 인수인계를 받았다고 하더라도 수정요청으로 인해 코드를 직접 수정하는 것이 아니라면 상세한 비즈니스 로직에 대한 이해도는 떨어질 수 밖에 없습니다. 언어전환 프로젝트를 진행하면서 기존 서버에 구현된 코드에 대해 전반적으로 리뷰하고 실제로 코드 작성을 하게 됨으로써 개발자들은 도메인의 기능들에 대한 이해도가 전반적으로 크게 증가했습니다. 그로 인해서 언어전환 이후 새로운 기능 개발이나 수정 기능 개발 시 기능의 변경 범위를 예측하고 예상일정을 보다 정확하게 도출해 낼 수 있게 되었습니다.

12. 만약에 프로젝트가 실패했다면 어떤 이유 때문일까요

앞서 2장에서 언어전환 프로젝트를 준비할 때 전환 전략을 수립하면 좋겠다는 이야기를 했습니다. 그 이유는 언어전환 프로젝트의 성공확률을 조금이라도 더 높이기 위한 것이었는데요. 저도 언어전환 프로젝트를 진행하면서 데이터 구조라든지 API 스키마에서 아쉬운 부분을 고치고 싶은 욕심이 있었습니다. 언어전환 프로젝트와 같이 긴 기간 동안 코드를 리팩터링을 할 수 있는 기회는 흔치 않으니까요. 하지만 앞에서 이야기한 바와같이 그런 욕심들은 프로젝트의 성공을 위해서 과감하게 포기했습니다.

데이터베이스는 제품의 가장 안쪽 깊숙한 위치에 자리잡고 있습니다. 그래서 만약, 데이터베이스가 변경된다면 데이터베이스에 의존하고 있는 API 서버 및 데이터 인프라, BI도구, 마케팅 도구 등 보이는 것에서부터 보이지 않는 것들까지 수많은 시스템이 영향을 받을 것입니다. 아마 영향 범위를 파악하고 변경사항에 대한 협의를 이루어내는 데 언어전환 프로젝트 일정의 상당한 시간을 소비하지 않을까 생각됩니다.

API의 변경도 마찬가지입니다. 데이터베이스만큼은 아니지만 API의 변경은 프런트엔드의 변경을 유발하게 됩니다. 앱의 경우에는 브레이킹 체인지로 인해 강제 업데이트가 필요할 수도 있습니다. 이렇듯 프런트엔드의 작업을 필요로 하는 순간 더이상 언어전환 프로젝트는 더이상 백엔드 챕터만의 작업이 아니게 됩니다. 그렇다면 개발일정 및 개발 협의를 해야 할 범위가 커지므로 프로젝트 성공확률을 높이기가 어렵게 될 것입니다.

만약, 언어전환 프로젝트가 실패했다면 제 욕심에 따른 데이터베이스의 스키마 변경과 API의 스키마 변경으로 인해 언어전환 프로젝트의 작업범위를 파악하기 힘들 정도로 키움으로 인해 발생시킨 것이지 않을까라는 생각이 듭니다.

13. 이 내용을 책으로 소개하게 된 계기가 무엇인가요

언어전환 프로젝트는 개발 언어가 다양한 백엔드 개발자의 경우 특히, 담당하는 레거시 시스템이 자신이 주로 사용하던 언어가 아니거나 언어가 가진 특징이 현재 제품이나 개발 환경에 잘 맞지 않은 경우, 한 번쯤은 꿈꿀 수 있는 프로젝트라고 생각합니다.

하지만 누구나 한 번쯤은 꿈꿀 수 있음에도 경험하기는 쉽지 않은 프로젝트라고 생각합니다. 그래서 흔하지 않은 저의 사례를 다른 개발자들이 간접적으로나마 경험할 수 있도록 사례를 통해 공유하고 싶은 마음이 있었습니다.

비록 이 책에 쓰여진 사례가 특정 도구나 회사의 상황에 대해 작성되기는 했지만 프로젝트를 진행함에 있어 큰 틀에서는 벗어나지 않을 것이라는 생각이 듭니다. 그리고 혹여 언어전환 프로젝트가 절실하게 필요하여 시작하게 되는 개발자에게 언어전환 프로젝트를 성공하기 위한 재료로 활용될 수 있다면 좋겠다라는 바람도 있었습니다.

사실 이 책은 개발자들을 대상으로 작성했지만 기술적인 내용은 그리 많지 않습니다. 오히려 개발을 다루는 챕터에서 중간관리자 역할을 하는 분들에게 프로젝트를 좀 더 잘 수행할 수 있는 여러 가지 테크닉들을 이야기하는 책이라고 생각해주면 좋을 것 같습니다.

언어전환 프로젝트라는 특정한 성격의 프로젝트에 대한 내용을 다루기는 했지만 책에서 소개하는 전반적인 내용은 어떤 프로젝트든지 적용할 수 있는 내용이라고 생각합니다.

아무쪼록 이 책이 여러분이 프로젝트를 진행함에 있어 작은 도움이 되었으면 하는 바람입니다.

찾아보기

번호

4L 11, 312, 313
5F 11, 306
5 whys 205

영어

AAR 11, 310, 313
Asana 45, 46
Atlassian 44
Code-First 84
Component-Based Architecture 106
Domain 63, 64, 92, 94, 103
Entity 65, 67, 93, 134, 135, 171, 174, 222, 223, 224, 226
Feature-Based Architecture 100
Full-Featured Framework 82
Functional Testing 149, 162, 261
Gantt Diagram in PlantUML 46
Git-flow 123
GitLab Flow 125, 126
Google 47, 48, 203
Google Sheets 47
Graphdoc 72, 73
Graphql Voyager 73
gRPC docs 74, 75

Hexagonal Architecture 102
Integration Testing 160, 261
Kotest 80, 88
KPT 11, 301, 302, 305, 309, 313
Layered Architecture 91, 97
Lint 128, 133, 140
Merge Commits 118
Minimal Framework 82
Native Query 85
Notion Labs 45
Object-Relational Mapping 86
ORM 86, 129, 222
Pair Programming 121
Path-Based Routing 51, 53
Persistence Framework 85
Pesticide Paradox 263
Query Builder 86
Rebase Merging 119, 120
Roadmap in Jira Software 44
Sanity Testing 239, 248
Schema-First 78, 83, 84
Slate 72
Spock 79, 88
Squash Merging 119

Swagger UI 71, 74

Timeline in Asana 45

Timeline in Notion 45

TL;DR 169, 231

Too Long; Don't Read 231

Unit Testing 149, 158, 261

Value Object 65, 67

Web Framework 81, 82

YWT 11, 311, 313

한글

경로 기반 라우팅 53

계층형 아키텍처 91, 92, 97

기능 기반 아키텍처 100

기능 테스트 56, 149, 152, 162, 261

단위 테스트 158, 261

도메인 7, 40, 49, 52, 56, 58, 59, 60, 61,
　　　　63, 64, 65, 66, 92, 93, 94, 102,
　　　　104, 105, 107, 108, 110, 112, 116,
　　　　129, 149, 152, 167, 169, 171, 175,
　　　　247, 249, 291, 292, 296, 299,
　　　　301, 302, 303, 304, 305

사용자 스토리 61, 66

살충제 패러독스 263, 264

세너티 테스트 239, 248

신뢰자본 6, 33

영속 프레임워크 8, 85

웹 프레임워크 7, 81

육각형 아키텍처 102, 103, 104

정적 분석 141, 142

지속적 배포 130

지속적 통합 8, 130, 246

컴포넌트 기반 아키텍처 106

통합 테스트 158, 160, 161, 210, 261, 330

트렁크 기반 개발 121, 122

페어 프로그래밍 121

프로젝트 로드맵 6, 39

사례로 배우는
**언어 전환
프로젝트 관리**

: 개발자라면 누구나 꿈꾸는

Language Change
Project Management